国家民委创新团队项目

宁夏回族自治区产教融合示范专业建设项目

Indigenous Human Resource Management Cases

人力资源管理本土案例

任现增 杨保军 杨燕◎主编

经济管理出版社
ECONOMY & MANAGEMENT PUBLISHING HOUSE

图书在版编目（CIP）数据

人力资源管理本土案例/任现增，杨保军，杨燕主编. —北京：经济管理出版社，2021.6
ISBN 978-7-5096-8107-7

Ⅰ. ①人… Ⅱ. ①任… ②杨… ③杨… Ⅲ. ①人力资源管理—案例—高等学校—教材
Ⅳ. ①F243

中国版本图书馆 CIP 数据核字（2021）第 130895 号

组稿编辑：王格格
责任编辑：王格格　张玉珠
责任印制：黄章平
责任校对：张晓燕

出版发行：经济管理出版社
（北京市海淀区北蜂窝 8 号中雅大厦 A 座 11 层　100038）
网　　址：www. E-mp. com. cn
电　　话：（010）51915602
印　　刷：北京晨旭印刷厂
经　　销：新华书店
开　　本：710mm×1000mm /16
印　　张：16. 5
字　　数：288 千字
版　　次：2021 年 7 月第 1 版　　2021 年 7 月第 1 次印刷
书　　号：ISBN 978-7-5096-8107-7
定　　价：98. 00 元

目　录

绪论
故事、理论与案例教学

案例教学法起源于哈佛商学院，其对于开发学生思维，加深对专业知识的理解，培养学生分析、思考和决策技能，提高人际交流技巧、接受度和知识保持力方面具有显著的作用。当今世界各地的商学院，以案例研究为中心的教学模式成为工商管理经典的教育模式。基于案例构建管理理论并通过案例教学让学生掌握管理理论、使学生具备分析问题和解决问题的思维是当前管理教学工作的重中之重。对于有着复杂管理情景的中国企业来说，单纯依靠实证与定量研究以建构一个符合管理实际、具有强大解释力的管理理论谈何容易。近年来，中国企业本土实践越来越引起国内外学者的重视，基于中国独特的管理情景和管理实践的研究也发挥着越来越重要的作用。如何讲好一个中国企业的故事，如何从好故事中提炼出具有中国特色的管理理论是学术界要进行的重要工作任务。

案例教学法本质是以学生为中心的、理论与实践相结合的互动式教学方法，部分专家将这种教学方法喻为“浸谷种”式教育①。哈佛商学院的每一位 MBA 学生从入学到毕业都要分析 500~700 个案例。对大量案例的分析有效地提高了学生的分析能力和实践能力。案例教学的开展必须建立在丰厚的案例库基础上，包括哈佛商学院在内的大多数国内外院校，都非常重视案例的采集、编写和案例教学实践的安排。我国的案例教学始于 20 世纪 80 年代，迄今为止，案例教学深入影响了我国的工商管理教学体系，逐渐被众多高校所接受，但从实施效果来看却不尽如人意②。众多研究表明，缺乏深厚的本土化管理案例研究成为制约中国案例教学的根本瓶颈。因此，如何认识本土化管理案例对学生能力提升的作用、如何进行本土化管理案例开发、如何提升案例教学的效果就成为本书分析的重点问题。

---

① 倪跃峰. “浸谷种”式的 MBA 管理决策教育 [J]. 管理案例研究与评论，2010 (1)：92-95.

② 何志毅. 中国工商管理案例教学现状研究 [J]. 南开管理评论，2005 (1)：91-95.

一、挖掘本土企业好故事

学术研究重心就是构建理论的过程。以往学者构建理论或者基于史料数据、各种文献，形成了不同的理论模型。但是，要建立起能够有效解释现实，又有意义的理论谈何容易。在风起云涌的大时代里，企业竞争环境的变迁、消费者需求的变化，巨大的反差常常使理论面对现实而显得苍白无力。由此可见，以多元的视角分析现实世界，以实证的、质性的、案例的方法研究各类社会和经济现象，将是未来理论研究的必经过程。在这其中，案例研究就是重要的研究方法。

讲好故事是否重要？著名的案例研究学者凯瑟琳·艾森哈特在《更好的故事和更好的概念：严谨和比较逻辑》中就提出了这个重要命题。作者的结论是，“讲‘好故事’是具有重要意义的第一步，但是好的理论，从根本上来说还是来源于严谨的研究方法和多案例对比的分析。”[①] 这个问题在管理学术界是重要的学术命题。在管理实践中，一个好的故事反映了管理活动的细节和管理情景，并能够在细节中揭示出管理的规律，好的故事就成为研究的管理案例。通常来说，一个好的故事应具有以下特征：第一，展现管理情景。管理实践是在特定场合、特定现象中发生的活动，通常来说具有普遍性的、相通的情境，如职业情景、地理情景、行业情景、时间情景等，也有属于个体企业独有的情景，如企业特殊组织、特殊历史、特殊关系等社会因素形成的场景。案例展现的管理情景要能够让阅读者和研究者通过描述开展研究，方便构建事实、关键要素以及理论关系。第二，反映管理活动过程。在单案例研究中，管理活动的过程有纵向历史的发展脉络，也有横向的现实情境下活动过程的叙述，管理案例需要清晰简明的活动发展时间段、人物关系、现象以及现象中各变量之间的关系，这样案例才能成为一个好故事。第三，揭示管理关系。管理活动反映各种管理现象，显示为管理数据和管理事实。仅做到这一点还不是好故事，一个优秀的管理案例应该是在管理活动背后形成一条清晰的数据线以揭示变量之间的关系，并可以通过数据和事实逐步印证，从而形成在一定管理情景下管理活动之间的关联关系，以此来揭示研究问题的来龙去脉。由此，好故事就具有了重要的研

① 李平，曹仰峰．案例研究方法：理论与范例——凯瑟琳·艾森哈特论文集［M］．北京：北京大学出版社，2012.

究意义，其可以上升为理论的管理案例。

二、从好故事中提炼好理论

管理学界对案例研究的重视始于哈佛商学院的案例教学。案例研究被研究者称为与实证研究、规范研究并列的三大案例研究方法①。从单案例研究到跨案例研究，学者认为都可以解释管理现象并构建出一般管理理论。以罗伯特·K. 殷、凯瑟琳·艾森哈特为代表的学者推进了案例研究的进展，罗伯特·K. 殷的《案例研究：设计与方法》《案例研究方法的应用》自出版以来多次重印，凯瑟琳·艾森哈特的多篇论文都是相关研究的高被引论文。国内管理学界的案例研究虽然起步较晚，但日益得到学者们的重视。以《管理世界》《管理案例研究与评论》等期刊为阵地，发表了多篇高水平的研究成果，“中国企业管理案例与质性研究论坛”历次会议成果推进了管理案例研究工作的进展。

管理案例应是一个好故事。在管理实践过程中，各种规范的报告、理论、政策、文件构成了管理过程的全部，对于发布者，这些报告、文件等可以提升管理效率，但对于接收者来说，这些可能会成为呆板的秩序和程式化设计，尤其在营销实践中的表现更是如此。因此，在管理案例研究中，首先，研究者应有充分的资料反映管理过程和管理实践，这是构建一个好故事的基础。其次，注重管理细节，对于研究者来说，在特定场景下研究管理者的思维、活动方式、相互关系等内容必须通过故事的细节展现出来，这样才能成为判断问题的依据。最后，故事表述要具体。管理研究总是倾向以抽象的理论来解释管理现象，但在管理案例研究中，好故事的内容反映着管理者过去所经历的事情，投射出人的情感、态度、动机、观点等。因此，故事应具备真实、情感、共识和承诺四大要素②。那么，如何才能讲好管理案例的故事呢？按照汪涛等（2011）的研究，作为管理案例的好故事应按照经典的叙事形式从时序和情节两方面着手。一个完整的管理案例故事首先应依照时间顺序展开，从发展过程中可以总结出理论线索，方便案例分析。对于特定情境的管理案例，则需要遵循故事逻辑，也就是要从故事情节来展开，故事的起源就是管理问题的开始，故事的发展就

① 刘庆贤，肖洪钧．工商管理领域中的案例研究方法理论建构［J］．科学学与科学技术管理，2009（10）：15-20.

② 汪涛，周玲，彭传新等．讲故事塑品牌：建构和传播故事的品牌叙事理论——基于达芙妮品牌的案例研究［J］．管理世界，2011（3）：112-123.

是管理问题解决的过程，故事结尾就成为管理理论的总结。故事情节的矛盾与高潮、故事的细节构成了理论分析和解决问题的线索。凯瑟琳·艾森哈特的案例研究文献《案例研究构建理论》提出了案例研究的分析过程，可以作为由案例建构理论的经典文献，为案例研究提供了可供参考的范本。她认为，案例研究要经历初始阶段、案例选择、重要因素和草案制定，再通过定性和定量分析方法的结合确定领域并开展数据分析、建立假设、文献对比，强调从数据着手建立概念和理论的过程，如表 0–1 所示。

表 0–1　从案例方法研究中建立理论的过程

阶段	主要活动	原因
初始阶段	研究问题的含义； 可能的结构	关注因素； 提供更好的结构测量基础
案例选择	既没有理论也没有假设； 既定人口； 理论性、非随意、样本	保持理论的灵活性； 限制外来因素的多样性和建立外在的有效性； 关注理论有用的案例——如通过对观念的分类或扩展
重要因素和草案制定	多重数据的收集方法	通过三角测量数据加强理论基础； 数据的协同观点； 培养不同的观点，加强理论建设
确定领域	定量和定性分析方法的结合； 多个调查者； 灵活和偶然数据的收集方法	加快分析速度，显示对数据收集有用的调整； 让调查者利用偶然出现的主体思想和独特的案例特征
数据分析	案例内分析； 使用不同技术对案例形式进行研究	熟悉数据和先前理论的产生过程； 要求调查者不仅局限于最终的结果，也应该通过多个视角来观察数据
建立假设	每一结构进行重复制表； 复制，非样本，案例间的逻辑； 关系背后关于“为什么”的研究数据	建立概念的定义，以及它的有效性和可测量性； 确定、扩展、建立理论； 建立内部有效性
文献对比	与文献进行对比； 与相似文献进行对比	建立内部有效性，提高理论水平，并且建立结构定义； 总结归纳，改进定义，并且提高理论水平
目标达成	若可能，完全达到理论结果	当研究的空间有限时，过程结束

资料来源：李平，曹仰峰. 案例研究方法：理论与范例——凯瑟琳·艾森哈特论文集［M］. 北京：北京大学出版社，2012.

讲好故事仅是案例研究的开始，构建理论才是案例研究的最终目的。凯瑟琳·艾森哈特认为："通过案例研究构建理论是指运用一个或多个案例，根据案例中的实证数据创建理论构念、命题和/或中层理论的一种研究策略。"无论是基于历史性回顾的案例研究文献还是描述情节的案例研究，其宗旨都是以案例为基础归纳并产生理论，由此，好故事完成了向好理论的转变。

三、基于案例构建中国管理理论

托马斯·彼得斯和罗伯特·沃特曼研究了美国43家企业的案例并完成了《追求卓越》，詹姆斯·柯林斯等系统地研究了美国18家卓越公司的案例完成了《基业长青》，构建了美国企业管理理论。中国改革开放40多年的成就彰显了中国企业经营和管理模式的成功，独特的管理场景、历史文化、人际关系、社会现象反映出一个个具有中国特色的管理"好故事"。在此背景下，单纯使用西方的管理理论或经验来揭示快速变迁的中国企业管理现象已经远远不够，这需要我们深入挖掘来自一线的企业管理活动、管理现象，探索中国特色文化背景下的企业特点、管理事实，揭示管理关系，形成各具特色的案例，为构建中国管理理论做好丰富的资料准备。对于中国企业的成长和独特的成功经验，一方面需要学术界以扎实的实证研究分析管理理论，另一方面更需要扎根本土的案例研究，总结中国企业的管理实践，从而提炼出中国特色的管理理论。

首先，挖掘中国情境下的企业"好故事"。情境是管理学研究的重要主题。情境与职业、地理位置、特定事件、时间等紧密关联，研究者在特定情境下与研究理论结合，可以在更大的整体或框架下理解所从事的研究①。经典的管理理论都是建立在政治制度稳定、技术体制完善、市场经济发达的管理情景基础上。但是在中国改革开放的大背景下，面对市场经济制度、企业管理体制机制的不断变迁，企业管理情景具有中国特色，在此情境下，中国企业在特定地点、时间进行的管理探索更具有研究价值。潜心挖掘中国情境下企业发展的"好故事"，并放在更大的叙事结构和理论框架下去分析，将为中国企业管理理论构建奠定坚实的实践基础。其次，开展基于"好故事"的中国案例研究。如何才能反映好的故事，案例研究是基于管理情景下"好故事"的反映方式。通过系统

① 黄江明，李亮，王伟．案例研究：从好的故事到好的理论——中国企业管理案例与理论构建研究论坛（2010）综述［J］．管理世界，2011（2）：118-126.

的案例研究分析方法可以展现管理情景、展示过程、管理决策，从而提炼概念和理论。最后，基于案例研究提炼解释和指导中国企业实践的“好理论”。管理学中“好理论”是反映组织管理过程中一系列管理命题，并科学解释特定的管理现象。管理学的理论建构是对管理实践和管理理论的反思性研究，以探索管理理论体系及其内在机制。案例研究是在特定的管理情景下对管理现象的描述，具有显著的“本土性”特征，从而为中国管理理论的建构提供了重要的应用场景和实践特征。

管理案例研究从“讲好一个好故事”开始，中国企业管理案例为管理理论构建提供了鲜活的实例和精彩的故事。深入挖掘企业发展过程中的管理细节，力求描述中国企业在历史发展中的关键决策过程和管理情景，以探寻企业管理的规律和因果关系。从案例研究中构建理论是管理学研究的重要思路，一方面通过管理过程中的数据或信息，对“好故事”采用案例研究的方法获取研究素材；另一方面通过访谈资料分析、文献资料分析等方法形成研究资料，从这两个方面开展探索性研究，构建理论框架。基于本土背景的案例研究尽管面临着方法论的挑战和质疑，但面对快速变迁的中国经济，管理学者必须要深入企业，从不同的管理现象、情境分析企业管理过程，以更加包容的心态分析企业管理现象、决策过程，从而为构建中国特色的管理理论做出贡献。

四、如何开发一个好的教学案例

案例是实施案例教学的技术基础，它是根据教学目标，对现实经济生活中发生的真实事件进行调查、整理、提炼、编写而形成的知识产品①。一堂成功的案例教学课程的开展关键在于案例选取。实践证明，探索有效的本土化工商管理案例开发途径具有重要意义。本土化工商管理案例的开发主要基于三个方面的考虑：第一，中国经济的快速增长成就了一批优秀的本土企业，总结这些企业的经验和教训，形成本土化工商管理案例将能达到教学目的。第二，学生群体的本土化。教学要因材施教，由于学生群体的本土化，其更容易理解本土文化、语言习惯和思维方式，基于本土文化的企业战略思维和策略更容易被本土化背景下成长的学生认可，也就更加接近案例教学的认知目的。第三，本土化的教师资源决定了案例的使用。目前大多数中国高校教师接受的都是本土教

① 柴小青．关于工商管理教学案例库建设的思考［J］．中国市场，2009（5）：124-125.

育，是在本土化背景下成长起来的，对于一些本土化管理案例的理解更加深入。当然，我们强调本土化并不是否定国际化。本土化管理案例一定是站在国际化的视角上进行的，只要我们按照国际开发原则和标准建设案例库，其教学效果和研究价值一定会在全球范围内得以体现。但目前的事实是本土案例开发与国外案例相比存在较大的差距①。主要表现为案例开发者没有深入企业，与企业没有建立有效的沟通机制；案例文本不规范，欠缺统一的标准和规则；一些本土案例欠缺针对性；降低了学生对案例教学的期望。因此，为提高本土案例的水平，加强针对性，本土案例的开发途径主要包括以下三个方面。

（一）案例数据采集

美国学者雷纳德（Reynolds）将案例的特征分为数据维度、分析方法维度和价值维度。其中案例数据维度取决于不同的教学目的②。为适应不同的教学目的和教学内容，对本土企业的案例数据采集要设计出不同的采集方式，包括访谈数据、问卷数据、档案数据、网络数据等。一般来说，出于多方面的原因，案例数据总会出现偏差，案例企业可能报喜不报忧；访谈者的表述可能不是企业实际发生的。这样，案例数据采集就可能偏离了实际。如何纠正这种误差？首先，进行多层次的访谈，从企业高层、中层、基层来获得不同角度的访谈资料以此相互印证。其次，进行对比分析，要对企业的档案资料、访谈资料、相关研究文献进行综合对比，以消除不符合实际的情况。本土化管理案例数据采集的关键在两个方面：第一，对本区域代表性的企业进行跟踪，从中遴选出符合教学需要的企业作为样本案例企业。要对目标企业进行长期跟踪，在长期联系中深入企业内部挖掘数据。第二，对多方对接企业，建立校企合作机制，与目标企业共同合作开发案例，这样可获得有效数据。

（二）案例数据分析

案例的开发实质上是案例研究的过程，一般通过案例数据分析的方式展现。案例数据分析的核心是展示归纳理论数据所依据的证据，通过这些数据的归纳和整理来展现特定背景下企业的经营状况。本土化的案例数据分析就是分析在

① 夏旭晖，廖晓明，陈建付．工商管理案例本土化开发的困局和出路［J］．企业导报，2010（12）：246-249.

② Reynolds J. I. There's method in cases［J］. Academy of Management Review，1978，1（13）：129-133.

中国本土情境下企业的经营特点，应用相关的理论来进行案例研究。案例研究的突出贡献是通过一系列资料数据的分析，寻找到企业内部之间、企业与外部环境之间的关系，并寻找事件发生的根本性原因。案例数据分析是梳理案例数据的来源，辨识案例数据的真伪；对案例所适用的理论进行系统的综述；有针对性地组织案例材料，对案例进行叙述性分析；提炼案例主题。我们可以将数据分析的过程用图 0-1 来表示。

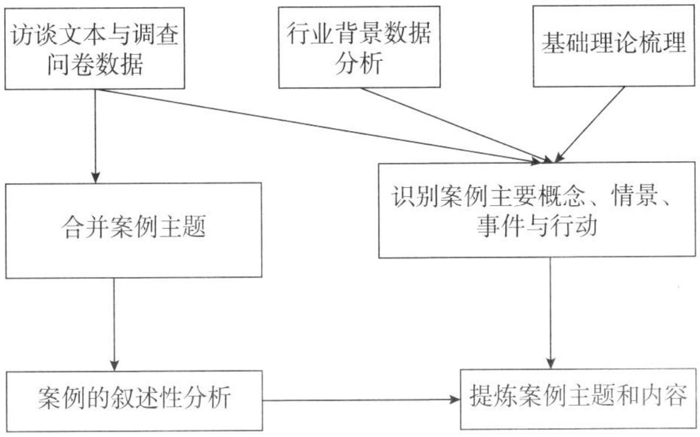

图 0-1　案例数据分析过程

（三）案例撰写

一个规范的管理案例报告是符合一定标准的。一般来说，一篇案例正文应从选题的典型性，谋篇布局的合理性，决策点的恰当性，相关材料的翔实、客观程度，案例的可读性，写作的规范性方面来判断，并且要有规范的教学使用说明，内容包括教学目标设定的合理性，思考讨论题与教学目标的紧密程度，理论知识点分析的深刻、清晰程度，课堂计划的合理性等①。一篇案例报告不仅是叙述一个事件或一个故事，而且是有目的地将相应的调研数据嵌入每个部分中，让读者对整个事件或过程有一个清晰的了解，因此案例撰写应注意四个方面：一是对一般性过程和背景的描述要尽可能简练、清晰、客观。二是对重点过程的描述要翔实，注重案例谋篇布局，并且使案例具有可读性。对访谈的内容、调查问卷、文件的摘录等内容要在案例中尽可能地展现出来。三是对一些相关的材料要有一定的解释和归纳，以便读者理解分析并得出结论。四是案

① 王淑娟，胡芬．案例开发：教学案例的规范性及现状评估［J］．管理案例研究与评论，2011（4）：92-101.

例撰写要有利于教学的需要。作为一个本土化的案例报告，一定要从教学入手，依照教学目标设计、学生思考角度、知识点归纳、教学安排过程等内容来撰写，这样的案例才能发挥应有的作用。

五、本土化案例教学安排

成思危认为，案例教学中所运用的教学案例，不是对成功经验的介绍或失败教训的总结，而是通过模拟一种实际的管理情景，让案例使用者身临其境地进行分析决策①。因此，本土化工商案例不仅体现在开发过程中，更要在教学中发挥作用。案例教学安排强调以提升学生综合能力为主要教学目标，注重真实情境下的自由探索学习，培养学生的思维能力、创造能力和知识迁移能力，逐步建构起自己的知识体系和能力体系。因此，本土案例的教学安排主要从以下五个方面着手。

（一）案例主题的设定

主题的设定一定是基于教学需求。所以，基于认知视角的本科和 MBA 学生的工商管理案例教学的主题设定可以有以下选择：①理论验证型主题。主要指学生学习某一理论后，对给定的本土化管理案例进行分析，以验证理论，并应用理论对案例现象做出解释。②决策创新性主题。通过给定的案例查阅资料，从理论和决策角度对决策方案做出设定和选择，最终寻找出对应的决策方案。③辩论性决策主题。由于案例存在适用范围和适应性，其结论也具有争议，因此在案例设计中，问题可以经过多层级设计，以引发适当的冲突，促使学生通过辩论进行决策，达到知识建构和理论迁移的目的。④方法应用主题。主要指将学生已学过的实践方法应用到案例中以达到知识验证的目的。从知识建构角度来看，案例主题的设定决定学生知识建构的途径，本土化管理案例在教学安排中可以充分满足案例主题的需要，达到知识建构的目的。

（二）设计案例问题

不同案例主题需要的案例是不一样的，同样的案例所设计的问题也是不同的。从认知和知识建构角度来看，设计案例问题应坚持这样的原则：有利于学生认识、理解案例；有利于学生进行自主学习；有利于学生通过查阅资料进行

① 成思危. 企业管理需要中国案例［J］. 管理科学文摘，2001（1）：1-6.

探索决策；有利于学生协作学习。所以，设计问题要充分结合案例，引导学生从案例中寻找答案、论证观点。

（三）创建案例情景

案例教学的关键是让学生在较为真实的情景下分析问题，因此创设适合学生讨论和发言的案例情景非常重要。具体体现在以下方面：第一，给出的案例要真实，有利于激发学生的学习兴趣；第二，案例要紧扣主题，有利于学生集中讨论问题；第三，案例要有利于学生进行角色模拟，方便决策；第四，展现案例的方式可以是多样的，包括书面、音频、视频、图片等多种形式。本土化管理案例所反映的都是学生所熟悉环境下的企业经营过程，因此，创建案例情景也将更为贴近实际，容易达到教学目的。

（四）案例讨论组织

在一般的案例讨论组织中，首先，讨论室的设计，通常“U”形的桌椅设计有利于学生与教师的充分互动。其次，讨论小组的组成，学生的自主学习需要建立在讨论小组的组成基础上，在一个 40 人的本科教学班级中，组成 5~8 个小组，进行无领导的小组讨论，在事先充分准备（熟读案例、查阅资料、小组讨论）的基础上开始上课，一般为小组代表发言和自由发言。一个好的案例通常能够引起学生的热烈讨论和辩论，教师应引导学生考虑预先设定的主题，及时提出新的设想让学生深入思考。最后，教师对各组发言进行点评，并提出自己的观点。点评是案例教学的关键环节。一堂成功的案例教学课需要教师的精心准备，要为学生达到认知目的和知识建构做准备。点评不是肯定和否定，而是要从理论角度和实际角度对学生的讨论结果进行点评，要给出学生分析问题的视角和途径，有利于学生的知识建构。

（五）案例学习效果评价

建立起系统的案例学习评价机制是案例教学得以深入持续开展的重要原因，大多数学生习惯于被动接受教师授课内容，在资料查阅、文献阅读和决策方案设计方面难以投入精力，致使其对案例教学参与度不高，因此案例学习效果的评价要从学生发言的积极性、对问题的认知程度、对问题认识的准确性程度来评价。对积极发言者给予激励加分、对不积极发言者降低评分等多方面评价方式是必要的，只有建立起案例学习效果的评价机制，案例学习才能深入开展起来。

第一章

人力资源管理导论*

引论

本章是人力资源管理的导论部分，通过这一章的学习，我们要对人力资源管理课程及实务的整体框架有初步认识，对人力资源管理相关职能间的关系有所了解，认知人力资源管理工作对组织的作用，并对人力资源管理相关的概念、目标和任务有所了解。

知识点

在《人力资源管理》相关课程的学习中，我们所研究的人力资源管理是一个微观概念，是针对一个组织（包括企业）的“人力资源”进行的管理，可以说是对这个组织中现有的、可能吸引来的人力资源进行的一系列管理的科学。这种对“人”进行的管理，用通俗的话来讲就是分析组织需要什么样的人才，吸引需要的人才到本组织，并对人才进行开发，使人才在组织中贡献个人力量的管理。现阶段，我们认为“人”是一种资源，是可以产生物质财富和文明财富的根源——“资源”。因此，使人才为组织提供价值的同时，人力资源管理者在人力资源管理工作中使人力资源增值是一项必要的认知。

对一个组织进行的人力资源管理工作，按照对人才的使用流程来分析，遵循：职位分析（清楚组织需要什么职位，每个职位的工作要求和人才要求是什么；近些年，胜任素质模型在工作分析中也作为一个重要的内容被研究）—招

* 本章内容由郑惠珍编写。

募与录用（配置）—培训与开发—绩效管理—薪酬管理，在与员工保持工作关系的过程中，始终存在着员工关系管理，而组织的可持续发展与人才的关系又使组织不得不关注员工的个人成长——职业生涯规划与管理（常被归类于人才开发环节中），这些就是人力资源管理的基本职能，这些人力资源管理的基本职能就构成了《人力资源管理》学习的基本框架。

职位分析（Job Analysis），指采用专门的方法获取组织内职位的重要信息，并以特定格式把该职位相关信息描述出来，从而使其他人能了解该职位的过程。人力资源规划（Human Resource Planning），即人力资源计划，指在企业发展战略和经营规划的指导下，对企业在某个时期内的人员供给和人员需求进行预测，并使之平衡的过程。招聘指在企业总体发展战略规划的指导下，制定相应的职位空缺计划，寻找合适的人员来填补这些职位空缺的过程。招聘包括招募、甄选与录用三部分，招募（Recruitment）是企业采取多种措施吸引候选人来申报企业空缺职位的过程；甄选（Selection）指企业采用特定的方法对候选人进行评价，以挑选最合适人选的过程；录用（Emplogment）指企业做出决策，确定人员，并进行初始安置、试用、正式录用的过程。培训与开发（Training and Development）指企业通过各种方式使员工具备完成现在或者将来工作所需要的知识、技能并改变他们的工作态度，以改善员工在现有或将来职位上的工作业绩，最终实现企业整体绩效提升的一种计划性和连续性的活动。绩效管理指在组织发展规划和经营战略的指导下对绩效进行的管理，一般包括绩效计划、绩效监控、绩效考核以及绩效反馈等环节。薪酬管理指企业在经营战略和发展规划的指导下，综合考虑内外部各种因素的影响，确定薪酬体系、薪酬水平、薪酬结构、薪酬构成，明确员工所应得的薪酬，并进行薪酬调整和薪酬控制的过程。员工关系管理（Employee Relationship Management）是企业采用各种管理手段和管理行为，来调节企业与员工、员工与员工之间的相互联系，使之良性循环和发展，以实现组织目标的过程。

下面，我们对以下人力资源管理学习和工作中的基本概念进行了解：

对人力资源的理解，要从宏观和微观两个角度进行。从宏观角度来看，指一个国家或地区人力资源的数量和质量；从微观角度来看，指具体组织（包括企业）的人力资源在数量和质量上的构成，即一个国家或地区具有或将具有为社会创造物质财富和文化财富的、从事体力劳动和智力劳动的人们的总称。人力资源管理学科研究的人力资源是微观的人力资源，即组织内外具有劳动能力的人的总和，具体描述为数量和质量两个方面。与数量有关的概念有人口资源、劳动力资源、人才资源。①人口资源：一个国家或地区的人口总体，具体的、个体的人是其基本形态。②劳动力资源：一个国家或地区有劳动能力并在劳动年龄范围内的人口的总和，侧重于劳动者数量。这个概念既强调劳动者应具有一定的劳动能力，又强调在规定的劳动年龄内。③人才资源：一个国家或地区具有较强的管理能力、研究能力、创造能力和专门技术能力的人的总称。人力资源具有能动性、时效性、增值性、社会性、可变性和可开发性 。

与"人力资源"概念容易混淆的概念是"人力资本"。人力资本（Human Capital）的概念是"人力资本之父"西奥多·舒尔茨提出的，他认为人力资本表现为劳动者身上的两种能力，一是先天遗传获得的，二是后天获得的，由个人学习而成。人力资本体现在具有劳动能力（现实或潜在）的人身上，并以劳动者的数量和质量（知识、技能、经验、体质与健康）所表示的资本，是需要通过投资才能够获得的。因此说，人力资源和人力资本是既有联系又有区别的两个概念。

人力资源管理的含义可以从宏观和微观两个角度理解。宏观的人力资源管理指一个国家或地区对其所拥有或可能拥有的人力资源采取的一系列的法规、政策等，促使本国或当地人力资源形成的系列活动。微观的人力资源管理是面向具体组织的，指组织通过各种政策、制度和管理实践，以吸引、保留、激励和开发员工，调动员工工作积极性，充分发挥员工潜能，进而促使组织目标实现的管理活动的总和。人力资源管理的功能主要体现在吸纳、维持、开发、激励四个方面。

人力资源管理职能。被广为认可的人力资源管理的六大模块是人力资源规划、人力资源配置、人力资源开发、人力资源绩效、人力资源薪酬、员工关系管理，相应的人力资源管理职能有人力资源规划、职位分析（也可称之为职位分析与素质模型）、员工招聘与录用、员工培训、绩效管理、薪酬管理以及员工关系管理。

直线管理人员和职能管理人员。直线管理人员（Line Manager）是被授权指挥下属的工作，这种"指挥"就是领导下属完成相应的任务。直线管理人员直接负责达成组织的基本目标（企业生产部门和销售部门的管理人员就是直线管理人员）。职能管理人员（Staff Manager）则是被授权通过协助和建议的方式支持直线管理人员实现这些基本目标。人力资源管理者就是职能管理人员，他们负责在招募、雇佣、薪资等方面向直线管理人员提供帮助与建议。

人力资源管理的发展阶段。人力资源管理在西方国家产生与发展，其发展阶段有多个划分方法，按照人力资源管理具体工作任务的重心和人力资源管理者观念的变化，可以划分为福利人事与科学管理阶段、人事管理阶段、人力资源管理阶段、战略人力资源管理阶段。

应用案例

案例1　YC食品公司的困惑

食品加工业对一个国家、一个民族的发展水平和生活质量具有重要影响。食品加工业在发达国家的国民经济中占有重要地位。如美国、法国的食品加工业始终居制造业的首位，约占国民经济总量的20%[①]。面粉加工业是我国的基础食品产业。我国小麦产量占粮食总产量的25%，小麦消费量约占粮食消费总量的35%。在计划经济时期，我国的面粉市场受到政策保护，在政府干预以及产业保护下，面粉企业间的竞争不充分。改革开放使我国的面粉加工业进入了市场化竞争阶段。20世纪90年代，国家逐步放开粮食市场。不同体制的制粉企业不断发展，外资、合资、股份制等多种经济成分的进入，以及国有面粉企业的改制，使面粉加工业逐步走向市场经济。面粉加工企业依靠自身的力量在越来越激烈的市场竞争中逐步发展壮大。与世界发达国家相比，我国面粉加工业还有一定差距，具体体现在以下方面：第一，规模化生产和集约化经营的差距。我国面粉业中大型企业和特大型企业约占5.5%，年产量在10万吨以上规模的企业不多。企业规模过小，受资金、技术、设备、人才等因素的制约，很难生产高质量的产品，必然造成资源利用率低、耗能高、效益差的局面，无法参与国际市场的竞争，产品无法进入国际市场。第二，技术装备和产品质量标准的差距[②]。主要表现在稳定性和可靠性较差，基础件和配套件寿命较短，机器运行无故障时间短，绝大多数产品还没有制定可靠性标准。我国小麦加工从原料到产品的标准与国际标准不接轨，质量安全指标少，与加工业发展的实际需要相差较远[③]。

---

①　姚惠源．我国面粉加工业的发展方向［J］．粮食加工，2007（6）：7-9.

②③　郑惠珍，杨保军．民族地区工商管理案例开发与设计［M］．宁夏：宁夏人民出版社，2014.

一、YC 食品公司的组织结构

YC 食品有限责任公司（以下简称“YC 食品公司”）的前身是 YC 食品厂，YC 食品厂是于 1958 年由上海市援建的国有企业，担负着军需和民用面粉供应任务，建厂时是当地重点粮食加工企业，在区域市场上拥有较好的口碑，并在很长一段时间内为当地经济发展和民生做出了重大贡献。但随着我国粮食购销体制的改革，粮食加工企业由计划供应转变为市场竞争，企业原有的经营体制无法适应市场竞争环境，濒临倒闭，在艰难维持运营的状态下，于 2002 年末，在上海市政府的大力支持下，其经历了资产重组和经营机制的转型，企业属性转变为民营企业，于是 YC 食品有限责任公司成立，并开始了自己的发展之路。

改制后的 YC 食品公司在一段时期内有了较快发展。公司拥有世界较先进的制粉设备，是集小麦粉精细加工、农产品科研开发为一体的现代化企业。其质量管理体系、经营能力、科研水平达到国内同行业领先水平，被确定为上海市农业产业化经营龙头企业。2003 年，公司首批通过国家食品生产体系认证，2004 年，被上海市授予“名牌产品”称号①，其销售收入在上海市列同行业第二位。在立足本地市场的同时，YC 食品公司先后开拓了兰州、西安、北京等地市场，产品主要销往宁夏回族自治区、内蒙古自治区、青海西宁等地市。其主要产品包括小麦面粉系列、挂面系列、大米系列、特色杂粮系列共计四大类 70 余种产品，公司研发部门具有一定的研发能力，曾研发了由“家庭面包粉”“家庭自发馒头粉”“家庭水饺粉”“家庭全麦麦胚颗粒粉”四个系列产品组成的家庭套餐粉。

YC 食品公司的组织结构（见图 1-1）较为合理，各项规章制度比较齐全，财务状况良好，生产运营管理较为正常，但企业的发展近些年步伐缓慢。

公司采用了直线职能制的组织结构形式。公司最高领导人为董事长，实行以董事长（总经理）为中心的集权管理，公司的各项业务开支及资金的使用分配，均实行总经理一支笔签字审批原则和三级审核制度，即主办申报—部门负责人审核—财务主管审核—总经理审批制度。

公司的总经理任务繁杂、责任重大，除负责公司的行政管理和日常事务，建立公司的各项管理制度、协调部门间的工作关系、督促检查各项管理制度的

① 郑惠珍，杨保军．民族地区工商管理案例开发与设计［M］．宁夏：宁夏人民出版社，2014.

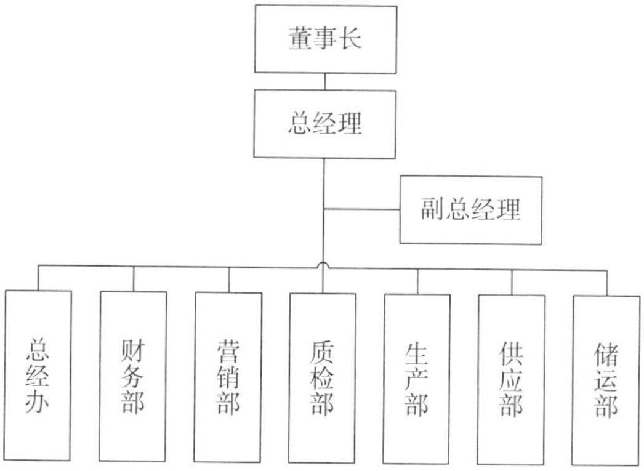

图 1-1 YC 食品公司组织结构

落实外，还肩负企业文化建设、人力资源管理工作等。其任务具体包括：办理公司人员招聘、辞退、退职、退休及社会保险、医疗保险手续；负责组织公司业绩、绩效管理的落实考核工作；制定公司行政管理的考核依据、业绩、绩效、劳资考核办法；承载工作职责相关的责任、义务；按制度规定办理员工的休假、社会保险等事项；负责员工工资、劳保、福利考核的报表审核工作；负责办理人事调运、退职、退休的档案接收、传递工作。

二、YC 食品公司的人力资源结构

在对企业进行了较为深入的分析后发现，虽然企业的组织结构较为合理、规章制度齐全、总经理的威信较高、公司的决策层具有较强的敬业精神，但是企业近几年发展缓慢。对其人力资源结构进行分析后发现，员工年龄构成（见图 1-2）、员工学历结构（见图 1-3）不尽合理，管理制度虽完备，但缺乏可操作性①。

三、YC 食品公司的人力资源困境

YC 食品公司在企业改制后，现任总经理对企业进行了大胆的改革，公司目前具有良好的管理基础，但从企业发展角度来看，仍然存在一些问题。

① 郑惠珍，杨保军．民族地区工商管理案例开发与设计［M］．宁夏：宁夏人民出版社，2014.

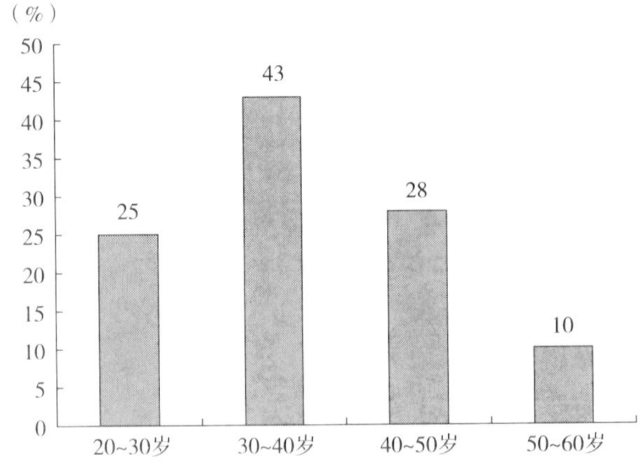

图 1-2　员工年龄构成

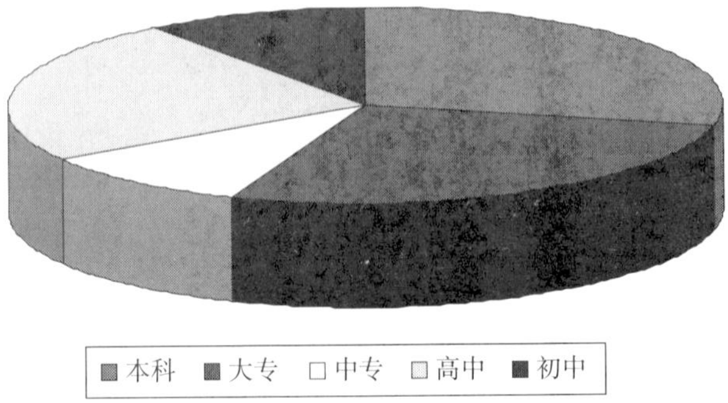

图 1-3　员工学历结构

1. 企业的人力资源结构不合理

首先，从学历结构来看，企业中高层管理和技术人员学历层次较低，本科学历的员工只有 5 人，虽然学历不能作为衡量人力资源素质的唯一指标，但现有的人力资源状况充分证明企业的人力资源匮乏。其次，中高层领导中缺乏在技术、管理、财务、销售等方面独当一面的关键人才；部分干部员工信息闭塞、思想观念落后。最后，从年龄结构来看，公司普通员工年龄偏大，影响了企业未来的发展。

2. 新录用员工流动性较大

从 2007 年 4 月到 2008 年 5 月，公司共有 15 人离职（不包括市场部的促销人员），其中，工作不满 1 年离职的有 9 人，占离职人数的 60%；工作满 1 年不足 3 年的离职 2 人，占离职人数的 13%；工作 3 年以上离职的有 4 人，占离职人数的27%。

3. 公司在人员招聘方面存在一些误区

招聘优秀的人才对于企业来说非常重要。对于YC食品公司来说，销售人员的招聘尤为重要。在离职的15人中，市场部离职8人、质检部离职2人、总经办离职3人、其他部门离职2人。

4. 企业培训管理不善，培训效益低下

企业员工培训作为人力资源管理的重要组成部分，对提高员工的素质、加快知识和技术的积累、塑造企业文化、增强企业的凝聚力有着十分重要的作用。YC食品公司对员工的培训普遍采用的是岗前培训与在职培训相结合的方式，但其员工培训中依然存在一些问题：①培训计划不够明确。主要表现在：培训工作缺乏科学分析；企业员工很难参与培训计划的设计，员工参与培训的积极性低。②培训没有建立在科学的需求分析基础上，培训缺乏针对性，培训项目设置不够合理，导致培训效果事倍功半。企业对员工的培训缺乏科学、细致的分析，使培训工作带有很大的盲目性和随意性，同时也就没有了针对性。若不进行细致深入的分析，对课程及设置不进行合理的设计，会让培训变成一种盲目的救火式、应急式、随意性的工作。

此外，YC食品公司拥有员工不足80人，是一家中小型企业，企业未单独设立人力资源管理部门，由总经理办公室兼顾执行人力资源管理工作任务，办公室的工作人员均无人力资源管理知识背景。

四、YC食品公司人力资源管理改革尝试

公司期望通过改革更好地解决公司人力资源管理中存在的问题，为此，主要采取了以下改革尝试。

1. 坚定不移地推动人力资源规划工作

明确划分公司总经办的职责，明确其人力资源管理职能，人力资源管理人员应具有专业水准。人力资源规划就是要充分发挥和利用企业中的一切人力资源，并为企业人力资源的合理配置、使用、培养提供长期预测和计划，人力资源规划就是人力资源开发的过程。人力资源开发流程如图1-4所示。

人力资源规划应根据不断变化的环境和企业战略发展对人力资源的数量、质量进行相应的调整，需要在充分分析人力资源现状的基础上重新设置人力资源需求目标。例如，针对企业管理人员的现状，企业应制定相应的管理人员储

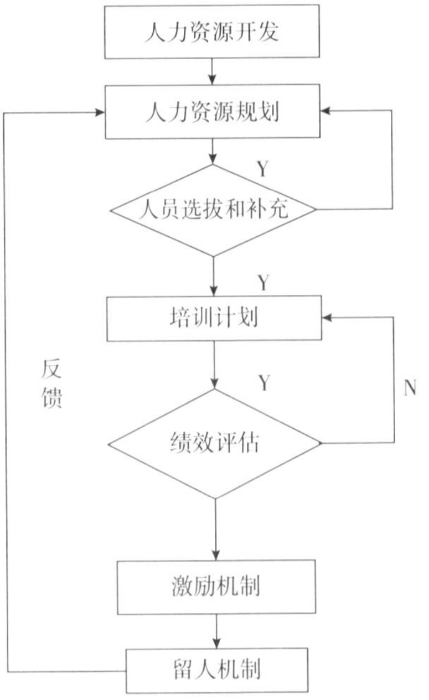

图 1-4　人力资源开发流程

备人才规划；针对企业员工队伍的动态性特征，如离职、退休情况，需要人力资源部门提前做好人力资源规划。人力资源的补充需要一个过程，过程的长短与所需人员的类型和素质有关，必须做出周密的安排。此外，人力资源规划应防止人力供给与需求的不平衡，即人力资源不足或人力资源过剩，或两者兼而有之的结构性失调，即某些类别人力资源不足，而某些类别人力资源过剩。人力资源规划涉及人员的补充、培训、安置、使用、晋升、薪资等，因此，各项专业计划应注意相互间的平衡与协调。

2. 人员选拔和补充

人员的选拔和补充是企业人力资源规划的重要环节。YC 食品公司下一步战略将进行扩大经营，这需要大量的人力资源。依据离职人员的工龄结构分析和部门结构分析，YC 食品公司在招聘环节中除了规范招聘流程外，还需注重对应聘人员进行分析。招聘人员时，首先，要对应聘人员的价值观进行分析，如果应聘人员的价值观与企业价值观相悖或无法统一，对此类人员要慎用。其次，遵循员工招聘流程。招聘前期要对招聘职位进行职位描述。职位描述是招聘工作的基础，是解决“谁”可以“做什么”的问题。职位描述是在工作分析的基础上进行的，描述职位的书面结果为工作说明书，包括直接上级、工作目标、工作职责与任务、工作绩效、可轮换岗位、权限范围。其中最重要的是工作职责与任务，包括工作和服务的职责、计划、报告、工作的投入与产出、内外部联系、日常行政事务及内容处理。进行职位描述时，一定要做到“真实工作预览”。描述职务之后就要确定任职条件，事实证明，企业只有严格把握任职条件，才能招聘到合格的人才。

员工退休和辞职则主要由接任计划来解决，即内部调剂和技术培养。这必须注重员工的晋升，以激励员工努力工作。晋升：第一，应改变国有企业论资排辈的观念和以资历为主导的晋升机制，坚持新的用人标准，即本着“任人唯贤”和“能上能下”的原则，注重给年轻人以锻炼的机会和发展空间。第二，建立全员绩效评估体系，年龄不应是评估的唯一标准，真正做到“晋升唯功”，否则，将不利于人才的引进和稳定。第三，量才适用，用人所长，充分发挥每个人的聪明才干；企业要建立有效的晋升机制，应做到公正、合理，增加企业晋升的透明度。第四，应注重管理人员培训，增强管理人员的素质和能力。

3. 人力资源的教育培训

企业应分层次、有重点、有步骤地实施人力资源培训和人才滚动开发计划。长期以来，受多种因素制约，企业内部员工的培训教育未实现系统化，因此，企业总体发展将从以下方面加强：

（1）企业决策层要建立自己的精干智囊团。一届领导任职期间应敢闯敢干，领导一家年轻式的企业，这就要求领导层不能固守成功的经验，要在不断否定自己的工作中进行创新。对有发展潜力的后备管理人才重点培养，让这些人在企业的不同岗位轮流工作，面对不同的挑战，以达到锻炼的目的。形成企业内部人员流动机制，允许人员跨部门流动，通过实践培养复合型人才，扩充管理队伍。

（2）加大有关部门人员专业技能的培训。对员工进行培训时，必须从公司、部门、个人的角度进行分析，选择最需要培训的人和任务，并以科学系统的规划为指导。

（3）绩效评定包括业绩评定和素质评定。绩效评定包括对工作完成情况和工作态度的评定。素质评定包括个人性格评定、知识技能评定和适应性评定。制定合理的绩效评定方法是实施激励机制和晋升的前提条件。建议由办公室通过以下方法对员工进行评估：第一，比较法。对考评对象进行相互比较，可以进行同级比较，也可以在不同时期对同一对象进行比较。第二，目标管理。根据年度计划和内部契约，与实际业绩对照做出评定。素质评定主要从热情、责任感、动机和团队精神方面进行，这对企业的发展非常重要，同时要对员工的潜力进行评定，以便为其提供鼓励性的成长环境。

4. 激励机制

管理最重要的功能是激励，其目的在于充分调动人员的积极性、主动性和创造性，也是人力资源开发中重要的手段。为此，YC 食品公司应建立有效的报酬机制，鼓励人力资本和技术资本参与分配，并以参股的形式进行激励。根据企业当前情况，近期应稳定业务骨干人员，推行特殊贡献奖励制度。另外，在进行企业的改制过程中，可推行职工持股计划（ESOP），公司可尝试把一定比例的股份分配给由企业内部职工通过成立的职工持股会。增加奖励工资的比例。除了物质奖励外，还应有精神奖励，因为人的需求是多种多样的，物质需要的满足不能代替精神需要的满足，但精神需要的满足可以补偿物质需要的满足，并给人以更稳定和持久的激励作用，如建立带薪休假制度。在此基础上，企业要关心员工、尊重员工，继续做好感情投资工作。建立健全各项规章制度，对于员工的奖励或惩罚做到有章可循。

5. 留人机制

留住人才是现代企业发展的必要条件，据调查，当员工离职后，被聘用的员工从新人到顺利工作，仅替换成本就高达员工薪资的 1.5~2.5 倍，优秀人才的替换成本则更高。因此，留住人才是企业应关注的问题，企业可以从以下方面着手：

（1）职业发展留人。即企业制定员工的职业生涯设计，并与员工共同努力，促进其职业生涯计划的实现。

（2）企业发展留人。企业要制定明确的发展战略目标，使员工切身感受到他们的工作与实现企业的发展目标息息相关，同时让员工了解企业对他们的要求和期望。

（3）公平竞争机制留人。在企业内部建立健全各种必要的规章制度，努力促进公平竞争，使优秀人才脱颖而出。

（4）沉淀福利制度留人。在高管人员的年薪制中，当年只能按一定的比例领取现金，其余沉淀下来，一定年限后（如三年或五年）兑付，如果有人提前离开，他的沉淀资金不能全部拿走。

（5）以情留人。尊重所有员工，关心员工的一切问题，建立良好的沟通机制，只有良好的沟通才能提升职工的认同感和忠诚度，使员工感受到自己是企业的一员，并且提高了企业的凝聚力。同时注意批评方式，批评后一定要提出解决办法，使员工改正错误，恢复自尊和重建信心①。

附件1：YC食品公司现场奖罚考核办法

现场奖罚考核办法旨在和公司全员考核办法相互配套使用，是对员工日常行为、工作态度、纪律、效能的一种现场（当场）考核，月内兑现的奖励机制。

一、公司全员列入现场考核范围

二、考核内容

（1）劳动纪律。

（2）工作效能。

（3）工作业绩。

三、考核办法

由公司授权部门负责人（主管）对所属员工进行考核。

（1）考核奖励：根据员工工作表现全面衡量决定奖励或处罚。

（2）原则上奖励每月每人不超过两次，奖励金额每次在100元之内，没有特别表现不考虑奖励，处罚不限次数，金额限定在30~100元，“奖励与处罚单”月末随考勤表报公司行政部，随当月工资兑现。

（3）连续三次被考核成绩奖励的晋升工资一级，连续三次考核处罚的降工资一级，经教育、警告仍不改正者，给予辞退处罚。

四、基金设置

（1）公司从福利费中列支部分奖金。

（2）罚金补充到奖励基金中，统筹为奖励基金。

五、异议

被考核的员工如对当次考核有异议，一周内可书面报公司办公会复议。

附件2：YC食品公司行政管理制度

一、各部门、各位员工都必须严格遵守公司各项规章制度的管理规定，照章办事，严于律己。

二、公司的人员招聘、退职、辞退须由公司统一安排办理，各部门、个人均无权单方面辞退员工。

三、各类新聘员工原则上实行三个月的试用期，工作能力强、表现良好的

① 郑惠珍，杨保军．民族地区工商管理案例开发与设计［M］．宁夏：宁夏人民出版社，2014.

可经考核缩短试用期，安排岗位，签订劳动合同，享受公司规定的薪资和福利待遇。

四、新聘员工在试用期内须先经过培训后方可上岗。

五、退职、辞退的员工须有本人或公司提出的书面申请，经公司主管领导同意后，交清相关手续和经济业务往来账目，由行政部给予办理相关手续。

六、公司采取定期和不定期的方式，如集中学习、技能培训、参观考察等方式对员工进行培训，以提高员工的业务素养和技术职能。

七、公司员工的薪资管理，由公司制订统一的薪资管理方案，经总经理办公会议讨论通过后按期执行，考核亦同。

八、公司薪资分三项考核办法：

（1）绩效考核工资，公司行政、财务、储运、供应、销售服务部、质检部实行基础工资加考核奖励的办法。

（2）业绩考核工资，销售部、生产部实行业绩考核，绩效挂钩的薪资方法。

（3）临时工采取计件和计时工资制。

九、各部门负有对口管理责任和相互监督、管理之义务。

十、各级员工应加强学习，提高自己的业务素养和道德水准。

附件 3：YC 食品公司员工规范行为准则

一、仪容仪表要求

（1）工作时间保持良好的精神状态。

（2）着装整洁大方，整体和谐；夏季工作时间禁止穿短裤、背心、拖鞋，禁止打赤脚穿鞋。

（3）禁止留怪异发型，禁止浓妆艳抹。

（4）工作时坐、立姿态端正、文明，言谈举止文雅大方。

二、服务用语要求

（1）接、打电话时使用文明用语，如接听来电时习惯使用“您好，YC 食品公司面粉公司，请讲”，接打电话时要语调平和，尽量放低声调，减慢语速，委婉柔和。

（2）工作中应经常使用“您好、请、对不起、谢谢、不客气，慢走、欢迎您再来”等礼貌用语；使用服务用语时，语气要诚恳，忌矫揉造作，过分热情或过于冷淡，态度生硬。

(3) 对于来访客人应热情接待，积极斟茶送水，洽谈有关事宜的业务部门应热情介绍企业情况或产品特性；对于自己业务范围之外的客人也应热情接待，耐心解答来客所提出的问题，尽量做到令客人满意。

(4) 销售服务部是公司的窗口，体现了公司的形象，不仅要认真做好接、打电话业务等事宜，对待来访客户的咨询、洽谈、购货也要做到三优一满意，即问一声好、请一个座、倒一杯水，给一个满意答复。

(5) 在各工作场所，凡遇到企业外来人员来访、参观、洽谈，或外来办事人员，需微笑问好，并主动热情地将其引见到其所需拜访的部门。遇到上级领导来公司巡视，应使用规范用语微笑问好。

(6) 禁止在办公楼内大声喧哗，禁止在楼道内叼烟走动，发现要及时制止。

(7) 各部门、岗位之间应积极配合，相互支持，同事之间应和睦相处，积极营造一种团结、友好、融洽、协作向上的工作氛围。

三、环境卫生要求

(1) 每天清晨早操后打扫室内卫生，办公桌椅需用抹布擦洗干净，烟灰缸用水清洗，地面需用拖布拖洗，保持地面光洁，无灰尘、烟头、纸屑等杂物；发现垃圾等废杂物随时清理干净，保证室内整洁。

(2) 各部门人员工作时间内尽量在自己办公室，无事禁止聚集聊天、喧哗，保持企业工作业务秩序井然、高效。

(3) 设立禁烟区。除总经理办公室、小会议室、储运部办公室、销售二部办公室外，销售管理部是重点无烟区，如有客户吸烟，工作人员应客气地予以制止，若客户坚持则特殊对待；本公司员工、司机等人员一律不准吸烟。

(4) 保持各办公室内的工作台面干净整洁，办公用品摆放整齐有序，陈列橱柜内样品摆放整齐，干净无杂物，办公桌抽屉内整齐无杂物。

(5) 办公室内门窗干净、明亮，清洁用具定点摆放整齐，垃圾斗、纸篓干净无异味；沙发套干净平整，墙壁、天花板光洁无尘。

(6) 爱护公司财物，自觉保持其他设施、设备的完整、清洁。

(7) 闲置的办公设备及时交办公室统一管理。

(8) 集体劳动时间定于每周周五下午4：00~5：30，划分卫生区域，明确责任人，打扫完毕由环境卫生监督小组进行检查。卫生监督小组对公司卫生要随时检查、抽查，做到人人打扫，人人维护。

(9) 车间卫生，各车间在交接班时，须将各自所在楼层及其角落卫生打扫干净。

四、考勤制度及处罚

(1) 公司所有员工必须按时上下班，考勤实行签到制，每天早晨8: 00签到，8: 10分以后算迟到，8: 20分签到结束；下午2: 00签到，2: 10分以后算迟到，2: 20分签到结束，由办公室负责监督签到，所有员工均需亲自签到，任何人不得代理。每周公示一次，每迟到一次予以罚款10元。

(2) 特殊情况需要请假的，提前给部门负责人打招呼，再由部门负责人向办公室请假；部门负责人请假直接向办公室打招呼。

(3) 每天早晨8: 10分全体员工做早操，各部门领导须管理好本部门员工，保持良好的精神状态，其本人应起到模范带头作用。

附件4：YC食品公司员工培训制度

不努力学习的人，永远不会有进步，会逐渐被社会淘汰。

一、公司结合内部实际情况制订培训计划和办法

二、新聘员工岗位培训内容

(1) 学习公司规章管理制度。

(2) 学习基本的岗位知识和技能。

(3) 学习基本的专业知识和较快适应工作的方法。

三、综合培训内容

(1) 从实际出发学习新专业知识和业务技术。

(2) 公司管理、技能、机制、变化的培训。

(3) 先进的管理经验，岗位实践的培训。

四、培训方法

(1) 采取不定期的方法，请有关知识和经验的学者、专家培训。

(2) 公司业务骨干、技术带头人，介绍经验、传帮带。

(3) 组织到优秀企业学习参观，实地感受。

五、由行政部召集，并做好培训记录和信息反馈

附件5：YC食品公司卫生管理制度

为了搞好清洁卫生、美化环境，提升企业形象，保持企业良好的精神风貌，对厂区各部位的卫生实行责任到各部门的办法，并制定以下卫生管理制度：

(1) 厂区内和库房、车间严禁吸烟，不得随地吐痰，发现一次罚款30元。

（2）办公楼内各部门责任区、室内卫生及制粉车间各楼层坚持每日清扫，保持设备清洁，物品摆放有序，无烟头、痰迹、杂物等，屋顶蜘蛛网及时清除，窗户每月擦拭一次，时间为每周星期五下午。

（3）环境卫生按所规定区域每周星期五下午组织清理打扫一次，对清出的垃圾、杂草等及时运至垃圾站，严禁隐蔽堆放，形成卫生死角。

（4）厂区内所植树木，按所划定区域每年组织两次修剪，保持整齐美观。

（5）防蝇、防鼠设施及药品由储运部统一计划购买、配发。食堂管理员每月更换一次鼠药，库房保管员应按照安全保粮的原则及时检查灭鼠情况，发现问题及时解决。

（6）垃圾站由行政部安排人员负责清运，垃圾做到全部入池，对无故将垃圾倒在站外、影响环境的，发现一次除由当事人清除干净外，罚款10元；对拒不清理的，罚款20元。

（7）办公楼内的区域卫生和厕所由专职清洁员负责保洁工作。

（8）由行政部组织各部门负责人不定期组成检查小组，检查各部门室内及环境卫生，并将检查结果张榜公布。对卫生保持不合格的个人及部门在当月工资中扣发在岗成员每人10元，连续三次不合格的部门，另外扣发部门负责人50元。

附件6：YC食品公司保密制度

随着公司体制和制度的不断规范，公司人员的不断增加，公司业务的范围向横向、纵向快速发展，业务人员培训费用和培养代价付出昂贵，市场经营环境日益复杂，市场竞争日趋激烈，不正当竞争手段复杂多样。公司特制定本制度，以保护知识产权和商业秘密，维护公司的利益。具体内容如下：

凡是公司的工作人员，不论其在什么时期进入公司工作，从事怎样性质的工作岗位，都应遵守本制度，有义务和责任保护公司的知识产权，保守公司的商业秘密，维护公司的利益。

涉及的知识产权、商业秘密有如下内容：

公司对外签订的各种经济合同和协议（包括全部内容和格式式样）。

公司相关工作人员拟定和执行的工作方案和计划（包括生产、销售、采购、管理等一切相关工作的内容）。

公司客户的销货渠道、供货渠道，客户的名称、姓名、地址、电话、传真号、电子信箱、网址、信函、联系人、价格表（或价格）、传真内容、电子信件、签约文件、结算文件、经营方法、进货、供货数量和时间、地点（包括目的港、产地等）、生产经营情况、商品品种、品质要求、运输等一切能反映客户全部状况的信息资料均属保密范畴。

公司在经营管理中总结、编制反映工作状况的各种表格（含空的格式）及文件、各种规章制度，均属知识产权和商业秘密。

公司已经和即将申领的商标及各种设计方案。

公司拟新建项目和已建项目的可行性报告、设计方案、图纸、技术指标、设备参数、设备规格、型号、设备采购方案等一切相关资料。

公司的财务状况以及与银行的业务往来情况。

公司的任何一个客户档案资料（包括信用证、提单、发票等公司业务制度中规定的所有资料）。

凡是能为公司带来经济利益，具有实用性的，要求保密的所有技术信息和经营信息、管理信息全部为公司的知识产权和商业秘密。

凡是进入本公司工作的职员，公司为其提供了工作机会，使其在工作中得到培养和锻炼，增强了其在公司特定工作环境和领域中的能力。公司对其工作能力成长、实践经验和知识积累，付出了培养的费用和代价，花费了相当的时间和精力，使其掌握了公司相关工作的商业知识和商业秘密，一旦披露、私自使用或允许他人使用或无意间失密，都会给公司的经济利益带来损害，这关系到公司在市场竞争中的生死存亡，因此，要求公司所有职员必须遵守如下制度：

公司职员不论其与公司签订劳动合同或没有签订劳动合同，或已解除劳动合同或自己辞职，或被公司辞退等情况下，在任何时间、地点都有义务和责任保护本公司知识产权和商业秘密，并不准向第三者披露、私自使用或者允许他人使用。

自己辞职或被公司辞退，曾在本公司工作过的人员离开本公司后，到其他公司工作或其他任何一个新的工作单位和工作领域，在任何时间和地点，都不准披露、使用或允许他人使用在本公司掌握的商业秘密和知识产权。否则将由其个人和接收此人的公司或单位承担本公司直接和间接的经济损失及法律责任。

在本公司工作期间或离开本公司后（指辞职、除名等不在本公司工作的人员），以盗窃、利诱、胁迫或其他不择手段获取公司的商业秘密，都必须赔偿公司相当的损失并承担相应的法律责任，并由其商业秘密使用者承担连带赔偿责任。

凡是在本公司工作的人员和离开本公司后的人员，不得从事与本公司工作领域和工作岗位相同或相近的工作，不得在其他公司兼职（包括业务咨询、业务洽谈、合作开发、学习取经、讲课、经验交流等一切可能和泄露商业秘密有关的工作）。

不经公司同意，公司工作人员不得将涉及商业秘密的知识产权的所有资料（包括技术信息资料、经营信息、可行性方案等一切与公司经济利益密切相关的资料）带回家中，或公司以外其他场所，不允许复制、印刷、传播、披露、上网（电脑网络）、丢失等其他泄密的情况发生，否则当事人必须承担相应的经济责任和法律责任。

公司职员或公司离职的人员，都必须对本协议第二项所有内容承担保护知识产权、保守商业秘密、维护公司经济利益的义务和责任（经济责任、法律责任）。

本制度适用于本公司所有工作人员，与劳动合同合并执行，是劳动合同的组成部分，具有同等的法律效力。不因劳动合同的解除或因除名等其他方式解除劳动关系而失效。对凡是在本单位工作过的人员不因其是否签订劳动合同，同样具有约束力。

案例1　使用指南

本案例对YC食品公司的基本概况及发展做了简要的描述，重点对于该公司与人力资源有关的管理工作进行了简单的分析和描述，YC食品公司的管理有独到之处，在人力资源管理方面与一些同类企业具有相通性。案例以真实的企业为原型，对该公司的组织结构、员工流失、员工招聘现状进行了描述，并对其今后的改进加以分析，较清晰地展示了YC食品公司人力资源管理的部分工作内容以及人力资源管理职能。

YC食品公司的发展比较稳定，但其面临的外部环境正在发生变化，主要表现为：面粉市场的消费结构改变，小麦的种植结构改变，国家有关小麦流通政策改变；行业生产能力严重过剩，产品差异性小，企业利润减少；民营企业不断发展壮大并占据重要位置，行业正面临联合、兼并的严峻挑战。YC食品公司如何发展才能打开新局面，使企业发展得到提升？请思考：

（1）YC食品公司在2002年后为什么会有较大的经营业绩变化？

（2）人员流失的工作年限结构和部门结构可以反映出YC食品公司什么问

题？解决对策是什么？

（3）人力资源制度与企业管理之间会有什么样的关系？

（4）从 YC 食品公司的发展中，有什么经验可以借鉴？

案例 2　LQ 公司的绩效考核[①]

一、企业背景

LQ 食品饮料有限责任公司（以下简称“LQ 公司”）创办于 1989 年，到 1999 年已成为一个大型的现代化企业集团，并将管理中心从中山迁到了广州。2000 年初，LQ 公司被法国达能集团收购，从而获得了更为先进的管理理念和长远的发展潜力与动力。LQ 公司是一家生产并经营健康饮料产品的企业，在中山、武汉、唐山、重庆、成都、西安、沈阳等地拥有 10 个大型生产基地，并在全国各大城市设有 29 个分公司或办事处，其市场网络覆盖全国城乡。

LQ 公司被达能集团并购后的第二年，“铜绿假单胞菌”超标事件使公司遭受了巨大的冲击。该事件开始于“上海发布”及“上海质监发布”官方微博披露，LQ 公司旗下的 LQ（广东）饮用水责任有限公司上海分公司生产的“LQ”饮用天然矿泉水被检出“铜绿假单胞菌”超标。在官方微博披露后，LQ 公司遭到了巨大的冲击，一年后，市场份额依然呈现下滑的趋势，员工的工作积极性降低，企业中高层管理人员对当时的形势特别担忧。为了更好地完善绩效考核体系，发挥绩效管理的最大效用，LQ 公司决定聘请有经验的管理咨询公司，对公司现行的绩效管理体系进行优化。期望将公司的绩效考核和目标管理体系与公司的长期战略目标结合起来，将员工个人的绩效目标和公司的整体利益联系起来，促进个人的绩效表现和部门间的协作关系，为公司实现战略目标提供有力的制度支持。

二、绩效考核的方案制定及实施

咨询公司与 LQ 公司的管理层经过多次沟通和协商后，对 LQ 公司的绩效考

---

① 本案例由浙江精创教育科技有限公司采编。

核方案进行了修改和完善，并将在实施中提出指导意见。此处，将部分与案例相关的信息展示如下。

（一）设置绩效目标

咨询公司首先对LQ公司的绩效目标进行了分层设定，包括远景目标、未来3年目标以及细化目标。

1. 远景目标

通过成功的产品创新、渠道拓展、品牌建设、人才培养以及敏捷的市场反应，成为中国最优秀的大众化健康食品和饮料公司，为消费者创造健康生活，同时为公司和员工创造最大的利益。

2. 未来3年目标

①改善成本结构，提高资产利用率；②维护与客户的长期合作关系，为客户提供保质保量的货物供应；③完善生产风险管理，拓展客户渠道，设计与开发新产品和服务，并将新产品和服务推向市场；④加强高素质人才队伍建设，保留和吸引更多的高素质员工。

3. 细化目标

此处的细化目标是企业当年需完成的目标：①公司的平均年销售额增长率达到或超过25%；②公司的平均年利润率的增长点保持在1%~3%，平均年资本投资回报率的增长点保持在3%~5%；③公司各产品线在当年年末要达到，酸奶类产品保持行业第二位，但要缩短与第一位竞争对手的差距，且达到销售额完成130000万元、市场份额28%以及平均利润率10%的目标；④全面实施助推式深度分销模式，争取终端零售点的覆盖量到达60万家卖场；⑤健全并规范物流配送网络，力争运输成本降低幅度为2%~3%；⑥集中力量开发战略性的新品类和新产品，确保新产品的销售额占总销售额的20%~25%；⑦注重人才的开发、培训、使用和提拔，使总体员工满意度达到加权平均值7分；⑧为客户提供优质的服务，使客户投诉率降低5%~8%。

（二）制订本年绩效考核方案

确定了LQ公司本年7~12月绩效考核的大致实施步骤，具体包括：

第一，确认LQ公司的战略目标，并据此确定公司的核心成功因素。

第二，运用合理的绩效考核方法为公司设计绩效考核指标体系。

第三，为公司总部多个关键岗位设立绩效考核指标。

第四，设计个人绩效考核的流程、关键步骤以及相关文件。

第五，对绩效考核结果进行反馈和改进。

第六，把绩效管理的最佳实践方法传授给下属分公司，以利于绩效管理体系的有效实施。

（三）公司员工培训职位的绩效考核结果

12 月底，本年绩效考核结束后，整理出 4 位员工的绩效考核情况（见表 1-1 至表 1-4），公司人力资源部经理吴岚作为上级主管对此结果进行进一步分析，并重点对当年新入职的两位员工进行了深入分析。结合员工信息统计表（见表 1-5）和工作完成情况统计表（见表 1-6），吴岚认为，两位新员工王妩和赵永，在 2015 年 3 月前后入职，王妩已有 3 年的工作经验，但之前从事的工作是非人力资源相关工作；赵永是应届毕业生，虽然无工作经验，但本科就读的专业是人力资源管理专业。在招聘面试中，并未发现两位新员工在人际交往以及沟通协调能力方面存在明显区别，因此认为两位工作人员综合素质相当。但入职当年的绩效考核结果差异很明显，经过认真对比及思考后，吴岚觉得需要找时间和赵永好好谈谈。

表 1-1　严琪琪的绩效考核情况

考核能力	等级	等级描述	结果
专业知识	高	具有扎实的专业知识和丰富的实践经验，资历深厚，能参与并指导培训教材的编制	+
人际交往能力	中	在大部分的时候，能与别人进行愉快的交流，只是偶尔会出现意见上的小摩擦，但并不影响交往	+
沟通协调能力	低	向员工传达的培训信息不完整，有很多不相关的信息，与各部门沟通甚少，不能很好地配合各部门的工作	+
专业知识	中	虽然具备的知识不足以参与教材的编制，但是在培训活动上的经验还是能够给予员工有效的帮助	+
人际交往能力	低	经常与别人发生不必要的冲突，与各部门的合作磕磕碰碰	+
沟通协调能力	高	能向员工准确传达培训的目标、内容等，使员工明了培训的相关事宜，并且能积极调动各部、处的合作与沟通	-
专业知识	低	虽然实践经验少，但是在执行培训计划的过程中，学习知识的能力比一般人强	+

续表

考核能力	等级	等级描述	结果
人际交往能力	高	与每一位都能友好地交流合作，即便在意见上有分歧，也能与人友好相处	+
沟通协调能力	中	能按要求完成传达培训的基本概况，让员工对培训有所了解，能与各部门开展正常的业务性合作	+

注：该表对岗位的考核能力及等级进行了描述，若认定该员工的相应考核能力高于该等级标准，则在“结果”处记“+”；若与标准持平，则在“结果”处记“0”；若未达到标准，则在“结果”处记“-”。

表 1-2　李石的绩效考核情况

考核能力	等级	等级描述	结果
专业知识	高	具有扎实的专业知识和丰富的实践经验，资历深厚，能参与并指导培训教材的编制	-
人际交往能力	中	在大部分的时候，能与别人进行愉快的交流，只是偶尔会出现意见上的小摩擦，但并不影响交往	0
沟通协调能力	低	向员工传达的培训信息不完整，有很多不相关的信息，与各部门沟通甚少，不能很好地配合各部门的工作	+
专业知识	中	虽然具备的知识不足以参与教材的编制，但是在培训活动上的经验还是能够给予员工有效的帮助	0
人际交往能力	低	经常与别人发生不必要的冲突，与各部门的合作磕磕碰碰	+
沟通协调能力	高	能向员工准确传达培训的目标、内容等，使员工明了培训的相关事宜，并且能积极调动各部、处的合作与沟通	-
专业知识	低	虽然实践经验少，但是在执行培训计划的过程中，学习知识的能力比一般人强	+
人际交往能力	高	与每一位都能友好地交流合作，即便在意见上有分歧，也能与人友好相处	-
沟通协调能力	中	能按要求完成传达培训的基本概况，让员工对培训有所了解，能与各部门开展正常的业务性合作	-

注：该表对岗位的考核能力及等级进行了描述，若认定该员工的相应考核能力高于该等级标准，则在“结果”处记“+”；若与标准持平，则在“结果”处记“0”；若未达到标准，则在“结果”处记“-”。

表 1-3　王妩的绩效考核情况

考核能力	等级	等级描述	结果
专业知识	高	具有扎实的专业知识和丰富的实践经验，资历深厚，能参与并指导培训教材的编制	-
人际交往能力	中	在大部分的时候，能与别人进行愉快的交流，只是偶尔会出现意见上的小摩擦，但并不影响交往	+
沟通协调能力	低	向员工传达的培训信息不完整，有很多不相关的信息，与各部门沟通甚少，不能很好地配合各部门的工作	+
专业知识	中	虽然具备的知识不足以参与教材的编制，但是在培训活动上的经验还是能够给予员工有效的帮助	+
人际交往能力	低	经常与别人发生不必要的冲突，与各部门的合作磕磕碰碰	+
沟通协调能力	高	能向员工准确传达培训的目标、内容等，使员工明了培训的相关事宜，并且能积极调动各部、处的合作与沟通	+
专业知识	低	虽然实践经验少，但是在执行培训计划的过程中，学习知识的能力比一般人强	+
人际交往能力	高	与每一位都能友好地交流合作，即便在意见上有分歧，也能与人友好相处	-
沟通协调能力	中	能按要求完成传达培训的基本概况，让员工对培训有所了解，能与各部门开展正常的业务性合作	+

注：该表对岗位的考核能力及等级进行了描述，若认定该员工的相应考核能力高于该等级标准，则在“结果”处记“+”；若与标准持平，则在“结果”处记“0”；若未达到标准，则在“结果”处记“-”。

表 1-4　赵永的绩效考核情况

考核能力	等级	等级描述	结果
专业知识	高	具有扎实的专业知识和丰富的实践经验，资历深厚，能参与并指导培训教材的编制	-
人际交往能力	中	在大部分的时候，能与别人进行愉快的交流，只是偶尔会出现意见上的小摩擦，但并不影响交往	-
沟通协调能力	低	向员工传达的培训信息不完整，有很多不相关的信息，与各部门沟通甚少，不能很好地配合各部门的工作	0
专业知识	中	虽然具备的知识不足以参与教材的编制，但是在培训活动上的经验还是能够给予员工有效的帮助	+
人际交往能力	低	经常与别人发生不必要的冲突，与各部门的合作磕磕碰碰	+

续表

考核能力	等级	等级描述	结果
沟通协调能力	高	能向员工准确传达培训的目标、内容等，使员工明了培训的相关事宜，并且能积极调动各部、处的合作与沟通	-
专业知识	低	虽然实践经验少，但是在执行培训计划的过程中，学习知识的能力比一般人强	+
人际交往能力	高	与每一位都能友好地交流合作，即便在意见上有分歧，也能与人友好相处	-
沟通协调能力	中	能按要求完成传达培训的基本概况，让员工对培训有所了解，能与各部门开展正常的业务性合作	-

注：该表对岗位的考核能力及等级进行了描述，若认定该员工的相应考核能力高于该等级标准，则在“结果”处记“+”；若与标准持平，则在“结果”处记“0”；若未达到标准，则在“结果”处记“-”。

表 1-5　员工信息统计

员工姓名	岗位	性别	年龄	入职时间	学历	工作经验
严琪琪	培训主管	女	32	2012-03-01	本科	8 年
李石	培训专员	男	29	2013-09-16	大专	6 年
王妧	培训专员	女	26	2015-03-01	本科	3 年
赵永	培训专员	男	24	2015-03-21	本科	应届生

表 1-6　工作完成情况统计

员工姓名	目标工作量	实际完成情况	考勤情况
严琪琪	—	—	请假 3 天
李石	—	—	旷工 0.5 天
王妧	定期组织常规培训	—	全勤
赵永	每 2 个月组织一次企业文化培训，共计 3 次；为新员工进行入职培训	组织企业文化培训共 2 次并考核；为 6 位新员工进行入职培训	请假 1 天

注：此处为了重点突出王妧与赵永的绩效考核结果，隐去了严琪琪与李石的目标工作量及实际完成情况。

（四）绩效面谈

由于手上工作任务较多，吴岚在 2015 年 12 月末考核结果完成后便告知赵永要与他进行一次面谈，但是直到2016年1月下旬的某天，绩效反馈面谈才得到落实。面谈记录如下：

1月27日一上班，赵永就被吴岚告知，并到公司休息区进行谈话。因为正是工作时间，休息区中没有其他人，吴岚随意坐在休息区的椅子上，并示意赵永坐在自己旁边的位子上，赵永战战兢兢。

吴（微笑）："赵永，不要太紧张，今天叫你过来主要是和你谈一谈上一个绩效周期你的表现和帮助你改进工作的，你不用太过紧张，有什么意见或者困难都可以提出来的。"

赵（松了一口气）："好的，吴经理。"

吴："原本这次面谈应该早点进行的，但是我一直没有空闲的时间才拖到今天，小赵，我们今天大约用半个小时的时间来对你这半年多的工作做一个回顾和总结。这样吧，你先谈谈我们做绩效考核的主要目的是什么？"

赵："唔……我认为绩效考核主要是帮助员工了解在过去一段时间中工作上的得与失，还可以对优秀的员工进行奖励，特别是在年底作为发放奖金的依据。不知我说的对不对，吴经理？"

吴："嗯，你这样想也是对的，但是其实我们实行绩效考核，最终是希望在绩效考核后，能通过绩效面谈，将员工的绩效表现反馈给员工，以明确下一步改进的方向；也提供一个沟通的机会，使领导了解部属工作的实际情况或困难，以确定可以提供哪些帮助。"

赵（不好意思）："吴经理，看来我理解得有些狭隘了。"

吴（宽容地笑笑）："我们现在不又取得一致了吗？我们现在就简单讨论一下吧，你先简要地做一下对这半年以来的工作总结吧，我看你似乎有所准备，是吗？"

赵："嗯，这是您上次通知我要反馈面谈时我就准备的。那我简单讲一下我这半年的工作情况（打开笔记本），这半年多来我主要的工作是协助公司进行企业内部的企业文化培训和新员工入职培训，新员工的入职培训我基本都安排在新员工入职的一周内，帮助新员工快速了解公司制度，使其能更好地融入这个企业大家庭。企业文化培训共组织了2次，原本计划安排3次，但是由于我没有及时与各个部门主管沟通好，导致7月的企业文化培训没有得到落实。另外，我还做了一些培训后期的效果评估工作。"

吴（翻阅手中绩效考核的资料）："嗯，7月的培训没有落实其实也并不全是你的原因，因为七八月本就是大家最忙碌的时候。我看了你总体的绩效考核结果，对于你这半年来的综合结果，我却不能说对你很满意。你是人力资源专业毕业的，你的专业知识能力毋庸置疑，尽管你是应届生，没什么经验，但是我也知道你平时也是努力向前辈们学习的，这些都是值得肯定的。然而你还有比较大的不足，不知道你自己发现没有？”

赵（小声）：“是不是……我的人际沟通能力。我平时不常和别人沟通，日常工作中也会出现沟通不到位的情况，严主管也曾提醒过我，但是我觉得我还是没有做好。”

吴：“是的，你在与人沟通交往时能力确实不足，与其他部门的交流较少，我们要了解培训需求，安排人员培训都需要多和其他部门的人员沟通。你这一次主要负责的2次企业文化培训在实际培训时也有很多人员未及时通知到，还有因为有急事，中途退出培训的情况。这一点王妩就做得很好……”

（有电话突然打断吴岚，吴接电话3分钟左右）

“不好意思，电话打断了我们的对话，刚刚我说到哪里了？噢，对，是王妩，她和你差不多时间入职，但是她很快就和我们人力资源部的同事，还有其他部门的同事熟稔，安排培训的时候也能够充分了解学员们的空余时间，合理安排，最大限度地保证培训的效力。在这一点上，她做得很出色，你与她年龄相仿，可以多问问她一些经验。”

赵：“好的。”

吴：“接下来，我们来谈一下你新一年的绩效改进计划吧。你有什么想法？”

赵：“唔……在新的一年，我首先要保证能够足额完成培训任务，由于我社会经验不足，在日常工作时，多向他人学习，将王妩作为我的标杆，多与其他部门交流，了解他们的培训诉求，提高培训的有效性，为企业的人才发展提供支持。”

吴：“对的，你如果遇到什么工作上的问题可以多问问大家，来问我也不要紧，多尝试和别的部门的同事沟通，毕竟大家都是同事，会共事很长一段时间的。另外，企业中也有安排辅导沟通技巧的培训课程，你也可以去学习一下的。你是一个有潜力的年轻人，我相信，只要你不断改正自身的不足，未来还有很大的上升空间。”

赵：“我明白了，谢谢您，吴经理。”

案例2　使用指南

LQ公司是一家大型企业，在经历恶性事件后修改并完善了其绩效考核体系。从公司部分绩效考核方案的制定及实施结果来看，绩效考核贯穿整个公司的管理与发展，从本案例中可以看出人力资源管理各职能部门间息息相关。请思考：

（1）LQ公司设置的分层绩效目标有什么作用？

（2）LQ公司设置的分层绩效目标与人力资源管理部门可能存在怎样的关系？

（3）您认为绩效考核的结果可以用来做什么？

（4）绩效考核与人力资源规划、员工招聘、员工的职业生涯发展、培训与开发、薪酬、员工关系管理等方面是否存在一定关系？是什么样的关系？请对绩效考核与某一点您认为最不可能存在关系的职能进行分析和论述。（此问题可以请不同的同学进行阐述及讨论分析）

第二章 人力资源战略与规划*

引论

人力资源战略是企业为适应外部环境日益变化的需要和人力资源开发与管理自身发展的需要，根据企业的发展战略并充分考虑员工的期望而制定的人力资源开发与管理的纲领性长远规划。人力资源规划是人力资源战略进一步实施的首要部分，是建立在人力资源战略基础之上的、可以操作的人力资源战略实施方案和行动措施。

科学的人力资源战略与规划能够帮助企业识别战略目标，有助于创造战略目标实现的环境，为企业战略目标的实现提供人力资源保证，提高员工工作质量。同时可以为人力资源部的所有业务活动设定目标，有利于人力资源部门资源的合理利用，提高人力资源管理部门业务活动的工作质量。

知识点

一、人力资源战略的概念

人力资源战略指企业为实现其战略目标而制定的一系列有关人力与人才资源开发与管理的总体规划，是企业发展战略的重要组成部分，是抓住组织的战略目标和目的，并将它们转化为前后一致的、整体化的、完善的员工管理计划

* 本章内容由胡玲编写。

和政策，是从人力资源的“质”和“量”入手，评估目前人力资源的质量与企业目前及未来发展变化所需之间的差距，并能够满足这些要求的过程。

二、人力资源战略目标

人力资源战略作为一种最重要的职能战略受公司战略支配，并反作用于公司战略。人力资源战略应当实现如下目标：

（1）根据企业战略目标，确定人力资源战略。

（2）深入分析企业人力资源面临的内外部环境，发现问题和潜在风险，提出应对措施。

（3）合理预测企业中长期人力资源需求和供给，规划和控制各业务板块人力资源发展规模。

（4）规划核心人才职业生涯发展，打造企业核心人才竞争优势。

（5）规划核心/重点专业/技术领域员工队伍发展，提高员工综合素质。

（6）提出人力资源管理政策和制度的改进建议，提升整体管理水平。

三、人力资源规划的概念

关于人力资源规划的概念要从狭义和广义两个方面理解。狭义方面：企业从战略规划和发展目标出发，根据其内外部环境的变化，预测企业未来发展对人力资源的需求，以及为满足这种需要所提供人力资源的活动过程。广义方面：企业所有各类人力资源规划的总称，是战略规划与战术计划（即具体的实施计划）的统一。从规划的期限上看，人力资源规划可区分为长期规划（5 年以上）和短期规划（1 年及以内），介于两者之间的为中期规划。

从这个定义我们可以看到：

（1）人力资源规划是以组织的战略目标为依据，当组织的战略目标发生变化时，人力资源规划也随之变化。

（2）组织外部环境中政治、经济、法律、技术、文化等一系列因素处于不断的变化之中，这使得组织的战略目标也处于不断变化与调整之中，组织战略目标的变化则必然引起组织外部人力资源供需的变化，人力资源规划就是要对人力资源供需状况进行分析预测，以确保组织在近期、中期、长期对人力资源的需求。

（3）一个组织应该制定必要的人力资源政策措施，以确保组织对人力资源需求的如期实现。

（4）人力资源规划要有利于组织和个人的长期发展。

四、人力资源规划的内容

人力资源规划包括两个层次，即总体规划与各项业务计划。总体规划是关于计划期内人力资源开发利用的总目标、总政策、实施步骤及总的预算安排。各项业务计划包括人员补充计划、人员使用计划、提升计划、教育培训计划、薪资计划、退休计划、劳动关系计划等。

五、人力资源规划的程序

人力资源规划的程序即人力资源规划的过程，一般可分为以下四个步骤。

（一）收集研究信息资料

信息资料是制定人力资源规划的依据。一般情况下，与人力资源规划有关的信息资料包括三个方面：

（1）经营战略。

（2）经营环境。

（3）人力资源现状。

（二）人力资源供求预测

在收集和研究与人力资源供求有关的信息之后，就要选择合适的预测方法，对人力资源的供求进行预测。

（三）人力资源规划的制定

根据供求预测的不同结果，对供大于求和供小于求的情况分别采取不同的政策和措施，使人力资源达到供求平衡。同时，应注意各项业务计划的相互关系，以确保它们之间的衔接与平衡。

（四）人力资源规划的执行

执行人力资源规划是人力资源规划的最后一项工作，主要包括：实施、审查、评价和反馈。

六、人力资源需求预测

人力资源需求预测指根据企业的发展规划和内外条件，选择适当的预测技术，对人力资源需求的数量、质量和结构进行预测。人力资源需求预测是人力资源规划中最重要、最复杂的内容。人力资源需求预测要在内部条件和外部环境的基础上进行，必须符合现实情况。人力资源需求预测所涉及的影响因素与企业经营过程中所涉及的影响因素是相同的。

1. 人力资源需求预测的影响因素

人力资源需求预测的影响因素有外部环境因素和内部因素。外部环境因素主要有劳动力市场的变化、政府相关政策的变化、行业发展状况的变化。内部因素主要有企业目标的变化、员工素质的变化、组织形式的变化、企业最高领导层的理念变化。

2. 人力资源需求预测方法

人力资源需求预测的方法分为定性方法和定量方法两类。

（1）定性方法。主要包括德尔菲法、经验预测法、现状规划法、分合性预测法、描述法、标杆法等。

（2）定量方法。主要包括回归分析法、趋势外推法、比率分析法、工作负荷预测法、劳动定额预测法、计算机模拟预测法等。

以上从定性和定量两方面介绍了人力资源需求预测的几种方法。定性预测方法的使用使管理部门直接参与人才需求预测的过程中，还可以将一些技术变化、工作负荷变化、组织变化综合起来考虑，包括把一些无法量化的因素考虑在内，使预测结果更加可信。定量分析方法提供了有效的补充信息，有助于管理人员做出有关未来人员配置需求的判断。定量分析方法的重要价值在于为人员配置目标提供可能的人员配置水平，而不在于其精确性。包括回归分析、数学模型等在内的定量分析可以改变对生产、销售及其他经营计划的人力资源管理。总之，人力资源需求预测的不同方法各有优劣，在实际操作中可以结合使用。

七、人力资源供给预测

人力资源供给预测是预测在未来某一时期，企业内部所能供应的（或经培训可能补充的）及外部劳动力市场所能提供的一定数量、质量和结构的人员，以满足企业为达成目标而产生的人员需求。从供给来源看，人力资源供给分为外部供给和内部供给两个方面。

（一）人力资源供给的影响因素

人力资源的供给主要受外部人力资源市场和企业内部人力资源市场两方面因素的影响。

（1）外部人力资源市场因素主要包括社会生产规模的大小、国家经济体制、经济结构状况、所有制结构和科学技术进步等。

（2）企业内部人力资源市场。企业内部人力资源市场遵守企业内部的惯例、章程或者制度等来进行活动。企业内部人力资源供给主要是分析在职员工的年龄分布和离职及退休人数，从人员减少和流动的情况来探讨人力资源供给的情况。此外，在企业内部人力资源利用方面，如提升、转岗等活动也是值得研究的。

（二）人力资源供给预测方法

人力资源供给预测分为企业内部人力资源供给预测和企业外部人力资源供给预测。

1. 企业内部人力资源供给预测

（1）技能清单法。一般是将员工技能依次罗列出来，体现员工的特征和能力，包括所接受的培训课程、以前的经验、持有的证书、通过的考试、监督判断能力，甚至包括对其实力或耐心的测试情况。技能清单能体现各种关键能力，便于对公司人力资源的充分了解和对人力资源的协调，在公司裁员或者改变组织结构时尤为重要。

一般来说，技能清单应包括七大类信息：

1）个人数据。年龄、性别、婚姻状况。

2）技能。教育经历、工作经验、培训经历。

3）特殊资格。专业团体成员、特殊成就。

4）薪酬和工作经历。现在和过去的薪酬水平、加薪日期、承担的各种工作。

5）公司数据。福利计划数据、退休信息、资历。

6）个人能力。在心理或其他测试中的测试成绩、健康信息。

7）个人特殊爱好。地理位置、工作类型。

（2）马尔可夫分析法。马尔可夫分析方法是找出过去人事变动的规律，以此来推测未来人事变动趋势的一种常用方法。

（3）管理人员接替计划法。对于管理人员供给的预测，最简单、有效的方法是制订管理人员接替计划，如加拿大安大略省交通部共有员工 10300 人（管理人员 2600 人，工会会员 7700 人），对 1300 个中、高层管理职位制订接任计划，将工作分成 5 种主要职能和 8 种次要职能，在每年鉴评后由主管确定在下一年度提升的后备人员。

2. 企业外部人力资源供给预测

预测外部人力资源供给所面对的影响因素有很多，如技术进步、消费模式及消费者行为、本地及国际市场的变化、经济环境及社会结构的转变、政府政策法规的修订等。企业外部的人力资源供给受整个社会经济及人口结构因素的影响，政府的教育政策和劳动、人事政策也对其有一定的影响。原则上，统计局应该提供社会整体就业、整体劳动力、人事政策及增加的人力资源的数量和素质等情况，作为预测人力资源供给的依据。

八、人力资源供求平衡

（一）人力资源供求平衡的影响因素

虽然一些企业快速发展，但缺乏相应的人才，员工的频繁辞职或跳槽使公司目标难以为继，工作效率的低下使企业的竞争力大受影响。通过人力资源规划，能够达到企业人力资源的供求平衡。

企业人力资源短缺的原因，即影响人力资源供求平衡的因素主要包括以下四个方面。

1. 业务高速发展

业务高速发展与企业短期人员需求规划、人才梯队建设、人才储备情况等因素有直接的关系。

2. 人员流动

人员流动通常包括人员的流入、流出、晋升、降职及退休、离职等情况。人力资源规划必须清楚本行业、本企业的人员流动率，各类型的流动占总流动的比例，要保证关键业务人员的储备。

3. 培训与开发

企业的部分岗位经常缺少合适的人才，重要的原因就是没有预先规划，培训不足，造成员工与职位的匹配度较低。同样，由于晋升通道的狭窄和不确定，很多员工认为在该企业的发展已达到“天花板”，为求更好的发展而离职。

4. 绩效管理

企业现有人员的绩效不高，其原因往往是在规划中缺少科学的绩效管理办法。绩效管理可以确定合理的人员安排方案，要对优秀的人才选拔晋升，对绩效欠佳者及早培训，将不合格的员工调岗或辞退。

（二）人力资源供求动态平衡

企业人力资源供求达到平衡（包括数量和质量）是人力资源规划的目的。企业人力资源供求关系有三种情况：人力资源供求平衡；人力资源供大于求，导致组织内部人浮于事，内耗严重，生产或工作效率低下；人力资源供不应求，导致企业设备闲置，固定资产利用率低。人力资源规划就是要根据企业人力资源供求的预测结果，制定相应的政策措施，使企业未来人力资源供求实现平衡。

1. 企业人力资源供求平衡

企业人力资源供求完全平衡这种情况极少出现，甚至不可能出现，即使是供求总量上达到平衡，在层次、结构上也会发生不平衡。企业应根据具体情况制定供求平衡规划。

2. 企业人力资源供不应求

当预测企业的人力资源在未来可能发生短缺时，要根据具体情况选择不同方案以避免短缺现象的发生。

（1）将符合条件而又处于相对富余状态部门的人员调往空缺职位。

（2）如果高技术人员出现短缺，应拟订培训和晋升计划，在企业内部无法满足要求时，应拟订外部招聘计划。

（3）如果短缺现象不严重且本企业的员工又愿意延长工作时间，则可以根据有关法规，制订延长工时、增加报酬的计划，这只是一种短期应急措施。

（4）提高企业资本技术构成，提高员工劳动生产率。

（5）聘用临时工。如返聘已退休员工或聘用小时工等。

总之，以上这些措施虽是解决组织人力资源短缺的有效途径，但最为有效的方法是通过科学的激励机制，以及培训提高员工业务技能、改进工艺设计等方式，调动员工积极性，提高劳动生产率，减少企业对人力资源的需求。

3. 企业人力资源供大于求

解决企业人力资源供大于求的常用方法：

（1）永久性辞退某些工作态度差、技术水平低、劳动纪律观念差的员工。

（2）合并和关闭某些不必要的机构。

（3）鼓励提前退休或内退，对一些接近退休年龄者，应制定一些优惠措施，有条件的企业，还可一次性发放部分奖金（或补助），鼓励其提前退休。

（4）提高员工整体素质，如制订全员轮训计划，使部分员工接受培训，为企业扩大再生产准备人力资本。

（5）加强培训工作，使企业员工掌握多种技能，增强其竞争力。鼓励部分员工自谋职业。

（6）减少员工的工作时间。

（7）采用由多名员工分担以前只需一名或少数几名员工就可完成的工作和任务。

在制定平衡人力资源供求的政策措施过程中，应具体情况具体分析，制定出相应的人力资源部门或业务规划，使各部门人力资源在数量、质量、结构、层次等方面达到协调平衡。

应用案例

案例1　H省电力公司人力资源规划方案

一、公司简介

H省电力公司是某电网公司的全资子公司，主要从事省内电网规划、建设、经营和电力供应。公司下设生产、技术、销售、综合管理、财务5个部门，截至2016年底，职工总数3600余人，售电量500亿千瓦时。H省电网拥有220千伏降压变电站50座，总变电容量1000万千伏安，线路100条，长度6700千米；110千伏降压变电站230座，总变电容量980万千伏安，线路共400条，长度为13000千米。公司电网已基本形成布局合理、调度灵活、安全可靠、保障有力的网架结构。

此外，H省电力公司2015年在海外通过并购运营、工程建设等方式在全球配置战略资源，效果较好。但H省电网与世界一流制造业公司在电力装备领域仍有较大差距，体量大但盈利能力不足，转型发展迫在眉睫。传统的运行模式已经无法满足市场发展。

目前H省电力公司电网正处于快速发展期，但公司内部出现了一些问题，主要体现在：重点专业人才储备不足、人才紧缺、需求较大；生产人员缺员严重。同时，综合管理部和财务部规模较大，冗员现象明显。

公司一直坚持“以人为本”的管理理念，但是过去传统的单一产业管理方式，已经远不能适应一体化协同发展的要求。公司现有的内部治理结构、产权结构、组织结构、人才结构，从某种程度上来讲，造成了管理效率低下、执行力衰减、信息传递失真，削弱了公司的控制力。因此，组织机构的治理与优化势在必行。并且为确保满足公司在快速发展时对人员的需求，同时又保证人员规模增长合理、人员结构优化，人事部经理与各部门经理相互配合，在“十三五”期间（2016~2020年）对公司的人力资源进行了科学、有效的规划。

截至2016年12月31日，公司营业收入1176.02亿元，营业支出203.36亿元，利润总额6772.02万元。人工成本18056万元，其中包含应发工资10671万元、社会保险4268万元、职工福利费用1000万元、职工教育费200万元、劳动保护费用200万元、职工住房费用1000万元、其他成本费用717万元。

二、环境分析

由于H省疏于对当地电力市场行情的了解，决定委托T电力咨询机构对企业现在的外部环境和内部环境重新调查分析后，再研究制定符合“十三五”规划的人力资源规划。经过深入的调查和分析，咨询机构收集到以下信息。

（一）外部环境

H省从事电力开发的有国有企业和民营企业，H省电力公司由于进入市场时间稍晚，市场占有率为 20%，排名第三。多个供电企业进入同一个地区会形成卖方的多元化，消费者讨价还价能力提高。同时未来将从卖方市场向买方市场转变，客户将成为电力企业争夺的重中之重。

由于排名靠前的国有企业大规模收购本省中小型水电厂，民营企业因占小部分份额，所以逐渐退出本省当地电力开发市场。

售电收入是电力企业主要的收入来源，H 省电力公司曾希望上调电价以改善基础设施，但未得到监管部门的批准。一方面，随着国民经济的高速发展，我国经济和社会生活对电力的需求不断增长，消费者对于高质量不间断服务的需求继续上扬，原有电网服务系统运作已经濒临极限，电力行业处于两难困境；另一方面，受能源需求增加、价格波动、自然灾害等因素影响，能源和电力行业面临诸多挑战。2016 年是“十三五”规划的开局之年，也是国家深化电力改革，严抓节能减排的关键之年，预计 2017 年全社会电量增速将会有所回落，其主要体现在工业用电量增幅的下滑。在政府倡导“互联网+”时代的电力服务形势下，H 省电力公司信息化仍然处于起步阶段，信息化建设刻不容缓。

电力公司最主要的供应商是燃料的供应者，行业集中度不高，但是议价能力较强。随着国家燃料资源价格的逐年上升，虽然国家每年都加大了对电力的补贴，以及税收优惠，但电力公司的竞争压力依旧越来越大。

调整能源结构、优化能源配置是国家众多措施中的主旋律；在社会层面，能源供求、经济与环境的协调发展是必须解决的问题。这意味着新能源有机会参与此次改革大潮，新能源企业不断发展壮大，提高新能源占比无疑是能源结构调整与优化配置的重要举措。

（二）内部环境

H 省电力公司人力资源规划体系已经初步形成，建立了能够反映该公司人力资源整体状况的统计分析体系，以统计分析为基础的战略性人力资源规划已开始启动。但是公司的组织结构过于简单，下级机构既受上级部门的管理，又受同级职能管理部门的业务指导和监督。各级行政领导人逐级负责，高度集权，管理层次少，各部门管理幅度过大，主管和经理不堪重负。在调查中部分主管希望通过分权、授权等措施，加强自主管理、自我控制，增加管理层次，缩减管理幅度。

H 省电力公司统分结合的人力资源培训体系初步形成，搭建起了以培训课程体系、培训讲师管理制度、培训效果评估为主的培训体系，其人力资源的基础和激励制度已初步形成规范，职位评价、薪酬管理、淘汰与晋升、招聘等制度已基本形成，指导性的绩效考核制度已经出台，“对内公平，对外公开”的绩效考核体系正在形成。由于未展开规范的、科学的工作分析，公司对每位员工的工作能力并不是十分了解，在对员工进行培训时往往不能针对性地进行培训，使得培训的效果大打折扣。

下设的综合管理部在公司的直接领导下，负责文秘、计划接待、会务、公司文化建设、宣传、档案、人事、劳资、信访、车辆、后勤、保洁、保卫等工作。其工作繁复，部门机构庞大，管理效率低下，尤其是车辆管理（调度、维修、保险、油卡充值等）和员工宿舍安全管理方面的工作存在较为严重的管理不善现象，部门经理和员工工作压力可想而知。

生产部负责本公司电力建设期间施工、管理和协调、质量监督等工作。其人员数量众多，工作内容不一，又没有规范的岗位说明书，使得其培训、晋升、绩效考核难度较大。

财务部负责财务、工程资金管理、工程进度款和设备款的拨付等工作，财务部人员众多，存在着“不干活拿工资”的现象，冗员问题突出。

技术部对全公司输变电生产设备生命周期全过程的技术问题全权负责，为提高电网设备的装备、运行和健康水平提供有效的支持，确保电网的安全稳定运行，目前技术部的重点专业人才相对较少，人才短缺情况比较严重。

销售部主要负责维护并拓展电力销售市场，向消费者提供规范化的电力营销服务。调查显示销售部的人员流失率比其他部门高。

三、人力资源现状分析

通过对公司现有人力资源状况进行统计分析，H 省电力公司现有 3627 名员工和 387 名管理人员（其中高层管理人员 85 名），男女比例为 65：35。具体人员分布情况如表 2-1 所示。

表 2-1　H 省电力公司人员分布　　单位：人

部门	生产部	技术部	销售部	综合管理部	财务部
人数	1885	523	468	351	400

中层管理人员：生产部有 60 名、技术部有 52 名、销售部有 66 名、综合管

理部有 67 名、财务部有 57 名。高层管理人员负责生产部的有 16 人、负责技术部的有 20 人、负责销售部的有 17 人、负责综合管理部的有 16 人、负责财务部的有 16 人。

目前的人力资源队伍尚未满足未来业务发展的要求，主要表现在以下方面：

人员结构尚有完善空间。一方面，年龄结构比例失调，年龄结构指电力从业人员各年龄段所占的比例。2016 年 H 省电力公司的年龄结构统计如下：30 岁以下的占 47.1%，30~45 岁的占 28%，45 岁以上的占 24.9%。45 岁以下的员工占比高达 75.1%，表明 H 省电力公司在这几年的改革中人员结构取得较大的进展。2016 年人员晋升人数为 58 人，其中管理层 17 人、员工 41 人，此外，共有 167 名员工转岗，有的员工转岗到公关外联部，也有的员工转岗到销售部。

另一方面，学历结构有待优化。随着电力行业的发展，其竞争和风险加大，这就要求电力从业人员有较高的素质。通过对人力资源学历结构统计分析，从总体上来看，与国内电力公司的平均水平相比，H 省电力公司的学历结构不尽合理，其中高学历人员的比例相对较低。2016 年人员学历结构统计如下：本科人员占比 30%、硕士学历占比 8%、大专学历占比 56%、中专及以下学历占比 6%。

职称结构可以反映出技术人员达到的等级比例，它是衡量人力资源质量的重要指标。2016 年 H 省电力公司的职称结构统计如下：技术人员中专业技术人员 363 名、非专业技术人员 160 名，拥有高级职称的技术人员占 18%、拥有中级职称的技术人员占 29.3%、拥有初级职称的技术人员占 30.3%、无职称的占 22.4%。由此可见初级职称和无职称的技术人员占比相当大。因而，对技术部人员，特别是对核心人才进行培训是十分必要的。

四、人力资源供需预测

（一）需求分析

为了顺应公司发展的需要，综合管理部王经理需要根据总经理下发的 2017 年生产经营计划，及时对空缺或新增的岗位进行人员补充。

H 省电力公司利润（万元）与人力资源需求符合线性变化，其利润（X）与人员（Y）的回归分析方程为：$Y=0.25X+1256$。

销售部的售电量（亿千瓦时）与销售人数符合线性变化，计划售电量 600

亿千瓦时，售电量（Z）与销售人员（Y）的回归分析方程为：Z=0.895X。

2017年生产部总工作量计划所需时间为4000000小时，每个员工每天工作8小时，每月工作天数为21.75天。技术部计划总工作量1300000小时，每个员工工作8小时，每月工作天数25天。

（二）供给分析

1. 人力资源外部供给情况

H省是一个具有巨大发展潜力的省份，随着当地的开发，其在吸引人才方面具有一定的优势。长远来看，企业的外部劳动力市场劳动力供给形势较好，但企业也存在着“招工难”的问题。另外，随着经济的发展、人们收入的增加、生活水平的提高，势必影响人们的就业观，再加上电力体制改革的持续深入，公司对人才的吸引力也会逐步增长。

2. 人力资源内部供给情况

王经理在分析了人力资源现状之后，对公司2017年的人事变动有了初步的预测，如表2-2所示。

表2-2　2017年公司内部人事变动率

部门	生产部	销售部	技术部	综合管理部	财务部	离职率
生产部	0.8	0.1				0.1
销售部		0.6	0.1	0.1		0.2
技术部	0.1	0.2	0.6			0.1
综合管理部		0.1		0.7	0.1	0.1
财务部				0.1	0.7	0.2

根据企业如今的发展情况，财务人员与总员工的比例关系在1∶25、综合管理人员与总员工的比例关系在1∶30是比较合理的状态。

五、战略规划

公司“十三五”期间发展的总目标是：贯彻执行公司发展战略，坚持“走出去”和“引进来”，通过深化电力体制改革和内部改革，大力调整组织结构，坚持多元化发展，稳固发展省内市场以及周边省的电力市场，扩大海外市场，全面提高公司生产经营水平、管理水平、技术水平、队伍素质、竞争能力，确保2017年达到国内一流电力公司的标准，跨入国内同行先进行列；2018年，初步形成多元化、现代化、国内同行领先的一流电力公司的基本框架，初步形成具有H省特色的企业文化和良好的企业风貌；到2020年，在电力装备领域赶超国际一流制造业公司，建成多元化、现代化并以较高水平进入国际一流电力企业行列的公司。

为实现公司在“十三五”期间的战略规划目标，正确引导人力资源规划的实施，H省电力公司提出了以下与人力资源总体规划相配套的政策措施。

完善信息系统建设，搭建强大的信息支撑平台。在互联网技术的引领下，要提高智慧服务水平。在人力资源现状分析阶段，需要收集翔实的、广泛的人力资源基本信息和人力资源管理政策，并对人力资源问题进行诊断，这一过程影响了人力资源规划方案的有效性和合理性，发挥了重要作用。公司的发展战略受公司内外部环境的影响，其必须跟随环境的变化进行调整、更新。人力资源规划服务于公司战略，需要随公司战略的变化而及时修改，在这一过程中需要不断获取及时的、充足的信息，以供进行筛选整理。所以，要制定出准确、切合公司实际的人力资源规划需要强大的信息平台作为支撑。

优化调整组织机构，理顺管控关系。坚决落实上级主管单位的决策部署，加快管理体制创新，探索并推行组织机构变革，往专业化和集约化方向发展，并在与下属单位的管控关系上，重在对人财物的管理权限进行统一调配，对综合管理部等部门进行适当的分权，优化管理结构，提高管理效率。

规范用工管理机制，加强用工控制。一方面，进一步完善劳动定员管理制度，建立健全劳动定员管理机构，并进行科学、规范的工作分析，明确管理人员和员工的工作职责，梳理工作流程及岗位职责，评价岗位工作的重要性，明确各岗位的合理用工方式。完善员工约束机制，积极探索建立劳动定员与薪酬激励、员工培训、人工成本控制和用工方式等人力资源业务联动的管理机制。另一方面，在原有的以合同管理为主的基础上，围绕着岗位管理规范，完善劳动用工管理机制。科学、合理确定用工总量，并严格把关新进人员的质量，以满足劳动定员的素质标准。

完善人才培养平台，逐步提升人员素质。建立公司各专业岗位序列标准及其晋升通道，设计员工职业成长路径，建立人才培养机制。通过开展工作分析，对岗位的任职条件进行梳理，建立岗位任职资格体系；结合企业各专业人员发展特点，设计岗位序列标准，指导建设各专业发展通道。帮助员工制订长期的发展计划，通过为员工选取企业导师，制定素质培养目标及培养计划，配套相应的跟踪、考评机制，并借助人才有序的流动机制，加速提升员工素质，并吸引大量人才，在实现公司发展目标的同时帮助其实现自身的发展目标。

六、费用规划

在对公司的现状和需求进行分析后，王经理开始对 2017 年的人力资源规划方案进行制定并预算。

1. 人员补充计划

根据公司的供需预测补充员工，使企业能够提高人力资本回报率，拥有足够的人力资源储备，确保企业各项事务的正常运行。随着公司经营业绩的不断增长及业务范围的扩大，每年公司需要招聘生产、技术等各类岗位员工，招聘费用基本以平均 10%的速度递增。2017 年计划对本科生和研究生各开展 8 次讲座，每次讲座开销 10 万元，参加 3 次省里举办的人才交流会，预计花销 45 万元，并且在×××招聘网站上刊登招聘信息一整年，花费 15 万元。另外，新员工劳动合同的签订和劳动关系的确立预计花费 75 万元。

2. 人员使用计划

公司需要派遣一部分员工出国进行技术交流学习等，该计划预算为 30 万元。根据 2016 年的培训结果，发现销售部有 19 名员工具有一定的生产能力。在征求这些人员的意向之后，2017 年预计对这些人员进行转岗计划。

3. 退休、解聘计划

该计划要妥善处理好退休人员退休金的支付问题和解聘人员的补偿金问题，预算 100 万元。

4. 培训开发计划

培训根据培训对象不同可分为对新员工的培训和对老员工的培训，根据培训内容不同分为生产和技术人员的工作技能培训、管理人员的管理能力培训和销售人员的销售能力培训，旨在通过不同的培训帮助员工更好地开展工作，提高工作效率，预算为 180 万元。根据销售部人员的业绩，对其中 15 名销售助理进行考察，考察通过后，对相关销售助理进行晋升。

5. 激励计划

建立合理的绩效体系可以更好地激励员工，调动员工的积极性；完善的福利制度可以增强员工的安全感和归属感，有利于防止人员流失，降低离职率。

公司将采取物质激励与精神激励相结合的方式，针对生产人员，实行精神激励、爱心工程、压力激励方式；针对技术人员，公司实行动态激励、出国考察培训的方式；针对管理人员，实行提拔人员先下基层考验的“海豚式升迁”，还有授权管理、股票期权激励。不同类型人员的激励形式都要结合自身的情况设置。该项预算为1380万元。

6. 员工工资、福利预算

按企业每年利润18%的增长速度和不断扩招的人员计算，预计全年工资支出同比增长7%。公司2016年共缴纳4268万元的社会保险，根据预算工资支出，预计2017年需缴纳的社会保险为4600万元。公司每年举行春、秋游和其他素质拓展活动，2017年将继续保持，员工的各项福利费用预算为3032万元。

案例1　使用指南

一、案例概要

人力资源规划是组织进行人力资源管理工作的重要前提，它是组织战略和人力资源战略的具体实施和细化。该案例是一篇典型的组织人力资源规划方案，一共分为六大部分，包括企业基本情况、企业内外部环境分析、人力资源现状分析、人力资源供需预测、企业战略规划、费用规划。

二、在课程中的定位

本案例可以用在《人力资源管理》《人力资源战略与规划》《人力资源管理案例研究》《招聘管理》《培训管理》《薪酬管理》等课程当中，针对有关人力资源总体规划和业务规划等进行讨论；学生可以根据案例提供的资料并查阅相关资料，在此基础上，制定组织人力资源规划或根据组织总体人力资源规划来指导招聘管理、培训管理、绩效管理、薪酬管理等人力资源管理活动。

三、学习目标

结合理论知识和案例中提供的企业背景材料，学习人力资源战略与规划的基本流程和基本方法，掌握人力资源战略与规划的基本过程和方法，掌握组织总体人力资源规划和业务规划的编写与实施。

四、相关阅读资料

赵署明．人力资源战略与规划（第四版）［M］．北京：中国人民大学出版社，2017.

董克用．人力资源管理概论（第 5 版）［M］．北京：中国人民大学出版社，2019.

五、讨论问题

讨论问题 1：根据案例讨论人力资源规划的程序。

讨论问题 2：根据案例中提供的需求预测和供给预测制订具体的人员补充计划。

六、教学计划

本案例适合 90 分钟的课堂，教学计划如表 2-3 所示。

表 2-3　人力资源战略与规划案例 1 教学计划

讨论问题	时间（分钟）
案例内容阅读与概述	10
讨论问题 1：根据案例讨论人力资源规划的程序	45
讨论问题 2：根据案例中提供的需求预测和供给预测制订具体的人员补充计划	25
案例总结	10

七、讨论问题分析

（一）讨论问题 1：根据案例讨论人力资源规划的程序

理论回顾：人力资源规划的程序，即准备阶段—预测阶段—实施阶段—评估阶段。

（1）准备阶段：了解企业基本情况，进行企业内外部环境分析，对组织现有的人力资源进行盘点与分析。

（2）预测阶段：在充分掌握信息的基础上，采用有效的人力资源供需预测方法，对企业在未来某一时期的人力资源供给和需求做出预测。

（3）实施阶段：根据供给和需求预测比较的结果，通过人力资源的总体规划和业务规划，制定并实施平衡供需的措施，使企业对人力资源的需求得到满足。

（4）评估阶段：在实施的过程中，随时根据内外部环境的变化来修正供给和需求的预测结果，并对平衡供需的措施做出调整。对预测的结果以及制定的措施进行评估，对预测的准确性和措施的有效性做出衡量，找出其中存在的问题以及有益的经验，为以后的规划提供借鉴和帮助。

接下来讨论以下两个问题：

（1）在这四个阶段，案例中提供了哪些具体信息？

（2）为了确保规划的准确性，评估阶段企业可以采取哪些措施？

（二）讨论问题2：根据案例中提供的需求预测和供给预测制订具体的人员补充计划

理论回顾：人力资源需求预测与供给预测。

人力资源需求预测分为现实人力资源需求、未来人力资源需求和未来流失人力资源需求预测三部分。具体内容如下：①根据职务分析的结果，确定职务编制和人员配置。②进行人力资源盘点，统计出人员的缺编、超编及员工是否符合职务的资格要求。③将上述统计结论与部门管理者进行讨论，并修正统计结论。④该统计结论为现实人力资源需求预测。⑤根据企业发展规划，确定各部门的工作量。⑥根据工作量的增长情况，确定各部门还需增加的职务及人数，并进行汇总统计。⑦该统计结论为未来人力资源需求预测。⑧对预测期内退休的人员进行统计。⑨根据历史数据，对未来可能发生的离职情况进行预测。⑩将⑧、⑨统计和预测的结果进行汇总，得出未来流失人力资源需求预测。⑪将现实人力资源需求、未来人力资源需求和未来流失人力资源需求预测进行汇总，即得到企业整体人力资源需求预测。

人力资源供给预测的具体步骤：①进行人力资源盘点，了解企业员工的现状。②分析企业的职务调整政策和历史员工的调整数据，统计出员工调整的比例。③向各部门的人事决策者了解可能出现的人事调整情况。④将②、③的情况汇总，得出企业内部人力资源供给预测。⑤分析影响外部人力资源供给的地域性因素。⑥分析影响外部人力资源供给的全国性因素。⑦根据⑤、⑥的分析，得出企业外部人力资源供给预测。⑧将企业内部人力资源供给预测和企业外部人力资源供给预测汇总，得出企业人力资源供给预测。

讨论：请根据上述供需预测的步骤计算企业 2017 年的员工净需求并制订人员补充计划。

案例 2　ST 电信设备有限公司人力资源规划方案

一、企业基本情况

ST 电信设备有限公司（以下简称“ST 电信”）是一家生产销售电信设备的员工持股的民营科技公司，是全球最大的电信网络解决方案提供商、全球第二大电信基站设备供应商。该公司始终秉承尊重员工、关心员工、满足员工需求、挖掘员工潜力、人才开发的管理理念。

该公司的主要经营范围是交换、传输、无线和数据通信类电信产品，在电信领域为世界各地的客户提供网络设备、服务和解决方案。ST 电信在全球建立了 8 个地区部、55 个代表处及技术服务中心，销售及服务网络遍及全球，服务 270 多个运营商，产品已经进入德国、法国、西班牙、巴西、英国、美国、日本、埃及、新加坡、韩国等 70 多个国家。据统计，ST 电信的 NGN（Next Generation Network）系统全球市场占有率为 18%，全球排名第一；交换接入设备全球出货量连续 3 年排名第一；据统计，ST 电信的 DSL（Digital Subscriber Line）出货量全球排名第二；据 RHK 统计，ST 电信网络市场份额全球排名第二；ST 电信是全球少数实现 3G（WCDMA）商用的厂商，已全面掌握 WCDMA 核心技术，并率先在阿拉伯联合酋长国、中国香港、毛里求斯等地区获得成功商用，跻身 WCDMA 第一阵营，成为全球少数提供全套商用系统的厂商之一。

ST 电信在集成产品开发（IPD）、集成供应链（ISC）、人力资源管理、财务管理、质量控制等方面，与合益咨询公司、普华永道、弗劳恩霍夫应用研究促进协会等展开了深入合作。经过多年的管理改进与变革，以及以客户需求驱动的开发流程和供应链流程的实施，ST 电信具备了符合客户利益差异化的竞争优势，进一步巩固了其在业界的核心竞争力。

ST 电信主要创始人说：“发展中的企业犹如一只饥饿的野狼。最显著的三大特性，一是敏锐的嗅觉，二是不屈不挠、奋不顾身、永不疲倦的进攻精神，三是群体奋斗、团队合作的意识。同样，一个企业要想扩张，要想在危难面前不被击垮，甚至逆势增长也必须具备这三个特性。”

然而超强的劳动强度、严厉的管理制度、残酷的内部优胜劣汰导致大量员工无法忍受，严重影响企业员工的稳定性；缺乏人文关怀的规则成为影响企业长期发展的重要原因；企业文化的“头狼”权威以及严格的等级制度容易抹杀员工的个性，这也是导致员工流失的原因。

二、市场环境

在电信设备产业方面，我国电信设备产业在政府的支持下经历了数字交换机阶段、GSM 阶段和 3G 阶段，实现了“蛙跳式”追赶，为中国企业进入电信市场打开了大门。在 2000 年以后，ST 电信完成了市场开拓初期的任务，形成了比较完备的全球市场体系和产品体系。

社会经济结构——产业结构。世界信息经济和互联网产业的迅猛发展，为通信设备制造业提供了难得的发展机遇和巨大的发展空间，使其成为目前发展速度最快的行业。而在国外市场，2008 年的金融危机，使得西方国家纷纷出现财政困难，频频减少对通信设备的投入，这就给低价产品的 ST 电信带来了机遇。ST 电信产品性价比高、交付快。该公司在全球有 40%的员工从事研发工作，每年将不低于 10%的销售额作为研发投入，这些保证了公司的技术领先和储备，同时，由于 ST 电信人力资源成本比发达国家低，产品较之便宜很多。

近年来，中国逐步成长为世界最大的移动电话市场，但无论是在国内市场上还是在国外市场上，中国手机制造商始终都在追赶世界大品牌的脚步。2010 年这一情形终于有了变化，据市场调研公司统计，ST 电信位列全球第九。

目前有这样的说法：通信设备制造业已经慢慢变成了夕阳产业，技术能力过剩、服务过剩和终端用户固有消费习惯的惯性使得电信运营商盈利能力下降，这就必将影响设备制造商的收入和利润情况。ST 电信目前的销售收入超过 75%来自海外，如果人民币持续升值，必将削减 ST 电信的竞争力。此外，通过合并和并购，电信设备制造商已经渐渐形成竞争集团，但显然 ST 电信被排除在外。

ST电信虽连续数年成为中国申请专利最多的企业，但这众多的专利中基本上没有原创产品。研发基础环节薄弱，改进型创新多，原创型创新少。国际化初期，ST电信利用国内派出的销售队伍，采取与国内相同的直接与电信运营商洽谈的直销模式。但实践证明，这只在南美洲之外的发展中国家比较有效，在发达国家是行不通的。

很多发达国家的居民不信任“中国制造”的产品，在他们看来，中国货是价廉质差的代名词，这个大环境对于ST电信的销售很不利。此外，“农村包围城市”的国际化战略在某种程度上牺牲了ST电信的品牌形象，不利于其品牌价值提升。

三、战略规划

基于客户需求持续创新，帮助客户满足其对多样化终端的需求。加大创新力度，拓展市场销售。

应继续推动进入国际市场的步伐并化被动为主动，要拥有自己独立的品牌以得到国际市场的信任。目前ST电信是我国优秀企业国际化道路领先的精英，其采取“搭船出海”的策略，加入多个国际标准化组织，在国际化竞争中逐步转被动为主动，并成功赢得欧洲市场。这些表明了ST电信在国际市场上的竞争力正在慢慢增强。ST电信应继续加强自身品牌在国际上的影响力，应从海外合资品牌转变为独立品牌。

目前ST电信正大力扩展海外市场，其第一要素为人力资源，为增强其国际竞争力必须吸收更多的高端技术人员、管理人员、销售人员等人才。同时，注重国内技术的研究和开发，吸收更多的创新技术人才等。

坚定决策权前置的机制。坚持“市场驱动”为主的研发战略，探索以项目为中心的团队运作模式，确保产品满足市场的需要。与此同时，将决策权移交给最接近市场的一线，从过去“推”的机制转变为“拉”的机制。

在人力资源规划方面，提出了以下两项政策措施：

(1) 提升人力资源管理者专业素质，为实现人力资源规划目标提供专业支持。一方面，人力资源部门主管人力资源管理工作，须具备较高的专业知识与操作水准，既能够从事操作层面的人力资源管理工作，又能够制定人力资源管理战略。同时，能够充当公司发展战略的合伙人、下属各单位人力资源管理工作的指导者、员工职业成长路径的铺路者。另一方面，公司中高层人员要主动丰富自身人力资源管理知识，并对人力资源管理工作予以关注，尤其是公司各部门的管理者，要积极推动人力资源管理工作在本公司的实施，以使人力资源规划的实施推动公司战略的发展。

（2）完善人才培养平台，逐步提升人员素质。建立公司各专业岗位序列标准及其晋升通道，设计员工职业成长路径，建立人才培养机制。通过开展工作分析，对岗位的任职条件进行梳理，建立岗位任职资格体系；结合企业各专业人员发展特点，设计岗位序列标准，指导建设各专业发展通道。帮助员工制订长期的发展计划，通过为员工选取企业导师，制订素质培养目标及培养计划，配套相应的跟踪、考评机制，并借助人才有序的流动机制，加速提升员工素质，在实现公司发展目标的同时帮助员工实现自身的发展目标。

四、组织结构

在公司发展中期，ST 电信对组织结构进行了重大调整，由以往集权式结构向直线职能结构转变，以应对快速变化的市场。后来，ST 电信又进行了调整，在原有的直线职能制基础上逐步推行了事业部制，但随着公司自身产业发展、规模扩张、产品类型增多，统一销售就造成产品生产和销售的脱节，经营业绩随之大幅度下滑。我国以前处于计划经济时期，市场竞争不激烈，企业谈不上策略，组织不完善也不会产生较大的影响。但现在市场竞争日益激烈，传统的组织结构已不能满足现在的需要。例如，总公司下设五个分部门，分别是人力资源部、财务部、营销部（区域管理部、产品营销部、客户管理部、市场部）、技术部、生产部。各部门都自成体系，营销部门分部的部长均由本部长兼任，这使得营销部实质上仍然是直线职能制组织结构，营销部四个部门缺乏相应的分权，造成本部门管理幅度过大，无暇考虑公司总体经营决策。

随着公司的壮大，总经理发现 ST 电信染上了“大企业病”，反应迟钝，效率低下，企业由上到下都是行政隶属关系，一级传递一级，集团是决策中心，营销部门是利润中心，生产部是成本中心，研发部门是质量中心。结果，所有的人只面对上级，都没有面对市场，没有对整个过程负责，这样根本无法对公司进行灵活管理。因此，改变组织结构迫在眉睫。

五、人力资源现状分析

ST 电信实行员工持股制度。该公司使劳动、知识以及企业家的管理才能均得到体现和报偿；利用股权的安排，形成公司的中坚力量和保持对公司的有效控制，使公司可持续成长。公司人力资源现状如下：

职工分工情况：ST 电信已从初创时十几个人的小公司发展到目前拥有员工将近 1600 人的大企业。其中，专业技术人员约占员工总数的 40%，高层管理人员有 20 人左右。

职工学历和职称：与一般企业相比，ST 电信的员工学历较高，其中博士占 0.5%、硕士占 41%、本科占 46.5%、大专或以下占 12%。但是，具有高级职称的只占 4%、中级职称的占 27%、初级职称的占 60%、没有职称的占 9%，高学历、低职称的员工占很大比例。显然，这种学历和职称分布结构不合理。

职工工龄结构：工作 5 年以上的占 12%、工作 4~5 年的占 23.5%、工作 2~3 年的占 38%、工作 1~2 年的占 18%、工作 1 年以下的占 8.5%，这种工龄结构说明职工流动性很大，大部分职工的工龄都在 1~4 年，5 年以上或者 1 年以下员工比重偏小，说明企业不能长期留住员工，当然这与公司的高速发展战略和近年的人员招聘有关。

职工年龄比例：30~45 岁占比 65.3%、45 岁以上占比 1.5%、30 岁以下占比 33.2%。

职工性别比例：男性占比 56%、女性占比 44%。

公司非常重视员工的工作技能培训，培训高付出并没有得到高回报，公司的生产效率和销售效率较低，只达到了平均 3000 件每人每年和 6000 件每人每年。

公司近 5 年来的人员变动情况如表 2-4、表 2-5、表 2-6、表 2-7、表 2-8 所示。

表 2-4 2012~2016 年公司职工人数 单位：人

年份	2012	2013	2014	2015	2016
管理级人数	143	137	128	123	125
员工人数	1199	1316	1369	1427	1465

表 2-5 2012~2016 年公司各部门总人数 单位：人

年份	2012	2013	2014	2015	2016
生产部人数	691	752	771	810	824
营销部人数	306	312	318	320	327
技术部人数	280	310	319	321	325
人力资源部人数	30	36	43	49	56
财务部人数	35	43	46	50	58

表 2-6 2016 年管理人员人数 单位：人

部门	生产部	技术部	营销部	人力资源部	财务部
管理人员数	24	25	27	26	23

表 2-7 2016 年企业各部门员工人数 单位：人

部门	生产部	技术部	营销部	人力资源部	财务部
人数	800	300	300	30	35

表 2-8 2017 年公司内部人事变动率

部门	生产部	营销部	技术部	人力资源部	财务部	离职率
生产部	0. 7	0. 2	—	—	—	0. 1
营销部	—	0. 7	0. 1	—	—	0. 2
技术部	0. 2	0. 2	0. 5	—	—	0. 1
人力资源部	—	—	—	0. 8	0. 1	0. 1
财务部	—	—	—	0. 1	0. 8	0. 1

六、费用规划

在员工的招聘和培训上，公司花费了较多的人力和财力。ST 电信的人力资源部门每年都会前往一些高校进行校园招聘，开办一些求职讲座，向毕业生宣传企业的文化，招聘一些高校毕业生加入本公司，并且会在人才网上定期更新一些招聘信息，定期组织开展人才交流活动，吸引求职者前来应聘。仅 2016 年公司就开展了 6 次校园招聘共花费 6 万元，4 次人才交流活动共花费 4 万元，以及在求职网上更新招聘信息等活动共花费5万元。2017年公司扩大规模，建立子公司，需要招聘生产、财务、人事、技术、研发等人员。

为提高企业员工的工作效率，该公司从2009年就开始建设企业内部的培训体系，现在培训体系已经日益成熟，包括专家授课、技能实训、案例分析形式的课程，每次的培训课程费用基本在15万元上下浮动，企业同时也在开发新的培训项目以适应企业的发展要求。2017年公司打算对技术人员、管理人员、生产人员、销售人员进行相应的培训。对销售部和生产部进行工作技能培训；对管理人员进行企业文化、管理培训；对技术部进行计算机技能培训；等等。2016年因为部分员工离职，公司销售主管、销售经理、生产主管、财务主管、绩效主管、薪酬主管、生产主管等相关职位出现空缺。为填补空缺职位，公司根据培训结果，对相应人员进行晋升，以填补职位空缺。

2016年公司晋升78人，转岗159人，离职63人，实际花费培训费用50万元。2016年，ST电信全年营业收入3亿元，营业成本1.5亿元，利润总额1亿元，其中人工成本500万元，全年工资支出3020万元，本年度社会保险金总额为1000万元。

为了营造更轻松融洽的工作氛围，增进员工之间的沟通交流，ST电信每年都会举办一些集体活动。例如，小型运动会，员工可以通过参加各种体育项目赢取奖品；每年组织两次春/秋游；定期部门聚餐；等等。2016年在这方面总计花费100万元。

ST电信比较重视内部员工的激励体系和绩效考核。绩效考核从企业、团队、个人三个层面进行全面考核，并与薪酬相挂钩、与职位相联系。激励体系分为两部分：一是对有突出贡献的核心人才按照精神奖励和物质奖励相结合的原则，进行重点奖励，发挥社会荣誉和经济利益的双重激励作用。二是对取得学历与执业资格证书的员工按照学位、证书的高低实行奖励，鼓励员工的再学习。仅2016年，ST电信就支出了200万元的激励费用。

案例2 使用指南

一、案例概要

人力资源规划是组织进行人力资源管理工作的重要前提，它是组织战略和人力资源战略的具体实施和细化。该案例一共分为六大部分，包括企业基本情况、企业环境分析、战略规划、组织结构、人力资源现状分析、费用规划。案例提供了企业 2016 年的基本信息和部分预测，对编制 2017 年企业人力资源规划提供了比较详细的前期准备。

二、在课程中的定位

本案例可以用在《人力资源管理》《人力资源战略与规划》《人力资源管理案例研究》等课程当中，针对有关人力资源总体规划和业务规划等进行讨论；学生可以根据案例提供的资料并查阅相关资料，制定组织人力资源规划。

三、学习目标

结合理论知识和案例中提供的企业背景材料，学习人力资源战略与规划的基本流程和基本方法，掌握人力资源战略与规划的基本过程和方法，掌握组织总体人力资源规划和业务规划的编写与实施。

四、相关阅读资料

赵署明．人力资源战略与规划（第四版）［M］．北京：中国人民大学出版社，2017.

董克用．人力资源管理概论（第 5 版）［M］．北京：中国人民大学出版社，2019.

五、讨论问题

根据案例中提供的信息制定企业 2017 年人力资源总体规划和各业务规划。

六、教学计划

本案例适合 90 分钟的课堂，教学计划如表 2-9 所示。

表 2-9　人力资源战略与规划案例 2 教学计划

讨论问题	时间（分钟）
案例内容阅读与概述	10
讨论问题：根据案例中提供的信息制定企业 2017 年人力资源总体规划和各业务规划	70
案例总结	10

七、讨论问题分析

（一）讨论问题

根据案例中提供的信息制定企业 2017 年人力资源总体规划和各业务规划。

（二）理论回顾

1. 人力资源规划的程序

（1）准备阶段：了解企业基本情况，进行企业内外部环境分析，对组织现有的人力资源进行盘点与分析。

（2）预测阶段：在充分掌握信息的基础上，采用有效的人力资源供需预测方法，对企业在未来某一时期的人力资源供给和需求做出预测。

（3）实施阶段：根据供给和需求预测比较的结果，通过人力资源的总体规划和业务规划，制定并实施平衡供需的措施，使企业对人力资源的需求得到满足。

（4）评估阶段：在实施的过程中，随时根据内外部环境的变化来修正供给和需求的预测结果，并对平衡供需的措施做出调整。对预测的结果以及制定的措施进行评估，对预测的准确性和措施的有效性做出衡量，找出其中存在的问题以及有益的经验，为以后的规划提供借鉴和帮助。

2. 人力资源规划的内容

人力资源规划包括两个层次，即总体规划与各项业务计划。

总体规划是关于计划期内人力资源开发利用的总目标、总政策、实施步骤及总的预算安排。

各项业务计划包括人员补充计划、人员使用计划、提升计划、教育培训计划、薪资激励计划、退休解聘计划、员工关系管理计划等。

3. 人力资源规划的编写步骤

（1）制订职务编制计划。根据企业发展规划，结合职位分析报告的内容，制订职务编制计划。职务编制计划阐述了企业的组织结构、职务设置、职务描述和职务资格要求等内容。制订职务编制计划的目的是描述企业未来的组织职能规模和模式。

（2）制订人员配置计划。根据企业发展规划，结合企业人力资源盘点报告，制订人员配置计划。人员配置计划阐述了企业每个职务的人员数量、人员的职务变动、职务人员空缺数量等。制订人员配置计划的目的是描述企业未来的人员数量和素质构成。

（3）预测人员需求。根据职务编制计划和人员配置计划，使用预测方法，来预测人员需求。人员需求中应阐明需求的职务名称、人员数量、希望到岗时间等。最好形成一个标明员工数量、招聘成本、技能要求、工作类别的分列表。实际上，预测人员需求是整个人力资源规划中最困难和最重要的部分，因为它要求以富有创造性、高度参与的方法处理未来在经营和技术上不确定的问题。

（4）确定人员供给计划。人员供给计划是人员需求的对策性计划，其主要阐述了人员供给的方式（外部招聘、内部招聘等）、人员内部流动政策、人员外部流动政策、人员获取途径和获取实施计划等。通过分析劳动力过去的人数、组织结构和构成以及人员流动、年龄变化和录用等资料，就可以预测出未来某个特定时刻的供给情况。预测结果勾勒出了组织现有人力资源状况以及未来在流动、退休、淘汰、升职及其他相关方面的发展变化情况。

（5）制订培训计划。为了提升企业现有员工的素质，适应企业发展的需要，对员工进行培训是非常重要的。培训计划中包括了培训政策、培训需求、培训内容、培训形式、培训考核等内容。

（6）制订人力资源管理政策调整计划。计划中明确计划期内的人力资源政策的调整原因、调整步骤和调整范围等。其中包括招聘政策、绩效考评政策、薪酬与福利政策、激励政策、职业生涯规划政策、员工管理政策等。

（7）编写人力资源部费用预算。其中主要包括招聘费用、培训费用、福利费用等费用的预算。

（8）关键任务的风险分析及对策。企业在人力资源管理中可能遇到风险，如招聘失败、新政策引起员工不满等，这些事件很可能影响公司的正常运转，甚至会对公司造成致命的打击。风险分析就是通过风险识别、风险估计、风险驾驭、风险监控等一系列活动来防范风险的发生。

人力资源规划编写完成后，应先积极地与各部门经理进行沟通，根据沟通的结果进行修改，最后提交公司决策层审议通过。

讨论：请根据以上理论回顾，并结合案例中所提供的具体信息，编写公司2017年人力资源总体规划与业务规划。可分小组完成，可参考案例1或其他资料，允许各小组之间存在差异，要求人力资源规划逻辑正确、内容完整。

第三章

组织设计与工作分析案例*

引论

“工作分析”是一个外来词语，在英语里面为“Job Analysis”，在这里理解为岗位和职位，也就是 Position。所以，工作分析也称为岗位分析、职位分析。所谓工作分析，就是针对某种目的，通过各种手段来收集和分析与工作相关的各种信息的过程。[①] 为了减少运行障碍，提高效率，我们需要对一个组织、一个职位的工作进行真实、全面和系统的了解。了解每一项工作的工作流程、工作工具、工作方法等重要属性。当我们对工作进行全面了解的时候，我们就是在做工作分析了。需要说明的是，工作分析的对象是岗位而不是任职者，也就是说，工作分析要分析特定岗位的信息，如岗位名称、任职资格、工作内容等，而不是分析目前该岗位任职者的情况。工作分析是人力资源管理的基础，与组织优化、招聘培训、绩效薪酬等紧密关联。

知识点

一、工作分析的作用和时机

（一）工作分析的作用

工作分析是人力资源管理的基础。一般情况下，工作分析主要有以下作用：

---

* 本章内容由任现增编写。

① 彭剑锋，张望军，罗军．职位分析技术与方法［M］．北京：中国人民大学出版社，2004.

第一，组织优化，也就是通过工作分析对某一职位的情况进行全面了解，发现岗位设置、部门设置、工作分配、工作流程等方面的问题和不足，从而进行调整和优化，提高组织运行效率。第二，为招聘提供关于任职资格方面的信息，任职资格是工作分析最重要和最基本的成果。第三，为培训提供关于培训需求方面的信息，主要是提供关于某一岗位的任职资格、优秀员工所具有的素质、最难的工作环节、最易错的工作环节等方面的信息。第四，为绩效考核提供关于绩效标准方面的信息，主要包括每一项任务的绩效标准、关键成果、关键工作任务等。第五，为薪酬提供关于岗位价值方面的信息，通过工作分析对岗位进行评估，区分岗位价值，划分岗位等级，从而为薪酬等级提供基础资料。以上是工作分析的主要目的，除去以上五个目的之外，还有关于劳动关系、人力资源规划等方面的目的，一般情况下，在工作分析之前，要明确工作分析的目的，从而确定工作分析的重点和具体内容。

（二）工作分析的时机

在什么情况下需要进行工作分析？一般情况下，当发生下列情况时，企业需要安排工作分析活动。①

第一，组织新成立的时候。组织刚成立，岗位新设置，此时，需要通过工作分析来确定公司需要设置哪些岗位、哪些部门，确定工作流程，明确岗位和岗位之间的关系、工作职责、工作权利、工作流程以及关键工作成果等。

第二，职位出现变动的时候。组织的职位会根据环节变化和战略发展需要进行调整和变动，如职位新增、裁撤、合并等。在这样的情况下，新增的职位需要明确岗位职责、工作流程、工作内容、工作绩效标准，需要对岗位的价值进行评估。同样，合并后职位的工作职责也发生了变化和调整，在这样的情况下，我们也需要通过工作分析进一步明确和了解新岗位的有关信息，以便进行有效的管理。

第三，企业从来没有进行过工作分析。在这样的情况下，企业目前岗位设置、工作职责、工作权力、工作流程、工作环境等往往是凭借经验设置，存在不科学、不合理的成分，这些不科学、不合理成分或多或少地影响公司的有效运转，我们有必要进行工作分析。

第四，企业急速扩张或裁减。当企业急速扩张或裁减时，意味着公司的组

---

① 陈葆华．现代人力资源管理［M］．北京：北京理工大学出版社，2017.

织结构、部门和岗位有快速的变化和调整，同一个岗位，其工作内容和工作职责也处于不断的变化和调整当中，在这种情况下，我们也有必要通过工作分析进一步明确有关岗位的信息。

第五，新技术、新方法的产生。工作工具、工作流程、工作环境、工作权限、工作职责和任职资格等因新技术、新方法的产生而发生改变，在这样的情况下，我们有必要进行工作分析。

第六，随着经营环境的变化，需要对组织结构进行调整时。公司内部和外部的环境发生了重大变化，导致公司的岗位、部门和业务产生变化，在这样的情况下，也需要进行岗位分析。

第七，当管理者觉得协调困难、工作效率低下的时候。管理者感觉到公司存在大量多余的员工，沟通成本过高、工作效率低下，岗位和岗位之间矛盾加大，在这样的情况下，也需要通过工作分析找出问题所在，优化工作流程，减少人员，提高效率。

第八，工作内容重复或遗漏的时候。不同的岗位之间存在重复的工作，也存在大量没有人来完成的工作，也就是说，存在着工作交叉和工作空白，在这样的情况下也需要通过工作分析来优化工作内容、明确工作职责和工作权力。

以上列举了八项需要进行工作分析的时机，这告诉我们，当出现以上情况时，我们要意识到此时需要进行工作分析，通过工作分析可以在一定程度上解决相关问题。

二、工作分析的内容

一般情况下，工作分析的内容包括七个方面，归纳为6W1H[①]。

（一）岗位目的

第一个W是Why，也就是设置某一岗位的目的。进行岗位设置，首先要厘清岗位设置的目的。组织中有多个岗位，为什么我们要设置某一岗位，而不设置另一岗位？该岗位在组织中的地位和作用是什么？对于组织战略目标的实现有什么样的帮助？从某种意义上来说，只有某一岗位对组织战略目标的实现有足够的价值，才有必要设置这一岗位，不然，某一岗位就应该被裁撤或者与其

① 刘娜欣．人力资源管理［M］．北京：北京理工大学出版社，2018.

他岗位合并。

了解岗位设置的目的，不仅有助于明确岗位的价值和其在组织中的定位，而且其还是确定岗位工作职责和工作任务的依据。某一岗位需要承担什么样的工作职责和工作任务并不是随意确定的，而是根据岗位目的来确定的。简单来说，一个岗位之所以承担这样的职责，完成这样的任务，是因为要实现岗位所承担的价值和在组织中的作用。其工作职责和工作任务要能够支撑岗位目标的实现。

（二）岗位职责

第二个 W 是 What，意思是做什么，也就是工作职责、工作内容、工作任务等。在明确某一岗位的设置目的之后，为了实现岗位目的，就要明确岗位的工作职责，这是工作分析中最重要的任务。

通过工作分析，我们需了解清楚某一岗位的工作职责是什么？工作任务是什么？将现有的工作职责和工作任务分析清楚，逐条列出，我们称之为职责清单、任务清单。

在此基础上，分析目前工作职责、工作任务的有效性。所谓有效性，指对实现组织战略目标的积极作用，以及作用大小。如果具有积极作用，我们就说该工作职责和工作任务是有效的，否则就是无效的。对于无效的工作职责和工作任务，可以考虑从该岗位的职责清单和任务清单中予以剔除，从而避免无效劳动，提高效率，节约成本。

此外，根据组织战略要求，如果该岗位还需要履行其他工作职责和工作任务，但是目前的职责清单和任务清单并没有包含，我们就要把这样的工作职责和工作任务增加到该岗位的职责清单和任务清单中。

所以，只有确定了为什么做，才能确定做什么。通过分析做什么来厘清某一岗位现在做什么，其应该做什么。这也是 Why 和 What 的基本关系。

（三）任职资格

第三个 W 是 Who，也就是任职资格。对于一个岗位来讲，确定能够胜任该岗位的人员的最直接途径就是根据工作职责。正是为了完成该岗位的工作职责和工作任务，才需要任职者具备某些知识、技能、能力和个性特征。从这个角度来讲，工作职责和工作任务是确定任职资格的依据。只有先确定了做什么，才能确定由谁来做。只有确定了岗位的定位和价值，才能确定某一岗位的工作内容，只有确定了该岗位，才能确定相关人员，也就是先确定了 Why，才能确定 What；只有确定了 What，才能确定 Who。这就是 Why，What 和 Who 三者之间的关系，也是工作分析的基本逻辑关系。

（四）工作时间

第四个 W 是 When，指的是何时做，也就是工作时间。例如，是否有固定时间表？是否要经常加班？是否周末双休？每天工作几小时？是否有淡旺季？不同的工作时间安排，对于员工的素质有不同的要求。工作时间对于确定任职资格、岗位评价、绩效考核等人力资源管理职能均具有现实意义。

（五）工作地点

第五个 W 是 Where，指的是工作地点。例如，工作场所是在外地，还是在本市？是在行政楼，还是在工厂车间？是在集团总部，还是在分公司？是要经常出差，还是有稳定的工作区域？工作环境是舒适，还是恶劣？是否有噪声污染、高温高压、极寒极热、化学污染？不同的工作地点，对于任职资格有不同的要求，同样也适合不同的人。比如说，有的人不适合出差，有的人想在本部或者总公司工作。同样，工作地点对于岗位评估和确定任职资格也有重要的参考价值。

（六）内部客户

第六个 W 是 For Whom，指的是谁使用某一岗位的工作成果。使用该岗位工作成果的，可能是公司内部的其他岗位，也可能是公司外部的客户或者合作对象。某岗位的服务对象是该岗位工作绩效的有效评价者，同时，确定某岗位的工作职责、任职资格、培训内容等方面的信息，也要充分考虑该岗位服务对象的基本情况和相关建议。

（七）工作方法

H 代表的是 How，意思是如何做？强调的是工作方法、工作流程、工作工具。要厘清某一岗位每一项工作的工作流程是什么，其可分为几个环节，是否有跨岗位的工作环节；工作中所使用的工具是什么；有没有哪些比较难以操作的工具；工作中的关键控制点是什么。所谓的关键控制点，就是那些容易出错或者对结果影响较大的工作内容。厘清工作流程，是进行岗位优化和流程优化的基础，同时也是撰写工作职责的前提。

三、工作分析的流程

所谓工作分析的流程，通俗来讲，就是我们如何开始一项工作分析，其步骤是什么？主要包括哪些工作？每一个步骤的任务是什么？一般情况下，我们将工作分析分为准备阶段、收集阶段、分析阶段、描述阶段、应用修订阶段。

（一）准备阶段

由于工作分析人员在进行分析时，要与各工作现场或员工接触。所以，分析人员应该先研究该工作的书面资料，阅读并分析相关的文献资料。同时，要协调好与企业主管人员之间的合作关系，以免导致摩擦或误解。在这一阶段，主要解决以下问题：

第一个问题：建立工作分析小组。小组成员通常由工作分析专家和服务机构的相应管理人员构成。所谓工作分析专家，指具有工作分析专业知识，并对岗位设置、职责划分、组织战略等各项工作比较了解的人员。

第二个问题：培训工作分析的人员。工作分析小组的构成往往比较复杂，包含多个部门、多个岗位的人员，这些人员并不一定都能掌握工作分析的所有知识，这需要对工作分析小组成员进行相关的培训，包括本次工作分析的目的，工作分析的基本方法、基本原则和相关注意的问题，使工作分析小组成员掌握基本的工作分析技能。

第三个问题：明确工作分析的目的。工作分析的目的包括组织优化、招聘、薪酬、培训等方面，在工作分析的具体实践中，工作分析并不是为了上述所有目的。这就需要明确每次工作分析的目的，并根据目的确定工作分析的内容。

第四个问题：明确工作分析的总目标、总任务。在这个阶段要通过阅读相关文献和基本访谈，对企业现状进行初步了解，掌握各种数据和资料。在此基础上，确定本次工作分析的目标和任务。

第五个问题：明确工作分析对象。所谓分析对象，具体来讲就是分析哪些岗位、哪些工作。由于工作分析目的的不同，并不一定要分析组织中的所有岗位和所有工作。一般情况下，为保证分析结果的准确性，应该选择有代表性、典型性的工作。

第六个问题：建立融洽的工作关系。为了做好工作分析，还应做好与企业的沟通工作，建立起信任的合作关系。

第七个问题：制订实施计划。在了解企业基本情况，工作分析的目的、范围、任务等基础上，制订工作分析的实施计划，进一步明确整个工作分析项目的实施步骤和时间安排。

（二）收集阶段

工作分析最重要、最基础的工作就是收集与工作相关的所有信息，因此，收集信息阶段是最主要的阶段。该阶段主要包括以下内容：

（1）确定需要收集信息的清单。当我们明确了工作分析的内容以后，就要根据工作分析的内容来确定需要收集哪些信息，列出信息清单。这一步是工作分析中非常重要的一项工作，因为只有完整的、全面的信息清单，才能避免在收集过程中重复工作。

（2）确定信息来源。在确定了信息清单以后，就要确定每一个信息的来源，也就是说，要确定从哪些途径、哪些人那里可以收集这些信息，列出信息来源清单。

（3）选择信息收集的方法。收集信息的方法取决于信息种类和组织的管理基础，在确定了信息清单和信息来源以后，就要根据所需要收集的信息特点和不同的信息来源，采取最适合的信息收集方法，只有使用正确的信息收集方法，才能收集到最准确的信息。例如，有的信息适合采用问卷法收集，而有的信息是无法通过问卷法获取的，则需要通过访谈或者观察法获取。

（4）进行信息收集。根据信息清单和拟订的信息收集方法，采取多种方法，通过多个途径进行信息收集。在信息收集过程中要坚持全面、真实的基本原则，获取有价值的信息。

（三）分析阶段

分析阶段的主要任务是对所收集的信息进行归类—辨别真伪—系统分析—形成结论的过程。

通常所收集到的信息以下列方式整理：

（1）调研相关分析报告。对工作分析所获得的资料进行分析、归纳和总结，形成分析报告。如任职资格分析报告、工作职责分析报告、岗位设置报告等。

（2）工作整理清单。根据收集的信息情况，对某岗位的相关信息进行梳理，形成整理清单，包括职位名称、工作职责、任职资格等。该整理清单只是根据收集到的信息进行整理的，是对现状的总结和梳理。

（3）工作优化清单。在完成工作整理清单的基础上，根据组织发展战略、组织突出问题和矛盾、岗位和岗位之间的关系，从组织流程再造和工作再设计的角度，对现有工作进行优化，列出工作优化清单。

（4）确认和调整。将工作整理清单和工作优化清单与工作相关者进行核实、修改和确认。在此基础上，进行调整和进一步优化，形成优化后的工作信息报告。

（四）描述阶段

所谓描述阶段，就是根据收集的信息，编写工作说明书，形成最终成果的阶段。

（五）应用修订阶段

此阶段是对工作分析成果的测试，只有通过实际测试和检验，工作说明书才具有可行性和有效性，才能不断适应外部环境的变化。

四、工作描述

（一）工作标识

工作标识是一个岗位最基本的属性，也是工作描述中最基本的内容；是关于职位的基本信息；是一个职位区别于其他职位的基本标志。除了关于岗位的基本信息外，该部分还常常包括职位、人员、有效期等。

工作标识一般包含职位名称、职位代码、所在部门、直接上级的职位名称，此外，根据工作分析目的的不同，还包括工作地点，工作时间，目前任职者的姓名、职位等级、薪资等级等信息。

（二）工作概要

工作概要又称为工作目的，指用简洁、明确的话语来表述该职位存在的价值和理由。岗位设置和存在的基本目的是实现组织的战略目标，因此，可以通过战略分解来获取工作概要。

（三）工作职责

所谓工作职责，主要指某职位通过一系列活动来实现组织的目标，并取得相应的工作成果。它是在工作标识与工作概要的基础上，进一步对职位的内容加以细化。

工作职责梳理方法。对工作职责的分析主要有两种方法：一种是基于战略的职责分析；另一种是基于流程的职责分析。

（1）基于战略的职责分析①。基于战略的分析旨在分解，就是该岗位要怎样做才能完成战略目标，并对战略目标形成支撑。这个方法往往侧重于对具体职位内容的决定。该方法要回答一个基本问题：该职位需要通过完成什么样的职责来为组织创造价值。

（2）基于流程的职责分析。所谓工作流程，指完成某项职能的一系列相互衔接的工作任务和工作要素，工作流程可以在同一岗位内部，也可以跨越多个岗位。在工作分析中，基于流程的分析是建立在基于战略与岗位目标分析的基础上的分析技术。通过流程分析，主要实现两个方面的目标：一是要厘清该岗位与其他相关岗位之间的职责边界；二是要界定该岗位在各项职责上所扮演的角色，促使职责描述的准确性和规范化。

（四）履行程序

履行程序又称为工作任务，它是对工作职责的进一步分解，是针对每项工作职责具体程序的描述。工作职责关注的是某职位“主要做什么”，而履行程序关注的则是“如何做”。履行程序的内容在工作描述中并不是必要的内容，履行程序对于流程优化和绩效管理具有较高的价值。

（五）工作权限

工作权限，指根据某职位的工作目标与工作职责，组织赋予该职位的决策范围和决策层级。这里所说的权限是决策权或者是决定权，而不是像知情权、建议权等广义上的权利。工作权限主要应用于管理人员的工作描述和工作评价。此外，明确工作权限有利于推进管理的标准化和工作边界。

---

① 彭剑锋，张望军，罗军．职位分析技术与方法［M］．北京：中国人民大学出版社，2004.

（六）业绩标准

业绩标准是对衡量工作职责完成情况的规定，它是绩效考核指标的基础和依据。因此，在以考核为导向的工作描述中，业绩标准是其所必须包含的关键部分。

（七）工作关系

工作关系是工作描述的基本内容，主要包括两部分：一部分是该岗位在组织中的位置，用组织结构图来反映，这是工作描述中必备的核心内容。另一部分是该岗位任职者在工作过程中与组织内部和外部各岗位之间的工作联系，其主要包括联系的对象、联系的方式、联系的内容和联系的频次。这部分并不是工作说明书中必要的内容，可以根据需要进行选择。

（八）工作压力

工作压力因素主要指由于工作本身或工作环境的特点给任职者带来压力和不适的因素。在实践中，我们关注工作压力主要是关注某岗位给员工带来不适的因素，也就是工作压力因素。工作压力因素是我们进行岗位评价的重要参考。在薪酬理论中，这样的因素应该得到额外的补偿性工资，因此它常常作为岗位评价中的要素出现。工作描述中的这部分内容，就是要为岗位评价提供与压力相关的岗位信息。常见的工作压力因素主要包括工作时间的波动性、出差时间的比重、工作负荷等要素。一般情况下，工作时间的波动性越大，工作压力越大；出差时间比重越大，工作压力越大；工作负荷越高，工作压力越大。

（九）工作环境

一般情况下，工作环境主要是针对操作工人的工作环境描述，其目标是界定工作的物理环境对工人造成不适或者影响其身体健康的程度。常见的不良工作环境包括噪声、高温、化学污染、高危、粉尘、电弧光等。在薪酬理论中，不良的环境因素应该得到额外的补偿性工资，是岗位评价的重要参考要素。

五、任职资格

任职资格是与工作绩效高度相关的一系列人员特征；是为了完成工作，并取得良好的工作绩效，任职者需要具备的知识、技能、个性特征。上述任职资格的内容，可以归纳为两项基本素质：一是“能够做什么”；二是“乐于做什么”。“能够做什么”方面的素质主要是知识、技能和能力；“乐于做什么”方面的素质主要是态度、价值观、动机、兴趣和人格等方面的因素。但是，为了提高工作分析的可操作性，往往只选取上述诸多因素中与工作绩效密切相关的，并且具有高度稳定性和可测性的因素，作为工作说明书的一部分。

（一）任职资格的分类

一般将任职资格分为显性任职资格和隐性任职资格。显性任职资格主要包括受教育程度、工作经验、培训与工作技能等，该类任职资格可以通过背景审查、资格证书或者工作样本等方法来进行证明或衡量，具有很高的准确性。隐性任职资格主要包括能力、个性、动机、态度等方面的素质，该类素质难以测量或者测量的准确性较低，但是与工作绩效相关性更高。

（二）建立任职资格的方法

从广义上来讲，有三类建立任职资格的方法：第一类是基于逻辑推导的方法；第二类是基于统计分析的方法；第三类是基于定量化的职位分析方法。①

（1）基于逻辑推导的任职资格建立方法主要包括以工作为导向的任职资格推导方法和以人员为导向的任职资格推导方法两种。以工作为导向的任职资格推导方法，是从工作本身的职责和任务出发，去分析为了完成这样的工作职责与任务，需要任职者具备什么样的条件。根据工作职责来确定任职资格，是基于要“做什么”，而需要“什么人做”这个基本的逻辑关系，工作职责是任职资格最本质的来源。但是这个方法要以对工作职责的梳理为前提，如果工作职责不够准确，那么任职资格也就难以准确。另外，根据工作职责推断任职资格需要非常丰富的经验，现实中缺乏有效的工具。以人员为导向的任职资格推导方法则是从导致任职者获得成功的关键行为或工作行为出发，以分析任职者要从事这样的行为，需要具备什么样的素质特点。该方法的前提条件是要获悉优秀任职者的关键行为，这个是有难度的，我们往往无法获悉优秀任职者到底哪些行为导致了高绩效。

（2）基于统计分析的方法。第一，基于企业实证数据的任职资格体系。这

① 付亚和．工作分析［M］．上海：复旦大学出版社，2009.

种方法的目的在于通过建立任职资格中的各项要素与任职者的实际工作绩效的关系，来对任职资格要素进行筛选。该方法通过统计手段，保证了任职资格各要素与工作绩效的高度相关，因而是一种高度精确而有效的方法。但是，由于对任职资格要素与工作绩效的相关分析需要大量样本，难以针对某一职位单独采用，在确定岗位任职资格中难以实施。该方法可以针对企业全体员工进行实施，可以用于建立各职位所共同需要的通用任职资格要素体系以及某一职位簇所需要的任职资格要素体系。但是由于该方法需要大量样本，并且需要较长时间和较专业的数据收集和分析，在实践当中难度很大。

第二，基于公共数据资源的任职资格体系。该方法是借助于现有管理学、组织行为学、人力资源管理实证研究中的成熟结论来判断某职位的任职资格。这种方法依赖于公共数据以及职位本身的通用性，由于是基于比较成熟的理论，其准确性高、成本低，但是只适用于通用要素。

（3）基于定量化的职位分析方法。基于定量化的职位分析方法是一种介于逻辑推导与严格的统计推断方法两者之间的一种技术，它并不对所测职位的工作绩效与素质要求的相关性进行数据分析，而是依赖于定量化问卷所测得的该职位的工作维度得分，根据已经建立的各维度与素质之间的相关性来判断该职位需要什么样的素质。

六、工作分析的方法

工作分析的方法主要指工作信息收集方法，主要包括问卷调查法、访谈法、观察法、工作日志法、文献分析法。这些方法是国内企业在工作分析过程中常见的收集工作信息的方法，通常具有灵活性强、易操作、适用范围广等显著优势，但也存在结构化程度低、缺乏稳定性等缺点。

（一）问卷调查法

问卷调查法是工作分析中广泛运用的方法之一，它是以书面的形式，向任职者或其他岗位相关人员收集岗位信息的方式。根据问卷调查的结构化程度，可以分为结构化问卷和非结构化问卷。在实践中，岗位分析专家开发出大量的不同形式、不同导向的问卷，以满足工作分析的不同需要。问卷调查法收集信息完整、系统，操作简单、经济，可在事先建立的分析模型指导下展开，因此几乎所有的结构化分析方法在信息收集阶段均采用问卷调查法。

（二）访谈法

访谈是两个或更多的人交流工作信息的会谈，它是一种重要的收集基本工作信息的工作分析方法。通过访谈法收集的工作信息不仅是工作分析的基础，而且可以为其他工作分析方法提供初始资料，如通过访谈法获取的信息可以帮助我们开发工作分析问卷等。在一般情况下，访谈的参与者为两人，即职位分析师和被访谈者。在实际操作过程中，也会出现访谈中的一方或双方都为多人的情况，如专家会谈法。

为了收集更为全面完整的职位分析信息，访谈的对象除了工作的直接任职者之外，往往还包括任职者在整个工作流程中的上游供给者和下游接收者、管理层级中的直接上级以及同事，对其下级的访谈可以作为有价值的信息补充①。对上游供给者进行访谈，主要是关注上游供给者对该岗位的工作职责、任职资格、履行程序等方面的看法。对下游接收者进行访谈，主要是从客户的角度来评价该岗位的工作成果。

（三）观察法

观察法是由工作分析人员在工作现场通过实地观察、交流、操作等方式收集工作信息的过程。观察法主要适用于大量的、周期性重复性较强的工作，分为直接观察法、自我观察法（工作日志法）以及工作参与法三种。一般说来，观察法主要包括确定观察目标、设计观察方案、培训观察人员、实施观察过程、数据整理分析五个阶段。

（四）工作日志法

工作日志法是任职者在规定时限内，实时、准确记录工作活动与任务的工作信息收集方法。从某种角度来讲，工作日志也是观察法，是任职者的自我观察。工作日志又称为活动日志、工作活动记录表、现场写实记录等。同观察法一样，工作日志法的主要用途是作为原始工作信息收集方法，为其他工作分析方法提供信息支持，特别是在缺乏工作文献时，工作日志法的优势就表现得更加明显。

① 彭剑锋，张望军，罗军．职位分析技术与方法［M］．北京：中国人民大学出版社，2004.

（五）文献分析法

文献分析法是一种经济且有效的信息收集方法。它是通过对现存的与工作相关的文档资料进行系统性分析，来获取工作信息。由于它是对现有资料的分析提炼、总结加工，所以通过文献分析法无法弥补原有资料的空缺，也无法验证原有描述的真伪。因此文献分析法一般用于收集工作的基本信息，编制任务清单初稿。

七、职位评价

职位评价（Job Evaluation）也称岗位评价或工作评价，是根据各职位对组织目标的贡献，通过专门的技术和程序对组织中各职位的价值进行综合比较，确定职位相对价值的过程。职位评价作为一种专门的人力资源管理技术，是构建组织价值序列的基础，也是建立组织薪酬级别体系的基础。职位评价是对公司内部所有职位的权责大小，工作难度、强度和环境，以及从事某一职位的要求等诸多方面的系统性评价。

（一）职位评价的原则

职位评价是一项技术性强、涉及面广、工作量大的活动，也就是说，这项活动不仅需要大量的人力、物力和财力，而且要运用多个学科的专业技术知识，涉及很多部门和单位。为了保证各项实施工作的顺利开展，提高职位评价的科学性、合理性和可靠性，在组织实施中应遵循以下原则：

（1）系统性原则。该原则指要从整个组织系统的角度来衡量和判断职位的价值，以动态的、联系的视角进行职位评价，确保职位评价有利于组织平稳有序运行。

（2）标准化原则。为了保证职位评价工作的规范化和评价结果的可比性，提高评价工作的科学性和效率，确保职位评价的公开、公平、公正，职位评价必须尽可能采用标准化的程序、方法和手段。职位评价的标准化具体表现在评价指标体系的统一性、各评价指标等级标准的一致性、评价技术方法的统一规定和数据处理的统一程序等方面。

（3）实用性原则。岗位评价应该从组织生产和管理的实际需要出发，选择能够促进企业生产和管理工作完善的评价因素，使评价结果能直接应用于员工工资、福利、劳动保护等基础管理工作，以提高岗位评价的应用价值。

（4）就事原则。评价的是工作岗位而不是目前在这个岗位上工作的人。讨论的是该岗位的等级分数，而不是该岗位的最终工资数，从岗位评价结果到工资确定还有很多工作要做。

（5）一致性原则。所有岗位必须通过同一套评价要素进行评价。

（6）完备性原则。选定的评价要素必须是一致的，彼此间是相互独立的，各项要素都有其各自的评价范围，而这些范围彼此间是没有重叠的。

（二）职位评价的方法

职位评价是一种重要的人力资源管理技术。要严谨、规范、科学地进行职位评价，需要运用多方面的知识与技能，考虑多个评价因素。从职位评价实践来看，主要有以下四种基本的职位评价方法：第一，职位排序法，该方法是由评价小组对职位价值进行综合排序。比较典型的有直接排序法、配对比较法。第二，职位分类法。该方法是由评价小组对职务类别与等级进行定义，然后对职位进行研判分类并给予评价。第三，要素计点法。该方法是将职位中一些值得组织为之付酬的要素提炼出来，并根据相应的评价体系对某职位所含的各个要素进行赋值，加总职位各要素的点值，即可得到职位价值（以点值表示）。比较典型的有海氏职位评价系统和美世国际职位评估体系。第四，要素比较法。将职位中的各个要素分别进行比较和排序，然后根据相应的权重进行综合排序，对照典型职位价值确定相应的薪酬水平。

应用案例

案例1　CN公司工作分析[①]

一、公司简介

CN公司是应“国退民进”整体战略要求，在各级政府的领导下，按照国

① 本案例由浙江精创教育科技有限公司采编。

有企业“三个百分百”改制要求下的一家压缩机生产商。公司领导层采用整体承债方式，使原有国有企业的全部优良资产，特别是精良的制造设备、优秀的技术开发队伍得以完全保留。CN 公司占地 32 万平方米，资产 1.34 亿元，有专业技术人员 350 余人，高级工程师 48 人，其中享受国务院政府津贴科技人员 8 人，教授级高工 8 人。公司目前已形成活塞力为 3.5～50 吨的两列、四列、六列的各种气体介质的压缩机系列产品。公司的战略展望是要在相当长一段时间内保持行业的领先地位且在公司发展过程中时刻秉持识人用人策略，以人为本，实现员工与企业的共同发展。随着环境变化加剧和市场竞争激烈，公司要一直保持三方面的创新，即技术创新、制度创新和管理创新。

CN 公司的前身作为国家 20 世纪 70 年代支援“三线建设”组建的企业，其员工来自祖国各地，相互间存在较大文化、生活习惯乃至行为方式的差异，再加上多年来作为国有企业的历史沉淀，使得企业形成了独特的企业文化，从而使其人力资源具有一些显著特点。但是也暴露出一些问题，在组织内部的人力资源管理理念上，存在重事务性管理，轻人力资源开发；重阶段性工作，轻长远性规划；重局部工作，轻整体战略；重表象问题处理，轻基础性工作的研究。长期以来，以组织领导队伍建设、班子队伍建设及业务骨干培养为人力资源管理的重心，忽略了对整个组织现有人力资源情况的培训和结构配置工作。由于 CN 公司改制不久，其薪酬体系目前仍然沿用原有的等级工资制度。从一定程度上来看存在着平均主义思想，缺乏竞争和激励机制。目前虽然增加了岗位绩效工资，但缺乏各个岗位之间的价值评估，各个职位、职级之间的差距不够合理，无法充分体现责任、贡献与待遇的关系，薪酬待遇显失公平，使得部分关键岗位的员工满意度下降，工作积极性和效率明显降低。

二、工作分析准备阶段

由于 CN 公司参照原有国有企业编制和考核模式，所以，其组织人员的职能和工作质量的好坏绝大部分由其直接领导主观评价。在对员工的日常考评及年度考评中，由于缺乏标准和衡量尺度，结果直接受领导的个性决定，要么倾向“大锅饭”，要么倾向“关系决定成绩”，这在很大程度上存在不公平现象，导致部分员工对此感到不满。

CN 公司比较重视员工的培训，每年都会投入很多资金来开展领导干部培训、业务培训及全员的岗位任职资格培训。虽然每年人力资源管理部门都会根据业务部门的培训需求制定年度培训计划和中长期的培训规划，但其针对性和实用性不够强，组织内部的人员素质差距近年逐渐拉大。近年来进入企业内部的新员工年龄小，工作适应能力强，掌握新知识、新技术的能力较强，但部分老员工由于受传统教育的限制，工作已形成惯性，对新设备、新工具的使用具有一定难度。因此，使人力资源的培训为提高整体员工综合素质能力服务，尤其是提高业务骨干员工的创新能力和研究能力，显得尤为重要。

CN 公司的招聘沿用原有的一套习惯性流程，即初选、笔试、面试及体检四个阶段。加上企业地理环境等限制，招聘的员工绝大部分是从未有过工作经验的应届毕业生，在面试过程中，面试者个人社会经验及负责招聘人员的情绪和偏好都会对面试结果产生影响。更严重的是参加招聘的主考官本身并不了解招聘岗位的工作内容，对求职者应具备的知识、技能、个人品质等要求不了解，导致招聘进来的新员工根本无法与其岗位相适应。因而，CN 公司急需建立一套真正科学合理的招人、选人的管理体系和方法。

以上不难看出，CN 公司人力资源管理工作中存在诸多问题，而导致问题的根本原因在于公司没有明确的职位分类，岗位职责不清，缺乏科学的工作分析。为了适应市场与行业发展，同时为了企业内部需要，公司进行工作分析势在必行。

经人力资源部各主管多次讨论决定，此次工作分析将会借助外部工作分析专家来对此次工作分析提供策划和技术支持，而人力资源部各管理人员和相关信息联络人员则负责帮助外部工作分析专家收集整理各种资料，分发回收调查问卷，安排其他人员配合专家组的工作，收集公司员工和管理人员在项目实施中的反馈意见，并把意见反馈给专家组和公司领导。CN 公司希望通过各管理人员共同合作来高效完成工作分析这项工作，尽快解决人力资源管理工作中的问题，从而走向正轨。

三、工作分析的调查阶段

本着科学、规范、动态的原则，工作分析项目小组根据 CN 公司的特点，从被调查者参加调查的时间、可信度和效度、成本、接受程度、理解、参与程度等角度综合考虑，选择了不同信息调查方法。小组最先选用的方法为问卷调查法。针对目前 CN 公司状况，单位员工素质普遍较高，可以高质量地填写问卷调查，在短时间内能够调查大批员工，效率高且节约时间。因此工作分析项目小组决定对各部门领导、一般员工展开问卷调查，对全体参与员工发放了调查问卷，分部门详细讲解和填写辅导，确保参与人能够正确认真地填写。由于填写人的学历、能力及理解水平有区别，整个调查表填写质量存在一定的差别。

（一）对人力资源部主管进行调研

通过人力资源主管的调查问卷，了解到人力资源主管以下信息：

（1）人力资源主管日常工作是制订本部门的工作计划，经上级领导审批后组织实施；根据公司发展战略，分析公司现有人力资源状况，预测人员需求，制定、修改人力资源规划，经上级领导审批后实施；在各部门的协助下进行工作分析；提出岗位设置调整意见；明确部门、岗位职责及岗位任职资格；编制、修改和完善部门、岗位职责说明书；合理评价岗位价值；根据岗位需求状况和人力资源规划，制订招聘计划，做好招聘前的准备、招聘实施和招聘后的手续完备等工作；组织建立绩效管理体系，制订相关方案；根据企业规划和员工发展需要，建立和完善员工培训体系；制订公司的薪酬、福利方案，经审批后组织实施；做好劳动合同管理、劳动纠纷处理和劳动保护工作；完成公司领导交给的其他任务。

（2）人力资源主管要在人力资源经理的领导下进行日常工作，职务责任适中。

（3）受访者认为人力资源主管学历至少要在大专及以上学历，至少有 2 年及以上有关人力资源的工作经验；需要精通人力资源六大模块，可以独立解决比较复杂的人事管理实际问题；作为人力资源主管，要有很好的谈话技能，及时从员工那里得到反馈；要能够很好地指挥其余各主管，具有很好的指挥能力和管理能力。

（4）对于能够胜任人力资源主管岗位所具备的特征，受访者表示要做到细心、耐心、诚实守信、爱岗敬业且愿意与同事合作，较强的领导能力也是必不可少的。

（5）人力资源主管个人较为注重其在该岗位上的才能发挥，希望通过努力得到认可。这种在工作上产生的成就感会一直激励他不断进步。

（6）受访者表示公司内部文化建设很重要，但很明显的是公司的文化氛围还不够，可能是自己对该部分的工作没有做好，希望今后能够多多了解和学习其他优秀企业的团队建设。

（二）对研发部主管进行调研

在访谈的顺序上，项目小组一致决定采取先对综合后勤部门进行访谈再对业务部门进行访谈，先对部门领导进行访谈再对一般员工进行访谈的顺序。主要考虑到综合后勤部门的工作相对固定，部门领导对本部门的业务流程最为熟悉，这样较为方便并节约时间。以研发主管的访谈为例，工作分析调查小组按照事先制定好的提纲，收集到以下访谈信息：

（1）研发部主管的工作就是组织实施新产品的开发、产品工艺改进、产品保护及研发工作管理，增强公司产品竞争力和促进公司可持续发展。

（2）主要工作内容为收集和分析产品市场信息，进行新产品立项、设计并组织开发；管理产品技术的研发路线和过程及协调研发所需的外部支持；对所开发出来的新产品实验进行跟踪并及时改进；协助营销中心及时跟进市场反馈情况，了解客户使用状况；制订新产品开发预算和研发计划，并组织实施；为研发项目提供技术支持。

（3）研发部主管的上级是研发中心总经理，主管要在经理的领导和监督下完成自身任务，其职务责任较大，其下属为研发专员，他们要在主管的指导下完成具体的研发工作。

（4）研发部主管要具备丰富的计算机相关知识，同时要具备很强的专业性。学历要求是本科及以上学历，5 年以上产品研发经验；英语要达到四级以上水平，同时要精通 C 语言、JAVA 语言，熟悉网络技术、通信技术等。

（5）对于胜任研发主管岗位的特征，受访者表示至少要有团队协作精神，研究人员还应积极地、主动地去探求、挖掘事情的真相；具备好奇心的同时还要有较强的逻辑思维，勇于创新，产品研发过程中要经得起考验，敢于吃苦。

（6）研发主管与研发专员的不同之处在于，作为部门主管，个人的专业能力非常重要，所要达到的程度是，能够直接按照计划指导下属的实务工作，能够代理下属的实务工作；具备较强的管理能力，其中包括指挥能力、决断能力、沟通协调能力、专业能力、工作分配能力、分析判断能力以及团队合作能力。

（三）对销售部主管进行调研

公司考虑到销售部门的职业特殊性，认为一个成功的专业销售人员应具有明确的目标、充分的计划、踏实的执行、准确的记录、及时的总结与回顾。工作分析小组经过认真的研究和思考，决定对销售部门人员的工作分析采用工作日志法和问卷调查法相结合的方法，以收集最为详尽的数据，避免各种遗漏。以下是2017年3月9日销售主管的工作内容以及通过问卷调查收集到的岗位信息：

（1）销售主管上班时间为早上9：00点，午休时间为12：00~13：00，下班时间为17：00点。第一项工作内容是收集市场最新信息，做好相关记录，对获得的信息进行统计分析，该项活动耗时60分钟；在此基础上与销售部门相关人员对未来一段时间内的销售任务做好规划，该项活动耗时90分钟。销售产品，通过电话销售40分钟，但未与客户达成一致意见，有关产品销售情况需要进一步跟进；下午接待客户，进行当面产品推销，耗时3小时20分钟；维系客户以及开拓市场，通过电话、邮件等维持与客户的联系，在提供售后服务的同时进行新产品的推广，平均耗时1小时左右；日常工作总结。

（2）销售主管需要掌握营销方面的知识，学历要求为大专及以上，有2年销售相关的工作经验。除此以外，销售主管对本公司的产品也应了如指掌，在向顾客推销时，要能做到详尽的产品介绍。同时任何一名销售人员都要具有很强的沟通技巧，能够处理人际关系，能够满足顾客的不同要求，提升消费者满意度，同时也要具备良好的团队合作意识。

（3）销售主管的上级是销售经理，下级是普通销售专员。主管要根据公司下达的销售任务，制订本部门的销售计划；根据公司总体战略安排，制定、调整本部门的销售战术；带领团队完成业绩目标；激励销售人员的工作斗志；培训部门员工掌握产品和销售技能。

（4）销售人员是企业非常重要的组成部分，公司要做好销售人员的绩效考核、福利薪酬制度的制定，并且要根据情况对销售人员进行定期培训，在提升销售人员能力的同时也要增强其对公司的认同感。

（四）对生产部进行调研

对于生产岗位，公司采用观察法对生产岗位信息进行收集。开始之前，工作分析调查小组针对生产岗位的工作特点，提前拟定好生产岗位工作分析观察提纲，如表3-1所示。

表 3-1　生产岗位工作分析观察提纲

考察项目	具体内容
被观察者姓名	
日期	
观察者姓名	
观察时间	
工作类型	
工作部分	
观察内容	
正式工作的时间	
上午工作的时间	
上午休息几次	
第一次休息的具体时间段	
第二次休息的具体时间段	
上午完成产品的数量	
平均完成一件产品所耗费的时间	
与同事交谈的次数	
每次交谈约多长时间	
室内温度	
上午抽烟的数量	
上午喝水的次数	
午休的时间段	
产出次品的数量	
搬运原材料的次数	
工作场地噪声分贝	

公司大范围地对所有岗位进行调查，对于保洁人员，工作分析小组借助管理人员的回忆记录下有关保洁人员各种特定行为和事件，有效了解了保洁人员的工作内容，使工作分析小组对保洁岗位的分析变得顺利，具体情况如表 3-2 所示。

表 3-2 保洁人员行为记录

姓名	刘红	岗位	保洁
刘红是公司后勤部门一名保洁员工，每日按照公司高标准做好责任区内的清扫保洁工作，按时清理垃圾并将其清运到指定地点。CN 公司规模庞大，公司为每位保洁员工规定了各自负责区域，以保证公司内部环境。恰巧公司第二天将迎来非常重要的客户，而刘红负责的区域正是客户以及领导的必经之地，刘红心里暗自决心一定要在关键时刻做好本职工作。此时，刘红接到一通电话，电话那头说刘红 80 多岁的祖母病逝，她从小就由祖母带大，祖母的病逝使她很悲伤，她急忙赶回去料理祖母后事，在料理后事的过程中也因极度悲伤而生病。由于第二天客户来访，刘红将家里的丧事放在一边，第二天准时出现在工作岗位并做好清扫工作，她的经理和同事都发现她的脸色铁青，精神也不好，一问才知道家里出事了。但是，刘红什么话也没说，继续做好本职工作，将其负责区域打扫完毕，给客户留下了深刻印象			

四、工作分析的结果

经过调查，CN 公司各岗位信息基本收集完毕，各工作人员并没有停下脚步，而是迅速进入工作分析的下一个阶段。工作人员按照既定的标准和方法开始对已确认的信息进行了分类归纳和整理，提取了与工作相关的信息，剔除了不相关信息，并最终形成人事专员工作说明书，如表 3-3 所示。

表 3-3 人事专员工作说明书

岗位名称	人事专员	直接上级	人力资源主管
岗位编码	0011	定员标准	2 人
分析日期	2017-03-15		
角色特征			
负责公司的员工招聘选拔和人事档案管理			
岗位职责 1. 参与制定人力资源规划 2. 确定招聘需求，甄选招聘渠道，策划组织实施招聘活动 3. 负责制定劳动合同，培训合同相关工作 4. 办理员工入职、离职、岗位异动、岗位晋升、薪资调整等手续 5. 负责员工人事档案管理 6. 负责专业技术人员任职资格评审申报的组织管理工作 7. 完成公司领导交给的其他任务			

续表

任职资格 学历要求： ◆人力资源、劳动经济、行政管理、心理学、经济管理学等相关专业本科以上学历 培训经历： ◆受过现代人力资源管理技术、劳动法律法规等方面的培训 经验： ◆2年以上人力资源管理工作经验 技能技巧： ◆熟悉国家相关法律法规 ◆熟悉人力资源管理各项实务的操作流程 ◆人力资源管理理论基础扎实 ◆熟练使用相关办公软件 态度： ◆办事沉稳、细致、思维活跃、有创新精神、良好的团队合作意识 ◆较强的学习能力和责任心，能自我激励，具备较强的独立处理事务的能力
工作联系： 上级：人力资源主管 同级：部门各专员

经过三个多月的忙碌后，CN公司的工作分析暂告段落，公司决定举办总结汇报会，对这段时间的工作分析进行总结与评价。在会议上，工作分析专家对公司的工作分析过程做了全面的回顾和总结，对公司的工作分析成果进行了高度评价，认为CN公司通过工作分析已经真正建立和夯实了人力资源开发和管理各项工作的基础，并且认为在这个基础上，CN公司人力资源管理中的重重矛盾也将逐渐迎刃而解。

案例1　使用指南

一、案例概要

工作分析的流程是学习工作分析的基本内容和基本技术，了解工作分析每个阶段的主要内容和技巧是必要的。CN公司的案例给出了工作分析的基本流程，即确定工作分析目标、收集信息、编写工作说明书等。流程本身存在不完善的地方，需要进一步的完善。

二、在课程中的定位

本案例可以用在《人力资源管理》《工作分析》《招聘管理》课程当中，针对有关工作分析、工作职责、任职资格等话题进行讨论；使学生掌握工作分析的基本流程。

三、学习目标

学习工作分析的基本流程和基本方法，掌握工作分析的基本过程和方法，能够发现工作分析流程中的不当做法。

四、相关阅读资料

付亚和．工作分析［M］．上海：复旦大学出版社，2006.
陈庆．岗位分析与岗位评价［M］．北京：机械工业出版社，2011.

五、讨论问题

讨论问题1：CN公司面临的问题有哪些？
讨论问题2：CN公司的问题与工作分析的关系是什么？
讨论问题3：工作分析应收集哪些基本信息？列出信息清单。

六、教学计划

建议将案例提前发给学生，课堂90分钟进行讨论，教学计划如表3-4所示。

表 3-4　工作分析案例 1 教学计划

讨论问题	时间（分钟）
讨论问题 1：CN 公司面临的问题有哪些	75
讨论问题 2：CN 公司的问题与工作分析的关系是什么	
讨论问题 3：工作分析应收集哪些基本信息？列出信息清单	
案例总结	15

七、讨论问题分析

（一）讨论问题 1：CN 公司面临的问题有哪些?

CN 公司薪酬分配存在平均主义，激励能力不足；人力资源培训效果不好，不能满足技能提升的需要；人员招聘条件不明确。

（二）讨论问题 2：CN 公司的问题与工作分析的关系是什么?

薪酬分配的主要问题是岗位工资和绩效工资。岗位工资的基础是岗位评价，岗位评价也就是工作评价，是工作分析的重要内容；绩效工资是以有效的绩效考核为基础，没有科学适用的绩效考核结果，就难以建立良好的绩效工资制度，也难以充分发挥薪酬的激励机制。绩效考核指标的提取来自于对工作重要性的评价。

（三）讨论问题 3：工作分析应收集哪些基本信息？列出信息清单。

（1）工作基本信息。该信息板块主要描述任职者目前的基本信息，包括姓名、职位名称、所在部门、学历、工作经历、年龄、薪资水平等。

（2）工作概要。该信息板块要求任职者使用一段简短的、具有高度概括性的语句来揭示目标职位在组织中存在的目的和作用。在调查阶段，主要是向该岗位的直接上级和任职者进行调查，了解设置该岗位的目的。

（3）工作职责。该信息模块主要是收集工作要素、工作任务、工作成果、工作流程等方面的信息。一般是采取开放性的问题，由被调查者填写相关内容。

（4）绩效标准。该信息模块主要是向任职者、上级、客户收集相关工作职责所需要达到的绩效标准，主要从工作结果的角度衡量，包括工作任务的数量、时限、质量以及对组织的影响等。

（5）工作联系。该信息板块主要向任职者收集与部门内部其他岗位、其他部门、上级组织，以及外部其他组织之间的联系内容、联系对象、联系频率、重要性等有关信息。工作联系的范畴界定为稳定的、长期的工作联系而非突发性的、偶尔的联系活动。

（6）组织结构。该信息模块主要收集该职位的直接上级、间接上级的职位名称；收集具有同一直接上级的其他岗位的名称；收集直接下级岗位名称以及各直接下级岗位现有员工数量。

（7）工作特征。该信息模块主要从工作时间、出差比重、工作地点、工作环境等角度收集信息。

（8）任职资格。该信息板块包括工作所需的学历、工作经验、知识结构、工作技能、能力与素质等。

在工作技能部分，主要收集需要的技能项目和等级，如对于职能管理职位而言，需要收集有关外语、公文处理以及计算机使用等技能。

在能力和素质部分，主要收集对工作影响较大的能力和素质，列出相关的技能名称和等级。

案例2　MY体育公司工作分析

一、企业简介

MY体育责任有限公司（以下简称“MY体育”）是中国西北地区领先的体育用品企业，主要从事设计、开发、制造和销售MY品牌的体育用品，包括体育器材、运动服饰。公司现有员工519人，拥有12条国内领先的针车流水线，4条成型流水线，在中国西北各省份均设立了分公司，网点遍布西北各地。在努力拓展西北市场的同时，MY体育亦以高瞻远瞩的商业战略眼光瞄准全国市场，产品销售全国各个地区，深受客商的一致信赖和好评。MY体育公司目前在西北地区体育用品市场排在中游水平，市场占比中等，但在国内体育用品市场排名较靠后。MY体育未来企业发展战略是拓展全国市场，成为全国知名品牌。MY体育的组织结构如图3-1所示。

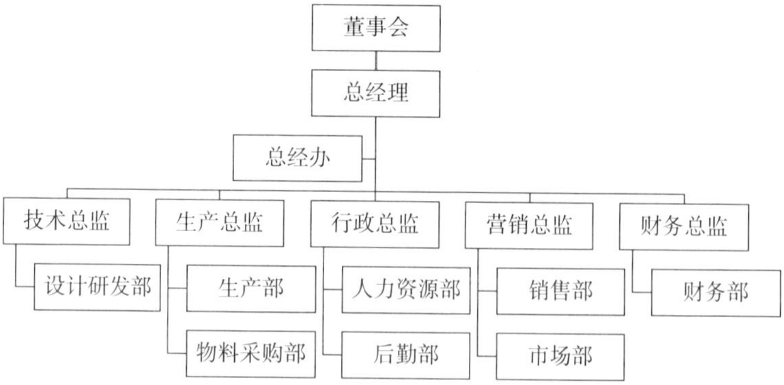

图 3-1　MY 体育组织结构

二、未来三年人力资源战略目标

配合公司向市场化转型的经营战略，在管理体系中也引入市场观念，提倡开放，认可竞争，鼓励市场认可的职业化精神。将关键人才作为公司级资源统一进行整合和调配；人力资源政策必须有利于促进其内部流动。在对现有基础管理进行优化、固化的基础上，需要将关注点更多地投入在通过人力资源管理体现公司价值导向上。关键人才继续以内部培养为主，适当引进职业化人才；考虑更有效地利用外部人力资源。以市场和客户为出发点，以流程为基础，强化内部客户概念，强化协作；营造团队文化，鼓励团队绩效、团队能力。重视长期效益，短期效益服从于长期效益；强调对人的素质开发和培养。侧重非经济性激励，适当提升经济性激励的水准和有效性。合理预测企业中长期人力资源需求和供给，规划和控制各部门人力资源发展规模，建立完善的人力资源管理体系。改善员工待遇，提高薪酬福利水平，建立有效的激励和奖惩机制，提高员工敬业度和工作满意度。打造品牌效应，力争建立时尚运动品牌西北第一，着力于全国市场，提升企业竞争力。

三、公司人力资源情况

公司现有在职员工 519 人，具体分布如下：

1. 员工年龄结构

20~25 岁的员工 82 人；26~30 岁的员工 172 人；31~35 岁的员工 95 人；

36~40岁的员工70人；41~45岁的员工49人；46~50岁的员工26人；51~55岁的员工17人；56~60岁的员工8人，具体情况如表3-5所示。

表3-5 公司员工年龄情况

年龄段	20~25岁	26~30岁	31~35岁	36~40岁	41~45岁	46~50岁	51~55岁	56~60岁
人数（人）	82	172	95	70	49	26	17	8
占总人数的比例（%）	15.77	33.08	18.27	13.46	9.42	5.00	3.27	1.54

2. 员工学历结构

中学及以下学历的有57人；中专学历的有84人；大专学历的有145人；本科学历的有192人；研究生及以上学历的有42人，如表3-6所示。

表3-6 公司员工学历情况

学历层次	中学及以下	中专	大专	本科	研究生及以上
人数（人）	57	84	145	192	42
占总人数的比例（%）	10.96	16.15	27.88	36.92	8.08

3. 员工职位分类情况

高层领导者有7人；中层管理者有33人；应用技术类有74人；专业支持类有53人；行政服务类有60人；设计研发类有5人；资源调剂族有8人；销售类有5人；市场类有3人；销售服务类有5人；技术工有120人；操作工有136人；尚在实习期、未确定职位的有11人，如表3-7所示。

表3-7 公司员工职位分类情况

职位族/类	人数（人）	占总人数的比例（%）
高层领导者	7	1.3
中层管理者	33	6.3
应用技术类	74	14.2
专业支持类	53	10.2
行政服务类	60	11.5
设计研发类	5	1.0
资源调剂族	8	1.5

续表

职位族/类	人数（人）	占总人数的比例（%）
销售类	5	1.0
市场类	3	0.6
销售服务类	5	1.0
技术工	120	23.1
操作工	136	26.2
实习期员工	11	2.1

4. 员工职称结构

截至 2018 年 12 月共有各类专业技术人员 354 人，其中高级职称 12 人；中级职称 97 人；初级职称 245 人，如表 3-8 所示。

表 3-8　公司专业技术人员情况统计

专业技术类	资格名称	人数（人）	资格名称	人数（人）	合计（人）
设计师	高级设计师	6	中级设计师	10	16
市场分析师	市场分析师	3	分析初级	3	6
经济师	经济师	3	经济初级	5	8
统计师	统计师	5	统计初级	3	8
会计师	会计师	5	会计初级	4	9
卫生	卫生中级	6	卫生初级	12	18
档案	档案中级	3	档案初级	6	9
技术	技术员	29	—	—	29

案例 2　使用指南

一、案例概要

基于战略的工作分析是工作分析的思路之一，MY 体育的案例给出了公司的发展战略和人力资源的基本情况，如何根据公司战略来设计组织结构和梳理工作职责就是工作分析的基本能力。

二、在课程中的定位

本案例可以用在《人力资源管理》《工作分析》《招聘管理》课程当中，提升学生的战略分析、组织优化、人员优化和岗位职责梳理的能力。

三、学习目标

本案例主要训练学生根据公司发展战略梳理工作职责的能力。

四、相关阅读资料

付亚和．工作分析［M］．上海：复旦大学出版社，2006.
陈庆．岗位分析与岗位评价［M］．北京：机械工业出版社，2011.

五、讨论问题

讨论问题1：根据公司业务和战略，分析现有组织结构的不足，并进行优化。

讨论问题2：根据战略分解来确定岗位职责。

六、教学计划

建议将案例提前给学生，课堂90分钟进行讨论，教学计划如表3-9所示。

表3-9　工作分析案例2教学计划

讨论问题	时间（分钟）
讨论问题1：根据公司业务和战略，分析现有组织结构的不足，并进行优化	75
讨论问题2：根据战略分解来确定岗位职责	
案例总结	15

七、讨论问题分析

（一）讨论问题1：根据公司业务和战略，分析现有组织结构的不足，并进行优化

（1）首先进行战略分解，明确关键成果领域。从产品、市场、资金、研发、人员、供应链等方面进行分析，明确公司发展的主要职能。

（2）根据关键成果领域和主要职能分析现有组织结构的不足，在这个过程中，通过岗位合并、撤销和新增方式优化，设计新的组织结构。

（3）该问题分析的关键是岗位设置要与战略分析相对应。

（二）讨论问题2：根据战略分解来确定岗位职责

（1）该问题分析的基本逻辑：建立战略目标、岗位目标、工作职责之间的逻辑关系；岗位目标来自于战略目标，战略目标决定了岗位目标；工作职责支撑岗位目标实现，岗位目标决定岗位职责。

（2）根据战略分解来确定岗位职责，要关注为了实现战略目标要做哪些工作，目前岗位在做什么工作，要找到“应该做”和“正在做”的区别和差距。

第四章 员工素质测评*

引论

人才是企业首要的战略资源，要发挥好人力资本的资源和优势，做到人适其事，人尽其才，用最合适的人而非最好的人，就要发挥人员素质测评的作用。通过人员素质测评了解员工的智能、动力、兴趣、人格等与职位要求的匹配性，把最合适的人放到最适当的岗位上，实现个体和组织绩效的最大化。孟子说："权，然后知轻重；度，然后知长短。物皆然，心为甚。"北宋文学家苏轼指出："人难知也，江海不足以喻其深，山谷不足以配其险，浮云不足以比其变。"现代管理学之父彼得·德鲁克指出："没有什么决策比人事决策更难做出，后果会持续作用这么久。"人员素质测评为人才评价和甄选提供了科学的方法和手段。

知识点

人员素质测评指以现代心理与行为科学、组织管理和社会管理理论、统计学和测量学为基础，通过心理测验、笔试、面试、评价中心技术、多源反馈调查技术、履历分析、民主考察等技术和方法对测评对象的知识水平、能力、态度、动机、个性特征和发展潜力进行标准化测量，从而对其素质状况、个性特点、发展潜力等特征做出科学的评价。人员素质测评在人才的招聘、选拔和安置，在人员培训、潜能开发、企业团队建设、考核激励和人力资源战略规划等

* 本章内容由赵文进编写。

领域都具有重要的应用价值。

职业兴趣在人才测评中至关重要。因为兴趣是人们获得工作满意度、职业稳定性和职业成就感的重要影响因素。在人职匹配中，有意识地运用霍兰德理论对职业兴趣进行考察和评估，能够辅助人事决策、员工职业发展等。

特质因素理论是职业生涯管理理论中最悠久的奠基性理论，其核心是人格与职业之间的匹配，其理论前提是，每个人都有自身独特的个性；不同职业对人的性格要求也存在差异；成功的职业选择是人格与职业的匹配。性格是一个人对现实的态度和与之相适应的习惯化了的行为方式，是个性的核心结构。

应用案例

案例1　GD 通信公司人员甄选

一、案例概要

GD 通信公司长期以来坚持贯彻“客户为根、服务为本”的经营理念，深化转型发展，加快能力建设，企业综合实力不断增强。公司主要经营移动话音、数据、IP 电话和多媒体业务，以及与移动通信、IP 电话和互联网接入相关的系统集成、漫游清算、技术开发、技术服务等业务。为顺应互联网时代发展，公司积极把握技术演进，大力推动移动物联网建设，大胆探索新领域，实践新模式，创造人与人连接、人与物连接、物与物连接的智慧时代新体验。未来公司聚焦“成为卓越品质的创造者”愿景，全面实施“大连接”战略，做大连接规模，做优连接服务，做强连接应用，努力实现从优秀到卓越的新跨越，为 GS 经济社会发展和信息化建设做出更大的贡献!

公司现因业务扩展需面向公司内外部招聘营业部高级管理人员 1 名，假如招聘已进入面试环节，①针对此案例设计面试考核的指标（要素）且赋予其适当的权重并说明理由；②该套指标必须包括“能力倾向测试”，你需要从九组能力倾向测验（言语理解能力、言语推理能力、数学运算能力、数字推理能力、图形推理能力、空间能力、抽象推理能力、资料分析能力、思维策略能力）中选择必须要进行的能力倾向测试并说明理由。

二、在课程中的定位

本案例可用在《人员素质测评》课程当中，主要针对人员素质测评的基本理论。

三、学习目标

熟练掌握人员素质测评要解决的问题、人员素质测评的流程、测评的指标和权重、测评方法的组合设计、招聘面试需要综合考虑的因素。

四、相关阅读资料

徐世勇，李英武．人员素质测评［M］．北京：中国人民大学出版社，2017.

侯典牧，傅家荣．人员素质测评［M］．北京：科学出版社，2012.

孙健敏．人员素质测评理论与技术（第 2 版）［M］．北京：首都经济贸易大学出版社，2014.

五、讨论问题

讨论问题 1：人员素质测评要解决哪些问题？

讨论问题 2：人员素质测评的流程是什么？

讨论问题 3：如何设置测评的指标和权重？

讨论问题 4：为什么要进行测评方法组合设计？

讨论问题 5：招聘面试需要综合考虑哪些因素？

六、教学计划

提前下发案例，课堂 45 分钟讨论，教学计划如表 4-1 所示。

表 4-1　员工素质测评案例 1 教学计划

讨论问题	时间（分钟）
讨论问题 1：人员素质测评要解决哪些问题	30
讨论问题 2：人员素质测评的流程是什么	
讨论问题 3：如何设置测评的指标和权重	
讨论问题 4：为什么要进行测评方法组合设计	
讨论问题 5：招聘面试需要综合考虑哪些因素	
案例总结	15

七、讨论问题分析

（一）讨论问题 1：人员素质测评要解决哪些问题？

人员素质测评要解决五大问题：①评什么——确定评估要素/指标；②怎么评——选择测评方法/流程；③谁来评——测评主体的选择/保证评估客观性和公正性的方法；④跟谁比——确定评估标准和决策的依据；⑤怎么用——使用测评结果/报告的方法。

（二）讨论问题 2：人员素质测评的流程是什么？

人员素质测评的流程：①准备阶段，需求分析—拟定评估模型—技术准备；②实施阶段，实施测评—数据处理—结果报告；③应用阶段，结果反馈—使用决策。

（三）讨论问题 3：如何设置测评的指标和权重？

测评的指标和权重：①测评指标，测评所指向的范围，即所测对象应该具备的素质。②权重，每个指标在整体评价中的相对重要程度。

指标设计和权重确定的方法：①指标设计的方法：工作分析法、胜任力分析法、榜样分析法、文献查阅法、历史概括法、头脑风暴法、功能图示法。②权重确定的方法：主观加权法、专家加权法、比较加权法。

（四）讨论问题4：为什么要进行测评方法组合设计？

素质本身的复杂性、层次性、综合性；职位本身对素质要求的多元性；测评方法和测评工具自身的局限性。

（五）讨论问题5：招聘面试需要综合考虑哪些因素？

测评对象、岗位、行业、任职资格等。本案例也具有特殊性，根据测评对象、岗位、行业、任职资格等，要求在九大能力倾向中选择必须进行的能力倾向测试并说明理由。

案例2　FH软件公司人员测评

一、案例概要

某软件科技公司是一家专门提供信息化服务的IT企业，主要从事软件产品开发与销售、管理应用系统实施与服务、软硬件系统集成等业务，拥有一批高素质专门人才。根据项目需求，在社会招聘中通过能力倾向测验和面试，招聘了两名有软件开发经验的软件工程师刘一和王飞。本希望他们加入即将启动的软件开发项目，但因各种原因，该项目被搁置了。恰巧，由于公司组织架构调整，需要在软件开发部配备一位软件售前工程师协助客户处理售前的各种技术需求，在必要时培训销售代表为客户演示和讲解系统。于是，软件开发部决定从刘一和王飞二人中选其一担任软件售前工程师，另一人留任软件开发工程师并加入其他项目（简历和岗位说明书略）。

经过简历筛选、能力测评和面试，发现两人在教育背景、专业技能水平、工作经验等方面不相上下，难以决定谁最适合担任软件售前工程师。因此，必须对两位候选人进行更多的了解。公司HR希望通过考察更多的方面增加一些判断的线索和决策的依据。

二、在课程中的定位

本案例可用在《人员素质测评》课程当中，主要针对职业测评。

三、学习目标

职业兴趣是人们获得工作满意度、职业稳定性和职业成就感的重要影响因素，在人职匹配中，运用霍兰德理论对职业兴趣进行考察和评估，能够辅助人事决策、员工职业发展等。特质因素理论是职业生涯管理理论中最悠久的奠基性理论，成功的职业选择是人格与职业的匹配。

四、相关阅读资料

侯典牧，傅家荣．人员素质测评［M］．北京：科学出版社，2012.
冉军，万玺．职业生涯管理［M］．北京：科学出版社，2012.

五、讨论问题

讨论问题：如何结合人员素质测评给该软件公司决策层提供科学的决策依据？

六、教学计划

课堂 45 分钟讨论，教学计划如表 4-2 所示。

表 4-2 员工素质测评案例 2 教学计划

讨论问题	时间（分钟）
如何结合人员素质测评给该软件公司决策层提供科学的决策依据	30
案例总结	15

七、讨论问题分析

讨论问题：如何结合人员素质测评给该软件公司决策层提供科学的决策依据？

霍兰德职业兴趣理论强调个人与环境之间的匹配。他认为："一个人做出职业选择的依据是寻找那些能够满足他或她成长的环境。""对自己的工作环境知道得越多，就越容易做出正确的职业选择。"在我们的文化环境中，人格可以归为六种类型：实际型（R）、调研型（I）、艺术型（A）、社会型（S）、企业型（E）、实用型（C）。每一种特定人格类型的人，会对相应职业类型中的工作或学习感兴趣。现实中存在与上述人格类型相对应的六种环境类型：实际型（R）、调研型（I）、艺术型（A）、社会型（S）、企业型（E）、实用型（C）。人们在积极寻找那些适合他们的职业环境，在这些环境中，他们能够充分展示自己的技能或能力，表达他们的态度和观点，并且能够完成任务。一个人的行为是其人格特征和环境特征共同作用的结果。霍兰德认为，劳动者的人格类型与职业环境互相影响，这样便能够达到职业适应状态，其结果是劳动者找到适合的职业岗位，职业岗位获得了合适的人才，劳动者的才能与创造力便会得到很好的发挥。

性格是一个人对现实的态度和与之相适应的行为方式，是个性的核心。人物的性格不仅表现在"做什么"，而且表现在"怎么做"；"做什么"表明了一个人追求什么，拒绝什么，反映了一个人对现实的态度；"怎么做"表明了一个人如何追求他所要得到的东西，如何拒绝他要避免的东西，反映的是一个人的行为方式。一般来说，一个人对现实的态度决定着他的行为方式；行为方式体现了他对现实的态度，这种态度具有稳定性，这种行为方式是与稳定的态度相适应的。

因此，在测评专家的指导下，结合岗位说明书，公司 HR 决定邀请两位候选人参加"职业兴趣测验"和"性格测试"。测评结果显示，刘一的职业兴趣为企业型、社会型和调研型，王飞的职业兴趣为调研型、实际型和实用型。刘一的性格为外向、感觉、思考、直觉，王飞的性格为内向、感觉、情感、判断。综合考虑两人的兴趣和性格，得出以下结论：刘一，观察敏锐，随机应变，清楚完成工作所需要的条件；喜欢团队合作，有很好的适应能力和带动气氛的能力，愿意尝试新事物，愿意冒险；适合在充满变化和多样性的环境中工作，擅长与人交流，并且能够在迅速改变的环境中快速思考和做出反应。王飞，工作态度严谨，兢兢业业，认真负责，工作时注意力很集中，能够连续从事重复的工作并且不会感到厌倦；责任感很强，说到做到；喜欢采用固定的办事程序。刘一适合在具体的工作情境中运用技术和知识解决问题；王飞独立工作能力很强，但是不喜欢与人交流。总体来说，王飞比较擅长研究类工作。

那么，由谁来担任软件售前工程师，谁留任软件开发工程师则不难决策了。

第五章

员工招募、配置与人才管理*

引论

在激烈的市场竞争环境中，人才的重要性毋庸置疑。招聘到适合本企业的优秀人才是企业生存发展的关键。良好的招聘机制、规范的招聘管理是企业获得优秀员工的保证和企业进一步发展的基础。在组织中，人力资源的数量和质量总处于动态调整之中，如人员的退休、离职等，人员招聘是组织人力资源管理中一项经常性的活动。[①]

知识点

所谓招聘，指企业采取一些科学的方法，寻找、吸引具备资格的个体，并从中选出适宜人员予以录用的管理过程。招聘是企业人力资源的获取和准备阶段，包括吸引、选拔和录用三个相对独立又密切相关的阶段。实践中，组织经常将招聘管理的焦点放在招募、甄选、配置环节，从而忽视了招聘管理工作的前期准备和后期招聘有效性评估工作及人才管理。完整的招聘管理活动流程应包括以下四个方面：一是招聘管理的前期准备阶段，具体包括人力资源规划和工作分析两大环节；二是招聘计划的沟通与制定阶段；三是招聘管理实施阶段，此阶段的任务主要包括人员的招募、甄选、录用与配置；四是招聘管理的评估与人才管理阶段。

---

* 本章内容由金学惠编写。

① 徐世勇，陈伟娜．人力资源的招聘与甄选［M］．北京：清华大学出版社，2008.

招聘管理的流程具体包括三个环节：一是前期准备阶段，基于人力资源规划和工作分析，确定招聘需求，拟定招聘岗位的特点和要求，制订招聘计划。招聘计划的内容包括招聘数量、基准、招聘渠道、招聘经费预算的制定及招聘小组的组建等。二是招聘实施阶段，包括招募、初选、甄选、录用、背景调查及新员工培训等。三是招聘管理活动的评估、总结与反馈。

企业使用的招聘渠道可分为内部招募和外部招募。企业选择招聘渠道的主要步骤①：分析组织的招聘要求、分析潜在应聘人员的特点、确定合适的招聘来源、选择合适的招聘方法。一般来讲，按照招聘计划中岗位需求数量和资格要求，根据对成本收益的计算来选择一种效果最好的招聘方法。

人员甄选的方法包括申请表、履历分析、笔试、面试、心理测验、评价中心等。每种甄选技术都具有不同的优势和劣势，具有自身的适用范围。在具体应用过程中，应结合拟招聘岗位的特点及企业经费预算，权衡不同甄选技术在效度、公平度、可用性和成本四个方面的表现并加以选择。

应用案例

案例 1　DMN 游戏公司人员招聘

一、企业介绍与人员现状

DMN 游戏公司成立于 2000 年，是一家从事电脑软件开发、网络游戏软件开发、互联网游戏平台及网站的运营和维护等业务的高新技术企业，下设 6 个部门，共计 167 人（见表 5-1），其中 80%为男性员工。员工平均年龄为 30 岁，其中“35 岁以下员工”约占 89.1%，为企业人员的主要组成部分，年龄构成比较年轻化。学历方面，具有大专学历的员工人数为 100 人，具有本科学历的员工人数为 67 人，具有硕士学历的员工人数为 20 人，企业员工的整体学历不高。

---

① 王丽娟，惠艳．招聘与录用［M］．北京：中国人民大学出版社，2020.

表 5-1　DMN 游戏公司部门人员分布　　单位：人

层级＼部门	总经办	游戏研发部	人力资源部	生产支持部	市场营销部	财务后勤部
经理级	1	1	1	1	1	1
主管级	—	8	4	2	4	2
员工级	—	74	22	21	16	8
合计	1	83	27	24	21	11

注：该数据为 2013 年 12 月数据。

DMN 游戏公司自成立以来就为员工提供舒适的工作环境和优渥的企业福利。2013 年人员共流失了 22 人，根据近 5 年内本公司的人员流失情况，大致可以估算出游戏研发部和财务后勤部员工流失率各在 18%左右，人力资源部员工流失率在 10%左右，生产支持部和市场营销部的员工流失率各在 15%左右。各部门主管的流失率基本比员工的流失率低 5%。

二、新年新规划

随着手游和页游越来越多地占据年青一代的休闲时间，近两年来，市场上不断涌现出新的游戏开发公司，DMN 游戏公司整体学历过低的劣势逐渐显露出来。2014 年初，经过高层会议的反复讨论，企业决定着重改善研发部的人员结构，对研发部中学历低于大专且没有明显成就的 9 名员工进行转岗或者辞退安排，同时提高对研发人员招聘的要求。2014 年企业人员规划如表 5-2 所示。

表 5-2　DMN 游戏公司部门人员规划　　单位：人

层级＼部门	总经办	游戏研发部	人力资源部	生产支持部	市场营销部	财务后勤部
经理级	1	1	1	1	1	1
主管级	—	8	3	3	4	2
员工级	—	80	18	30	24	10
晋升		1	—	2	—	—

在会议中，人力资源部经理将当年招聘的费用大纲递交给上级领导审核，并进行修改，如表 5-3 所示。

表 5-3 招聘费用大纲

费用项目	单项费用预估	费用项目	单项费用预估
S 市人才市场摊位租赁	700 元/天（50 天左右）	校园宣讲会易拉宝海报	108 元/张（10 张左右）
招聘网站 A	3800 元/年	企业制度和员工手册	65 元/本
招聘网站 B	3560 元/年	招聘用办公用品购买	700 元/人
招聘网站 C	3000 元/年	招聘小组补贴	1000 元/人
微信推送平台维护	200 元/月（从 3 月开始）	广告海报	50 元/张（100 张左右）
试用期工资	2500 元/（人·月）	培训讲师费	350 元/场
其他培训设施费用	2000 元/年	—	—

三、招聘实施

为了全面提高企业的整体水平，经过开会讨论，游戏研发部希望招聘小组以下列要求为基准，为企业招聘优秀的人才。

以下为招聘游戏开发程序员的条件：

（1）本科及以上学历要求，以软件工程专业为主。

（2）有 1 年以上工作经验优先，优秀应届毕业生也可，愿意投身游戏研发行业。

（3）熟悉 C++/Java，了解 LUA 或者 JavaScript 或者 Node.js 语言，了解 Skynet 引擎，了解 Actor 模型、Reactor 模式，了解进程、协程、线程等概念，熟悉 Linux 环境。

（4）8 小时工作制，双休，能够适应不定期加班。

（5）基本工资 5000~8000 元/月，试用期 1 个月。

人力资源部根据各部门要求，制订了以下招聘实施的大致方案。

DMN 游戏公司 2014 年度招聘工作实施方案

为加快推进公司人才队伍建设，拓宽公司选人用人渠道，加快引进急需的高层次人才和业务骨干，优化公司人力资源配置，为打造公司强大聚集优秀人才，切实做好此次公开招聘工作，特制订本方案。

一、工作目标和原则

通过公开招聘，为公司选拔优秀的业务骨干和急需人才，推进公司建立起能上能下、能进能出、有效激励、严格监督、竞争择优、充满活力的选人用人机制。在公开招聘工作中，要坚持以下原则：

（1）德才兼备原则。公开招聘要坚持德才兼备的选人标准，在考察应聘者知识素养、业务水平、能力才干的同时，也要注重考察应聘者的道德修养、思想品质和工作作风。

（2）公平公正原则。严格执行公开招聘工作纪律，确保信息发布及时、公开，在招聘环境、招聘程序、招聘标准等方面，为应聘者提供透明、平等、公正的竞争机会。

（3）竞争择优原则。依据招聘岗位对应聘者在能力素质、性格特质、团队精神等方面的要求，通过笔试、面试等竞争方式，选拔出适合岗位要求的优秀人才。

二、拟招聘岗位

游戏研发主管、游戏开发程序员、市场营销专员、财务专员等。

三、招聘渠道或途径参考（限于但不仅限于）

（1）公司现有网络招聘渠道：招聘网站 A、招聘网站 B、招聘网站 C；其他可以使用的免费网络招聘平台。

（2）公司内部员工推荐：在公司任职的员工通过同学、同事、亲戚、朋友等关系向公司引荐合适的人选。

（3）现场招聘会：通过网络或中介收集本地区大型专业型人才现场招聘会时间计划节点，选择有可能有适合我们公司需要类型的人才的招聘会去参加，现场挖掘。

（4）校园招聘：多与我公司的合作学校单位进行联系沟通，通过学校老师向我公司推荐优秀的毕业生资源，本渠道多适用于人才储备及基层人员的招聘。

（5）公司人才简历库：简历库中一定有一些符合我们要求的人选，至于当初为什么没有与我公司达成合作我们不再追究，将这些简历筛选出来，重新建立联系，发出邀请，如果此人非常适合，但是已在其他单位就职，可通过特殊的方式挖过来。

（6）微信、百度推广等新型招聘方式。

四、招聘专项小组

人力资源部：赵焕、刘笙、朱小曼、陈佳佳、石飞。

四、招聘小结

按照公司年度既定计划部署，招聘工作有序开展，主管赵焕带领招聘小组成员，在2014年12月中旬，对2014年企业招聘总体情况进行总结。

2014年度招聘情况总结报告

一、招聘工作总体情况

2014年，人力资源部组织参加S市人才招聘会招聘52次，共计66天；参加校园宣讲会9场；选择了A、B、C三个招聘网站发布十余个岗位的招聘信息50余次。从各个招聘渠道中收集各类应聘简历信息200余条，接到咨询电话70余通，组织集团面试11场，共面试149人，其中本科以上人员占81.2%，录用72名，实报到53人，有49人通过试用期，成为DMN游戏公司的正式员工，截至2014年末，共有6名新入职员工离职。2014年企业裁撤冗员9人，因个人原因离职25人，招聘小组根据人员变动及时安排新的招聘计划，基本完成了2014年度的招聘需求计划，满足了各单位对管理人员的需求。

2014年DMN游戏公司招聘不完全统计如表5-4所示。

表5-4　2014年DMN游戏公司招聘情况

招聘渠道	主动询问人数（人）	投递简历数（份）	通知面试人数（人）	通过面试人数（人）
校园招聘	88	43	40	20
现场招聘会	104	74	54	27
网络招聘	80	42	35	14
其他渠道	112	55	20	11

在一线人员招聘方面，人力资源部积极协助、配合各单位招聘一线操作人员，基本满足各单位对一线操作人员的需求。

为规范招聘工作流程，做好与各单位的衔接，人力资源部5月着手对《招聘管理制度》进行修订，目前修订版本已基本定稿，进入试运行和征求意见阶段，后续将组织相关人员进行学习并贯彻执行。

二、招聘费用统计

本年度招聘共花费204674元。其中在校园招聘中共计花费1050元，人才招聘市场招聘中共计花费38445元，网络招聘共计花费10274元，微信等其他渠道共计花费2780元，面试接待和新员工入职培训等共计花费152125元，预算准确率约为88%。

案例 1　使用指南

一、在课程中的定位

（1）本案例可以用在《招聘管理》课程当中，针对有关招聘计划的制订、招聘渠道的选择、招聘实施等话题进行讨论。

（2）学生需要事先复习有关工作分析及人力资源规划的知识，阅读招聘的替代方案、甄选方法及其适用范围。

（3）适合人力资源管理相关专业的学生。

二、学习目标

（1）学习招聘管理的流程、招聘基准、招聘实施等。

（2）理解招聘的替代方案、招聘渠道选择的因素。

（3）学会制订招聘计划。

三、相关阅读资料

徐世勇，陈伟娜．人力资源的招聘与甄选［M］．北京：清华大学出版社，2011.

宋艳红．员工招聘与配置［M］．北京：北京理工大学出版社，2020.

四、讨论问题

讨论问题 1：该企业的招聘流程包括哪些环节？是否存在有待改善的地方？

讨论问题 2：该企业人员招聘渠道的选择是否合理？请根据所学理论进行分析和评价。

讨论问题 3：该企业招聘计划是否合理？请结合所学理论进行分析和评价。

五、教学计划

本案例适用于 90 分钟的课堂，教学计划如表 5-5 所示。

表 5-5　人员招聘案例 1 教学计划

讨论问题	时间（分钟）
案例内容概述、案例讨论热身等	10
讨论问题 1	20
讨论问题 2	25
讨论问题 3	20
分析框架介绍或老师总结	15

六、讨论问题分析

（一）讨论问题 1：该企业的招聘流程包括哪些环节？是否存在有待改善的地方？

该企业招聘流程包括五个环节：人力资源规划—确定招聘需求—制订招聘计划—实施招聘—招聘总结。

从招聘流程的完整性方面，该企业的招聘流程尚存在以下需要改进的地方：一是前期准备环节，需要进行组织战略分析。人员规划的制定应基于组织战略或年度经营计划进行。招聘需求的确定，不仅包括人员数量，还应包括人员结构，如性别、年龄、学历等，以保证组织人员结构更加优化。招聘计划应对招聘进度进行合理设计。二是招聘实施环节中，招聘渠道的选择未结合拟招聘岗位的具体特点，导致现场招聘和网络招聘渠道的投入产出比较低。三是招聘总结环节，只针对数量进行了总结，缺乏结构和效率方面的总结分析，特别是针对招聘渠道有效性方面的总结缺失，有待完善。

（二）讨论问题 2：该企业人员招聘渠道的选择是否合理？请根据所学理论进行分析和评价

招聘渠道的评估可从数量、成本、效率、质量方面进行评价。基于案例提供的数据，可从招聘的数量和成本角度分析。

从招聘数量上看，企业计划招聘 21 人，应聘 149 人，录用 72 人，正式录用 49 人，故实际招聘完成比为 233%，录用比为 48.3%，招聘合格率为 32.9%。考虑到年末员工共流失 40 人，从数量上看，基本保持了供求平衡。结构方面的数据缺乏，故无法进一步探讨，不能说明各个渠道与拟招聘岗位的匹配性。

从成本角度上看，招聘成本效用为 0.073%（149/204674×100%），分渠道看，各渠道成本效用不一，其中校园招聘的选拔成本效用最高，现场招聘的选拔成本效用最低；从招募质量来看，校园招聘的招募质量最高，微信等其他渠道的招募质量最低。各招聘渠道有效性分析如表 5-6 所示。

表 5-6　各招聘渠道有效性分析

招聘渠道	投递简历数（份）	通知面试人数（人）	通过面试人数（人）	招募质量（%）	费用（元）	选拔成本效用
校园招聘	43	40	20	46.5	1050	0.0190
现场招聘会	74	54	27	36.5	38445	0.0007
网络招聘	42	35	14	33.3	10247	0.0014
其他渠道	55	20	11	20.0	2780	0.0040

注：①招募质量＝面试通过人数/投递简历数×100%。②选拔成本效用＝面试通过人数/选拔期间费用。

（三）讨论问题 3：该企业招聘计划是否合理？请结合所学理论进行分析和评价

企业招聘计划是人力资源部根据用人部门的增员申请，结合企业人力资源规划和职位说明书，明确一段时期内需要招聘的部门、岗位、人员数量、资质等因素，并指定具体的招聘实施执行方案。目的是实现企业内部人力资源的合理配置，为企业扩大生产规模、调整生产结构提供人力资源的可靠保障，同时弥补人力资源的不足。①

该企业的招聘计划尚存在不明确的地方：一是仅明确了拟招聘的部门、岗

① 宋艳红．员工招聘与配置［M］．北京：北京理工大学出版社，2020.

位及结构，各岗位数量及资质要求不明确，招聘小组的构成不合理，缺乏用人部门的参与。二是具体岗位对应的招聘渠道、招聘基准及具体甄选评价体系和执行方案都不够细化。三是对录用比率、录用基准、候选人到岗的时间均没有很好的体现，故无法从时间效率上保障招聘的及时性。

案例 2　JF 公司招聘

一、公司简介

JF 公司是一家全球 500 强生产制造型企业，经过多年的发展，完成了由单一的军用产品生产到军民结合的多元化战略转变，逐步成为全球具有竞争力和影响力的家电综合产品与服务提供商。JF 公司一直以来采用混合招聘的策略，运用多种途径吸纳人才。由于 JF 公司的特殊性，员工基本分为两类，即一线操作工与行政人员。一线操作工由于人员流动性较大，招聘的要求相对较低，主要表现为即使低学历也同样有面试上岗的机会，招聘的方式多采用现场招聘。行政人员岗位相对固定，近年来岗位人员流动性较弱，其招聘的要求依据岗位而定，工资采用“基本工资+绩效工资+奖金/提成”的方式，招聘途径则多选择网络招聘以及人才市场招聘的形式。JF 公司重视优秀人才的输入，所以专设了博士后工作站，招聘研发能力强的高学历人才。

二、招聘需求分析

JF 公司在总经办下共有生产部、销售部、人事部、研发部、财务部五个部门。各部门也下设相应的经理、主管、专员岗位，JF 公司中个别岗位定员按照计划年产值与预定人均年产值的比例来确定。生产部经理、主管、专员之间的数量比例约为 1∶2∶25。公司共 5 个销售大区，因此销售部每区设 1 名区域销售经理，每名主管管理 9 人。研发部经理 1 人，1 名主管管理 3 名专员。人力资源部经理 1 名，部门下设二级部门，分别负责招聘、培训、薪酬、绩效，每个二级部门主管 1 人、专员 2 人，分别对人力资源部经理负责。财务部经理 1 人，主管 1 人，专员 5 人，具体情况如表 5-7 所示。

表 5-7　2014 年末 JF 公司各部门员工数量情况　　单位：人

	生产部	财务部	销售部	研发部	人事部
经理	1	1	5	1	1
主管	2	1	5	4	4
专员	25	5	45	12	8

在 2014 年末总结大会上，JF 公司表彰了当年工作认真、业绩突出的员工，并给予晋升和奖励。其中生产部晋升 2 名专员，销售部晋升 3 名专员。其他人员按照相应表现，给予现金奖励。但是随着公司规模和名声的扩大，JF 公司发现，财务部和人事部人员将近饱和，个别其他岗位员工工作积极性大幅下降，纪律涣散，情绪低落。

原来 JF 公司在市场上多了很多竞争对手，以 A 公司为代表，市场份额仅次于 JF 公司，一直紧随其后。而 JF 公司以其独特的公司文化，以及自认为较为符合员工要求的工资标准，一直对此不以为然。直到 2014 年末，JF 公司受到严重影响，不仅没有实现公司年度目标，而且员工流失极为严重。经调查，JF 公司发现很多员工都已纷纷投向 A 公司，剩余部分员工也在暗中寻找退路。JF 公司万万没有料到，A 公司竟以高出 JF 公司 25%的薪资吸引了公司具备核心技术的员工。这造成 JF 公司人员损失重大，JF 公司意识到问题的严重性，希望本年度的损失能给公司一个教训。

2015 年，在认真审视公司经营的优势和劣势、强项和弱项的基础上，公司发展战略中心对当前行业的竞争形势和趋势进行了基本研判。最终将 2015 年具体目标概括为：灵活策略赢市场、扩大规模增实力、加强管理保利润。2015 年，公司核心经营目标为，年度销售实现营业额 1500 万元，销售目标细分为每区达到销售目标 300 万元；同时公司将新增投资 100 万元，增加生产设备，扩大生产产地，确保产值突破 2000 万元；新产品的研发在保证原有质量的基础上，不断提高新产品服务的创新，在 2015 年研发出 8 款新产品。除了以上的各种目标外，JF 公司本年度将增加各岗位人员管理成本，最大限度地提升员工满意度，争取在与 A 公司的战役中取得胜利。保证上述目标实现的同时也意味着公司此次的招聘工作迫在眉睫。

人才是企业的核心力量，JF 公司的研发、生产、销售人员作为公司拥有专门技术、掌握核心业务、控制关键资源，对企业的经营产生深远影响的员工，在 2014 年经历了很大程度的流失。JF 公司往年人员流动率仅为 7%~8%。然而

A公司渐渐掌握的核心人员增多，经营效益也日益提高，其在市场上追随JF公司的脚步也越来越快。眼看两家公司差距越来越小，JF公司在采取紧急对策的同时还预测对方可能仍会不惜一切代价吸引本公司核心人才，削弱JF的同时意味着A公司又向市场迈进了一步。JF公司预测2015年人员的流失不能单纯根据往年流失率来计算，于是JF公司给出了最坏的预测：销售岗专员流失10人，生产岗专员流失5人，研发岗专员流失3人。

三、岗位需求

2015年2月的某一天，JF公司人力资源部又提出了一份新的用工需求，急需招聘1名人力资源主管。本来人力资源部人员充足且分工精细，但是由于现任人力资源主管李梅准备申请“生育假”，且人力资源经理黎总已有退休的意向，内部人员调配不动。因此，公司基于综合考虑，决定对外招聘一名人力资源主管作为后备人才。由于招聘的人力资源主管将作为HR后备干部予以培训，所以在招聘环节JF公司人力资源部经理黎总亲自面试。人力资源部通过公司官方网站向社会发布了人才招聘信息，招聘岗位为人力资源主管1名，招聘岗位描述如下所示：

（一）主要任务

负责本部、营销总部的人力资源管理，根据公司人力资源发展规划，具体执行人事管理制度、薪酬管理制度和劳动、保险等制度，确保人力资源管理规范高效。

（二）工作职责

(1) 在公司经理的领导下，全面负责和主持人力资源部工作。

(2) 参与制定人力资源规划，为公司人力决策提供人力资源建议和信息支持。

(3) 负责人力资源管理相关项目工作，包括招聘、培训、员工关系、薪酬绩效等各个模块的轮岗锻炼。

(4) 负责公司劳资人事在相关部门的衔接，负责编制对外统计报表。

(5) 负责办理员工入职、离职、晋升、调职、奖惩过程中的各种手续。

(6) 处理劳动纠纷和员工投诉。

(7) 组织完成公司领导交办的其他工作。

（三）任职要求

（1）专业要求：人力资源管理、心理学、管理类相关专业，或是对人力资源管理有浓厚兴趣的理工科专业，本科优先考虑。

（2）工作经历：两年以上工作经验。

（3）知识技能：具备人力资源管理知识，熟悉国家、地方政策法规，熟练运用人事办公软件，了解基本财务知识，具有行政管理能力。

（4）个人素质：具有一定的判断与决策能力、人际能力、沟通能力、计划执行能力、亲和力，以及娴熟的人力资源工作处理技巧、良好的策划能力、优秀的组织能力和创新能力。

（5）年龄要求：30~45 岁。

（6）工作环境：办公室；工作时间：正常，偶尔加班。

（7）环境状况：舒适；办公设备：电脑、电话。

四、招聘实施

JF 公司新一年的招聘工作已经开始，在招聘计划中对招聘渠道、办公费用及人员录用成本三个方面进行了预算，如表 5-8 所示。

表 5-8　2015 年 JF 公司招聘费用预算　　单位：元

项目	明细	预算
年度招聘渠道费用	网络招聘	4000
	现场招聘会	5500
招聘办公费用	广告及宣传费用	6000
	话务费用	1500
	办公用品费用	800
	面试组成员费用	4000
	面试接待费用	2500
	其他相关费用	5000
人员录用成本	试用期考核费用	1500
	试用期工资费用	70000
	人员培训费	15000
	其他费用	5000

以上预算结果经财务审核之后，工作人员制作好广告放在招聘网站上，并发布了人员招聘信息，开始有关人员招聘工作。充足的前期准备使JF公司的招聘工作顺利进行。截至2015年8月，人事部共收到简历58份，只要其简历内容与相应岗位说明书吻合度达到70%，公司就会为其提供面试机会。因此，经过简单的初步筛选，JF公司共通知50位应聘者来参加面试，其中18名应聘者来自网络招聘。经过面试，JF公司最终成功录取45名员工，在被录用的人员中，有2人因与公司未达成一致协议，没有来报到，具体如表5-9所示。

表5-9 JF公司招聘效果

人数	现场招聘	网络招聘	合计
询问次数（次）	100	50	—
收到简历数（份）	38	20	58
应聘人数（人）	32	18	50
录取人数（人）	—	—	45
报到人数（人）	—	—	43
转正人数（人）	—	—	38

好在公司人员填补及时，JF公司再次走向正轨。2016年，人事部对2015年的招聘工作进行评估，截至2016年8月，正是员工入职满一年的时间，人事部统计发现，共有38名员工正式转正，其中6人表现出色，成功晋升主管，2人离职，3人因某种原因现已被公司辞退。

案例2 使用指南

一、在课程中的定位

（1）本案例可以用在《招聘管理》课程当中，针对有关招聘目的、招聘需求、招聘基准分析等话题进行讨论。

（2）学生需要事先阅读有关人力资源规划及招聘需求分析的材料。

（3）适合人力资源管理相关专业本科学生人群。

二、学习目标

（1）学习招聘管理的前期准备工作。

（2）理解招聘管理的意义。

（3）学会根据企业人力资源规划和工作分析确定招聘需求和撰写职位说明书。

三、相关阅读资料

宋艳红．员工招聘与配置［M］．北京：北京理工大学出版社，2020.

黄兰兰．2019HR 指南：比不懂业务更可怕的，是你不懂人力资源规划［EB/OL］．环球人力资源智库，https：//mp. weixin. qq. com/s/ZWx8POidD5SKi-l6kJc1e6w，2018-12-25.

四、讨论问题

讨论问题 1：该企业在招聘管理的前期应做哪些准备工作？

讨论问题 2：该企业在招聘实施过程中存在哪些问题？该如何解决？

讨论问题 3：结合 JF 公司的战略及招聘管理，你认为招聘管理的意义是什么？

五、教学计划

本案例适用于 90 分钟的课堂，教学计划如表 5-10 所示。

表 5-10　人员招聘案例 2 教学计划

讨论问题	时间（分钟）
案例内容概述、案例讨论热身等	5
讨论问题 1	20
讨论问题 2	30
讨论问题 3	20
分析框架介绍或老师总结	15

六、讨论问题分析

（一）讨论问题1：该企业在招聘管理的前期应做哪些准备工作？

基于企业战略进行人力资源规划和职位分析，目的是确定企业招聘需求、制订可执行的招聘计划。职位分析是确定招聘需求的基础性工作，其与招聘管理的关系如图5-1所示。

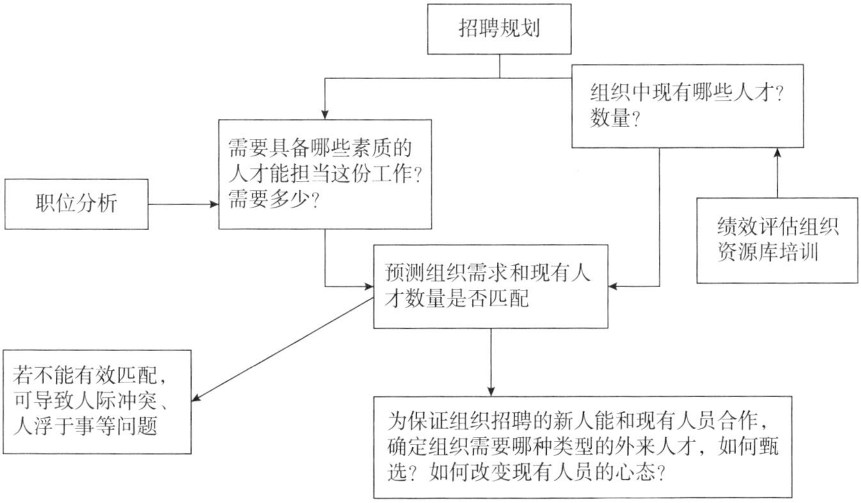

图5-1　职位分析与招聘管理的关系

对于案例中的JF公司来说，职位分析这一基础性工作不到位，导致人力资源主管的招聘基准制定不合理，岗位职责中直接上级及工作职责描述不准确。因为人力资源主管是紧急需求，且现阶段企业面临的重大挑战和主要难题是人员流失，面临大量招聘工作和各项配套制度的完善，所以人力资源主管岗位职责的重点应放在招聘、薪酬及相关制度的完善方面。

此外，JF公司的人力资源规划环节也是非常薄弱的，仅通过往年的流失率进行人力资源需求预测，这种方法已不符合现实要求。完整的人力资源规划应在对企业现有人力资源盘点的基础上进行人力资源供给预测和需求预测，综合供求两个方面对企业招聘需求进行确定。JF公司未能充分考虑人力资源主管的休假和人力资源部经理退休情况，导致人力资源主管一职产生紧急需求。因缺乏人力资源的供给预测，所以在出现人员大量流失、招聘困难的局面时，企业招聘管理以降低招聘质量为主要应对策略，短期来看有一定的效果，但并没有解决制约企业人才招聘的根本性问题，尚需要从外部竞争力、企业内部绩效管理、培训管理、职业生涯管理等方面进行系统性改革。

（二）讨论问题2：该企业在招聘实施过程中存在哪些问题？该如何解决？

实施环节存在的问题主要包括：一是没有制定合理的甄选标准，加大企业录用成本。凡是其简历内容与相应岗位说明书吻合度达到70%就可以进入面试环节，在岗位说明书本身具有局限性的条件下，进入面试环节的候选人的质量就难以保障。二是没有针对岗位特点进行甄选，所有岗位仅通过面试这种甄选方法进行招聘，有效性有待商榷，特别是对于研发人员和管理者的招聘。三是招聘渠道的选择尚缺乏针对性，若考虑招聘的时效性，通过网络招聘和现场招聘寻找合适的研发人员往往所需的时间周期较长，可以考虑猎头或熟人推荐等其他方式，在兼顾招聘成本的情况下，拓宽招聘渠道。

（三）讨论问题3：结合JF公司的战略及招聘管理，你认为招聘管理的意义是什么？

JF公司已实现战略多元化，从企业生命周期来看，目前属于成熟期，业务规模不断扩大，盈利能力增强，但目前受到竞争威胁，已有薪酬制度不再具有外部竞争力，员工晋升和发展通道有限，这导致员工工作积极性大幅下降，纪律涣散，情绪低落，大量核心员工流失，故短期内产生大量招聘需求。另外，从企业现有人力资源结构来看，人员结构不够合理，学历有待提升。

因此，招聘管理对JF公司的意义表现为：一是通过招聘优化人员结构，补充人力资源，为企业生存发展提供人才保障；二是通过招聘为企业注入新的活力，增强企业创新能力；三是通过招聘引入竞争机制，调动企业员工的工作积极性。

第六章

培训与开发*

引论

伴随着经济全球化进程不断加快，以及大数据、人工智能、数字经济等时代的到来，企业在获得更多发展机遇的同时，也面临着更为严峻的挑战。创新是企业获取和维持可持续竞争优势的原动力，而人才是支撑创新发展的第一资源。对人力资源的开发是企业加速人力资本积累的重要途径，因此，现代培训与开发被越来越多的企业视为能够为组织创造价值及成功应对挑战和危机的管理活动。现代人力资源管理中的培训与开发已不再局限于提升员工知识与技能的被动培训，而是以企业战略目标为导向，以激发员工学习、创造知识、共享知识为核心的系统性、主动性活动。在组织中，完整的培训管理活动应包括以下四个重要环节：一是培训需求分析，即对组织、工作、人员三个层面运行现状、内外环境、绩效差距、个体需求等方面的全面调查分析；二是培训方案设计，即针对培训目标、培训内容及课程、培训形式及方法、培训组织与管理、受训员工群体等方面进行有效、合理的规划；三是培训活动实施，即培训项目的实现以及培训过程的管理与控制；四是培训有效性评估，即对企业和员工通过培训活动所获收益的评价。

---

* 本章内容由潘昱庭编写。

知识点

一、培训与开发概述

现代培训与开发：针对组织（主要是企业）中各类人员工作岗位所需要的知识、技能、理念、素养或素质，乃至岗位规范、职业发展等所开展的一系列学习、提升、发展活动的总称①。培训与开发具有不同的含义和侧重点，其中培训主要包括向员工传授完成当前某项任务或工作所需的知识和技能，而开发活动则更加强调和关注于为未来工作任务做准备②。

现代培训与开发的特征：其一，更关注企业的战略目标和长远发展；其二，更强调组织整体的团队学习；其三，更注重激发员工的学习动机，强调员工有自我发展的主观能动性与获取新知识、新技能的极大积极性；其四，更关注人的生理和心理特点，强调以人为本；其五，更注重提高人的胜任力；其六，更注重互联网新技术、新媒体的应用③。

现代培训的发展趋势：培训组织的多样性；以胜任力为导向的培训；从战略高度进行领导力的开发；以学习型组织为导向的持续学习和即时化培训；培训的技术支持手段更加先进；培训内容注重国际化和本土化的结合④。

二、培训需求分析

培训需求分析。通过收集组织及其成员现有绩效的有关信息，确定现有绩效水平与应有绩效水平的差距，从而进一步找出组织及其成员在知识、技术和能力方面的差距⑤，为培训的必要性判定、培训规划的设计、培训目标的确定、培训对象和内容的选择、培训活动的组织等提供依据。

组织层面的需求分析。通过对组织经营发展战略的分析，依据组织目标、结构、内部文化、政策、绩效及未来发展等因素，分析和找出组织存在的问题及产生问题的原因，以确定培训的必要性及有效方法，以及在整个组织中哪个

①③④ 石金涛，颜世富．培训与开发（第4版）［M］．北京：中国人民大学出版社，2019.

②⑤ 徐芳．培训与开发理论及技术［M］．上海：复旦大学出版社，2005.

部门、哪些业务、哪些人需要实施培训[①]，为培训提供相应的信息资源以及管理者和同事对培训与开发活动的支持[②]。组织层面需求分析的流程：明确组织目标；了解组织资源；了解组织特征；了解外在环境限制[③]。

任务层面的需求分析。系统地收集关于某项工作或工作族信息的方法，其目的是明确为了达到最优的绩效，确定重点的工作任务（详细的内容、标准）以及从事该项工作的员工应具备的知识和技能[④]。任务层面需求分析的主要内容：工作的复杂程度；工作的饱和程度；工作内容和形式的变化[⑤]。任务层面需求分析的步骤：撰写详细的工作说明书；确定工作中包含的具体任务；明确知识、技术、能力等任职资格条件；确认能够通过人力资源培训与开发而得到改进的任务、知识、技术、能力；培训需求的排序[⑥]。

人员层面需求分析。分析员工目前的绩效水平，找出员工现状与标准的差距，着重分析组织成员目前所具备的知识、技术、能力，以确定培训内容以及培训后需要达到的效果。人员层面需求分析的主要内容：员工的知识；员工的专业（专长）；员工年龄结构；员工个性；员工能力分析[⑦]。

三、培训项目设计及实施

培训项目设计：将确定的培训需求转化为培训目标、教材说明、测试细则以及讲授策略的过程[⑧]。

培训项目的设计流程：确定培训目标（明确培训的预期成果）；准备测试题目（确定量化检验培训成果的方法）；准备培训材料（材料类型及获取方法、成本最优化）；选择培训所借助的媒介（培训形式及媒介）；准备学员教材和教学资料包（学员学习材料、教师教学材料）。

培训项目实施：培训场所的选择和布置、项目启动、培训日程安排与其他准备工作。

四、培训效果评估

培训效果评估。系统地收集有关人力资源开发项目的描述性和评判性信息，通过运用测量工具来评价培训目标的达成度和效果，以帮助做出选择、使用和

---

①②③④⑤⑥⑦⑧ 石金涛，颜世富．培训与开发（第4版）[M]．北京：中国人民大学出版社，2019.

修改培训项目的决策①。

培训效果评估的过程：确定培训目标；确定预期的培训结果；培训效果评估的方案设计；实施培训有效性评估并给予反馈。

柯氏评估模型：①反应，指参与培训者对培训项目的评价，如培训课程、培训师、培训形式与方法等（学员满意度）；②学习，指测量原理、事实、技术和技能的获取程度（知识、技能、态度、行为）；③行为，指测量在培训项目中所学习的技能和知识的转化程度（工作行为的改进）；④结果，指组织层面的评估，如节省成本、工作结果改变和质量改变（工作结果）②。

应用案例

案例1　GY公司培训课程设计

一、公司背景

JAG公司是一家有近60年历史的生产阀门及流体控制器的跨国公司，产品主要应用于石油化工及液态危险品等方面，因其产品质量稳定、安全性能良好，在欧洲市场上一直销量稳定并占有一定份额。作为JAG公司生产基地的GY公司成立于2004年，是JAG公司在中国的唯一工厂。GY公司位于大连开发区工业园区，现有员工近200人，其中技术人员及管理人员50余人，生产车间3个。在组织架构方面，GY公司总经理直接向JAG总裁汇报工作，各部门经理负责本部门业务并向总经理汇报。在部门设置方面，GY公司分为生产部、财务部、人力资源部、设计部和品质保证部。其中生产部下设机械加工车间和装配车间。GY公司部门的设置遵从现代企业管理中的扁平化组织结构原则，除生产一线外，每个部门的人员配比都比较精练。GY公司的主要生产任务是进行阀体的精细加工及组装，其所有产品100%试压检验，产品质量在终端客户的满意率

① 徐芳．培训与开发理论及技术［M］．上海：复旦大学出版社，2005.
② 石金涛，颜世富．培训与开发（第4版）［M］．北京：中国人民大学出版社，2019.

达到98%。GY公司作为高压阀的行业佼佼者，它的制造环节都是在自己车间内完成的，很少采用外协生产。如何通过培训提升基层员工的知识和技能，就变成GY公司提高自身产品竞争力的核心问题。①

二、发展战略

1. 公司宗旨和使命

GY公司将“技术先导、产业先导、服务先导”作为公司发展的战略使命。公司未来不仅是传统意义上的制造类企业，还是将本着“高科技产业先导”的创新文化理念，通过对高压阀领域先进科技及产业精髓的追踪与开创，充分运用社会优质资源，积极推进高科技成果的产业转化的经营高科技产业的著名集团公司。②

2. 公司中长期发展战略思路

面向市场，以科技为依托，以产业为平台，将科研产业化、行业资源整合、资本运作作为三大切入点，充分发挥公司在高压阀行业的综合优势和叠加效应，培育发展公司核心竞争能力和产业化提升能力，与时俱进，发展成为主营业务突出、资产质量优良、盈利能力显著、运营机制高效的国际知名企业③。

3. 2017年公司发展战略目标

在新的一年里，GY公司不仅要提高研发人员的创新能力，还要将创新理念运用到企业管理和客户维护上，创新企业多元化管理模式；提高客户对企业的黏性，提高客户的忠诚度；开拓市场，提高市场占有率。

因此，将创新战略与人力资源培训体系有机融合、加快自主技术创新人才的培养、建立起以提升自主技术创新能力为导向的培训体系刻不容缓。

三、培训准备

面对新的企业战略发展要求，企业管理人员与员工也都对新阶段的培训有了新的要求，为了确保企业培训能在6~9月顺利完成，人事部负责培训的赵主管在

① 王慧菊．GY公司培训体系研究［D］．长春：吉林大学硕士学位论文，2014．

②③ 陈雁枫．以提升自主技术创新能力为导向的培训体系研究［D］．上海：上海交通大学硕士学位论文，2007．

年初对员工的培训需求进行了了解。需求分析主要采用访谈法与问卷调查法。

（1）访谈。管理人员培训需求访谈记录如表 6-1、表 6-2、表 6-3 所示。

表 6-1　管理人员培训需求访谈记录 1

访谈对象：李总	部门：技术开发部
访谈者：培训主管赵林	访谈日期：2017 年 3 月 1 日
访谈记录： 1. 请您先介绍一下部门今年的主要工作任务。 我们技术研发部 2017 年的主要工作任务有两个方面：一是要对已有的各个型号阀门及流体控制器进行性能检测，对已有产品进行优化和更新；二是不断创新，研发新型产品。 2. 目前部门进行的培训项目有哪些？主要的培训方式是什么？培训效果如何？ 目前技术研发部培训课程有六个模块，包括产品知识、知识产权、专业技术知识、团队管理培训课程、研发资源浪费等课程。 目前的培训仅能满足当前最基本的知识需要，采取的方式以集中授课为主，效果不是很好，在研发业务能力方面的培训不足。另外，员工遇到研发业务问题无能为力，员工往往也不清楚自己研发的思路与技巧是什么。 3. 您认为要达成本年度部门的业绩目标，员工所需的核心能力有哪些？工作的关键行为有哪些？ 对制造业性质的公司来讲，产品和服务的创新很关键，因此，如果培训的效果不好，员工无法掌握应有的技术或方法就无法进行产品的升级和创新。所以，从公司业务角度来看，应该对本部门员工进行技术类、方法技巧类、解决问题类课程的培训。能力方面如领导能力、归纳思维能力、专业学习能力、产品设计能力、技术需求转化能力、问题发现与解决的能力；素养方面如责任心、成本意识、服务意识、敬业精神、创新意识等。 4. 本部门绩效优异的员工，您认为是哪些特质使他们绩效优异？ 本部门绩效优异的员工通常善于总结、善于创新、换位思考、善于发现新变化和新需求，同时拥有较强的学习能力和专业知识。 5. 您认为当前本部门员工的关键能力表现，能否顺利完成本年度工作任务？ 现在我部门一共有 70 名员工，其中 21 名拥有中高级技术职称，在这些优秀员工的带领下可以保证技术开发部的日常工作，但是有部分员工对产品的细节功能不是非常了解，创新意识不强，对开发新产品有一定阻碍。 6. 您本人希望参加哪些培训？如果只能选择三个，您会优先选择哪三个？ □项目管理　□员工激励与辅导　□高效会议　□非人力资源经理的人力资源管理 □沟通技巧　□绩效考核与评估　□领导艺术与风范　□非财务经理的财务管理 □严冬下的生机问题分析与解决　□提升团队执行力　□决策管理 □提升领导力　□目标管理　□授权管理　□危机管理 您的宝贵意见对于我们改进工作非常重要，感谢您的大力支持！	

表 6-2　管理人员培训需求访谈记录 2

访谈对象：杨总	部门：市场营销部
访谈者：培训主管赵林	访谈日期：2017 年 3 月 1 日

访谈记录：

1. 请您先介绍一下部门今年的主要工作任务。

根据公司的销售政策和目标指定业务、销售指标，制定业务人员的考核及业务经费政策、分配销售区域、合理配置人员、确定个人业务目标、拟订业务人员的职责，并收集、总结、反馈各类市场信息，为提高市场占有率提供信息基础。同时，还要开发新客户，维护与大客户长期的沟通合作关系，协调和维护客户服务部门与企业其他部门的关系。

2. 目前部门进行的培训项目有哪些？主要的培训方式是什么？培训效果如何？

目前本部门的培训课程有九个模块，包括市场调查、品牌运作、市场推广知识、广告运作知识、公共关系管理知识、公关策划与危机处理知识、客户关系维护、市场策划与宣传、终端建设与人员管理课程。

从目前培训上来看，仅能满足当前最基本的知识需要，采取的方式以集中授课为主，效果不是很好。有关品牌运作方面、市场策划实施能力与技巧、市场信息分析能力的培训不足，另外，员工遇到危机时，危机公关能力不足，员工往往不清楚危机处理的技巧是什么。

3. 您认为要达成本年度部门的业绩目标，员工所需的核心能力有哪些？工作的关键行为有哪些？

市场营销部是为公司创造价值的关键部门，对公司来讲，质量、服务、销售是最核心的，如果员工掌握不了应有的销售方法就无法为客户解决问题，也无法为公司创造价值。因此，应对员工进行营销知识类、营销方法技巧类、解决问题类、能力提升类课程的培训。能力方面，如团队建设能力、领导能力、关系网建立能力、市场信息分析能力、市场策划实施能力；素养方面，如责任心、成就导向、服务意识、团队意识、客户导向意识、敬业精神、创新意识等。

4. 本部门绩效优异的员工，您认为是哪些特质使他们绩效优异？

本部门绩效优异的员工一般都比较有责任心、敬业精神和服务意识，注重以客户导向为服务核心，同时也善于团队沟通和合作。

5. 您认为当前本部门员工的关键能力表现，能否顺利完成本年度工作任务？

市场部目前已形成整体、系统的团队意识，能保证市场部的日常工作，完成工作目标。

6. 您本人希望参加哪些培训？如果只能选择三个，您会优先选择哪三个？

□项目管理　□员工激励与辅导　□高效会议　□非人力资源经理的人力资源管理
□沟通技巧　□绩效考核与评估　□领导艺术与风范　□非财务经理的财务管理
□严冬下的生机问题分析与解决　□提升团队执行力　□决策管理
□提升领导力　□目标管理　□授权管理　□危机管理

您的宝贵意见对于我们改进工作非常重要，感谢您的大力支持！

表 6-3 管理人员培训需求访谈记录 3

访谈对象：张经理	部门：人力资源部
访谈者：培训主管赵林	访谈日期：2017 年 3 月 1 日

访谈记录：

1. 请您先介绍一下部门今年的主要工作任务。

本部门主要负责人员的招聘与培训、考核员工的工作绩效、薪酬体系的建设、员工入职和离职手续办理，以及劳动合同的管理。

2. 目前部门进行的培训项目有哪些？主要的培训方式是什么？培训效果如何？

目前本部门的培训课程有四个模块，包括专业技术知识、招聘面试技巧、团队管理培训课程、接待与电话沟通技巧课程。

从目前培训上看，培训面不广，很多方面的工作技巧没有被普及，实务类的培训也没有到位，培训采取的方式基本是集中授课，员工不能很好地将理论转化到实际中去，效果不是很好。

3. 您认为要达成本年度部门的业绩目标，员工所需的核心能力有哪些？工作的关键行为有哪些？

面对企业创新的大方向战略，企业需要招募更多的优秀人才。应该增加方法技巧类、解决问题类的培训课程。能力方面，如领导能力、归纳思维能力、专业学习能力、问题发现与解决的能力；素养方面，如责任心、团队意识、服务意识、敬业精神等。

4. 本部门绩效优异的员工，您认为是哪些特质使他们绩效优异？

归纳思维能力、专业学习能力、问题发现与解决的能力；责任心、团队意识、服务意识、敬业精神；善于总结，善于创新，换位思考，善于观察新变化、新需求等。

5. 您认为本部门员工的哪些工作表现不够理想？

在能力方面的表现中，最重要的不足主要体现在人才招聘上，不能充分利用现有的招聘资源，招聘效果不理想。

6. 您本人希望参加哪些培训？如果只能选择三个，您会优先选择哪三个？

□项目管理　□员工激励与辅导　□高效会议　□非人力资源经理的人力资源管理
□沟通技巧　□绩效考核与评估　□领导艺术与风范　□非财务经理的财务管理
□严冬下的生机问题分析与解决　□提升团队执行力　□决策管理　□提升领导力
□目标管理　□授权管理　□危机管理

您的宝贵意见对于我们改进工作非常重要，感谢您的大力支持！

（2）问卷调查。本期培训需求调查统计情况：本次培训需求调查于 2017 年 2 月 15 日开始，截止日期为 2017 年 3 月 4 日，共发出 53 份调查问卷，收回 32 份，收回数占发出总数的 60.4%。其中，无效答卷 1 份，有效答卷 31 份。员工基本都认真填写了问卷调查表内的相关内容（见表 6-4），本次培训需求调查真实有效。

表 6-4 全体员工培训需求分析

姓名		学历	
工龄		年龄	

1. 您认为过去一年内举办的培训课程哪些地方有待改进？	A. 培训时间安排更合理 B. 培训形式更多样化 C. 提高演讲水平 D. 培训次数可适当增加 E. 培训内容实用程度应加强 F. 培训应少而精 G. 培训组织服务更完善 H. 培训内容理论程度应深化 I. 其他
2. 你认为个人 2017 年以下哪些方面需要提升？	A. 非人力资源经理的人力资源管理 B. 组织行为及团队建设类 C. 专业知识 D. 职业素养类 E. 非财务经理的财务管理 F. TTT（培训师认证课程） G. 客户服务类 H. 市场营销管理类 I. 企业战略管理类
3. 以下讲师授课风格及特点，您比较看重哪一点？	A. 风趣幽默 B. 形式多样 C. 知识渊博 D. 实战性强
4. 讲师类型你喜欢什么样的？	A. 公司内优秀专家 B. 知名的实战派专家 C. 高级咨询顾问
5. 您认为公司培训最有效的培训方法是什么？（可多选，不超过 5 项）	A. 外聘讲师到公司集中讲授 B. 由公司内部有经验的人员进行讲授 C. 与服务企业参观交流 D. 建立网络学习平台 E. 到院校接受系统培训 F. 到培训机构接受系统外训 G. 光碟、视频等声像资料学习 H. 建立公司图书库，供借阅 I. 部门内部组织经验交流与分享讨论 J. 拓展训练 K. 其他
6. 您认为最有效的课堂教学方法是什么？（可多选，不超过 3 项）	A. 案例分析 B. 课堂讲授 C. 专题研讨会 D. 团队解决问题能力 E. 交流座谈会 F. 模拟及角色扮演 G. 游戏竞赛活动 H. 户外训练 I. 课堂讨论 J. 音像多媒体
7. 您希望的或者所能接受的培训频率是怎样的？	A. 每周一次 B. 半月一次 C. 每月一次 D. 两月一次 E. 每季度一次
8. 培训时间安排最好是在什么时间？	A. 周一到周五 B. 节假日 C. 不定期 D. 其他
9. 培训的地点安排在哪里比较合适？	A. 高等院校 B. 公司会议室 C. 无所谓
10. 培训课程时间您认为怎样安排才合理？	A. 3 小时/次 B. 2 小时/次 C. 1 小时/次 D. 4 小时/次 E. 根据课程时间

续表

11. 如您在某一领域经验丰富，具备担任内训师的资格，您是否乐意担任培训讲师？	A. 非常乐意，既可以锻炼自己，又可以知识共享 B. 乐意，但是没有经验，希望公司能提供关于讲授技巧方面的培训 C. 乐意，但是没有时间 D. 需要考虑 E. 不会担任

部分统计结果如下：

1）员工对培训的评价如图 6-1 所示。

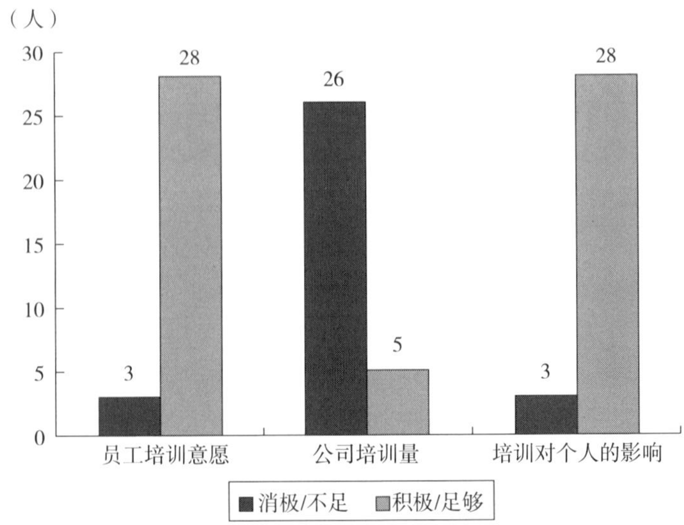

图 6-1 员工培训需求分析

2）您认为过去一年内举办的培训课程哪些地方有待改进？如图 6-2 所示。

3）您认为个人 2017 年以下哪些方面需要提升？如图 6-3 所示。

4）讲师授课风格及特点，您比较看重哪一点？如图 6-4 所示。

5）您认为公司培训最有效的培训方法是什么？（可多选，不超过 5 项），如图 6-5 所示。

6）您认为最有效的课堂教学方法是什么？（可多选，不超过 3 项），如图 6-6 所示。

7）从讲师类型来看，38%的喜欢公司内优秀专家，31%的喜欢高级咨询顾问，31%的喜欢知名的实战派专家。从培训频率看，大部分员工喜欢每月一次

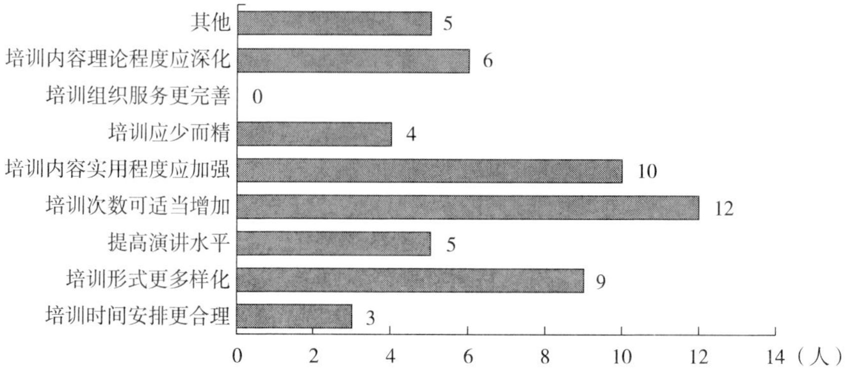

图 6-2　2016 年培训改进调研

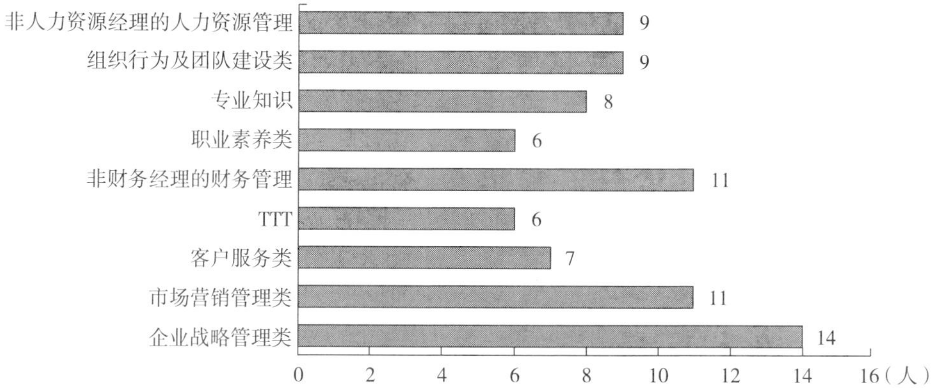

图 6-3　2017 年培训个人提升调研

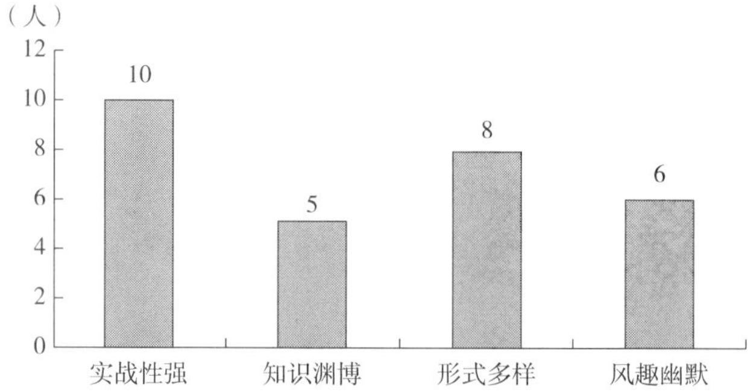

图 6-4　讲师授课风格偏好

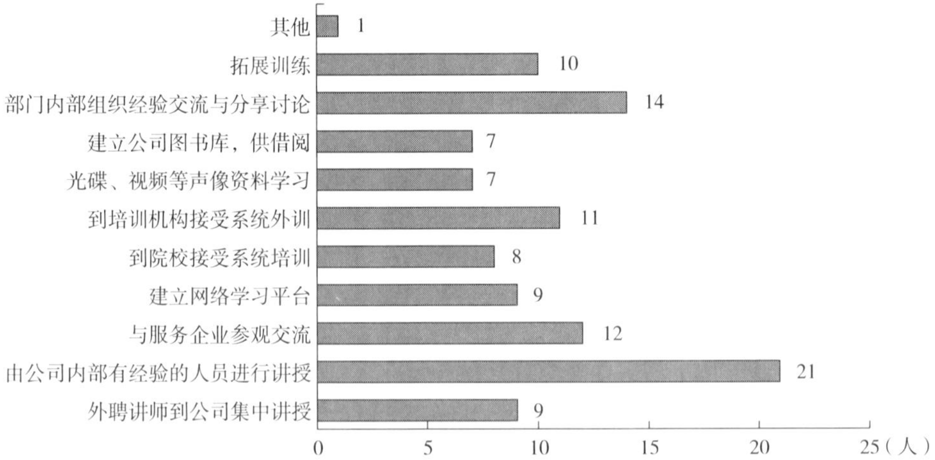

图 6-5　培训方法偏好

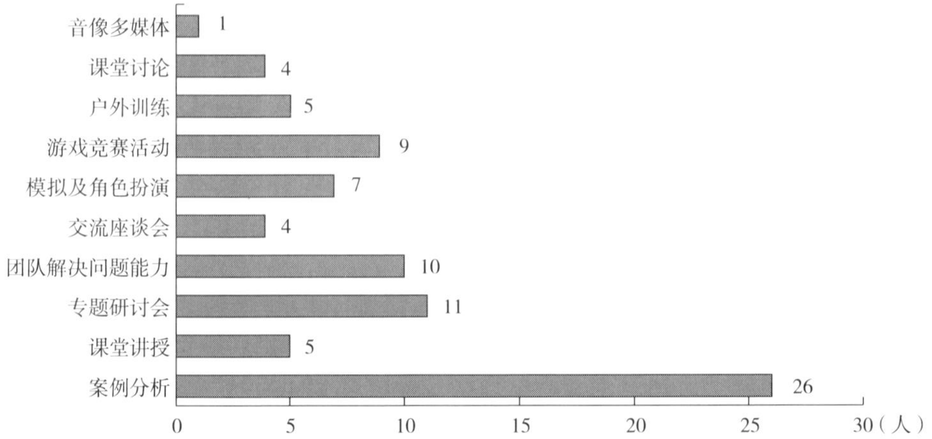

图 6-6　课堂教学方法偏好

（49%）或每半月一次（37%）。从培训地点来看，73%的员工无所谓，15%的员工喜欢在公司会议室培训，12%的员工喜欢到高等院校培训。

通过对组织战略层面、任务层面和人员层面的培训需求分析，赵主管大致上确定了企业的培训需求，为了保证 2017 年的企业内训及时有效的开展，赵主管需要在 4 月之前制订好企业的培训计划和培训方案，并上报给人力资源部部长审核。

四、培训实施

2017年5月，GY公司最终确定了本年各类型的培训方案并开始实施，包括联系师资、准备培训设施、培训经费、通知培训对象及具体培训实施等方面的工作。

1. 联系师资

作为一项具体的培训项目，虽然最重要的阶段在于培训前和培训后的需求调研和效果评估工作，但是对于培训项目中有关培训师资的确定也不容忽视。目前公司对于内部讲师要求不是非常严格，一般来说，只要有精深的专业知识、清晰的表达能力、积极的分享意愿，都可以作为某个培训项目的培训讲师。但是，对于外聘讲师，GY公司则具有比较严格的甄选要求，通常会邀请高等学校的教授或者具有丰富演讲经验且口碑较好的职业讲师来企业为员工讲课，以其具有渲染力的口才带动学员的学习气氛。①

2. 准备培训设施

培训设施主要指培训所需要的硬件条件，包括培训场地、食宿、电脑、投影仪、音响、计算机、讲义、书籍、台卡、白板、白板笔、白板纸，甚至连灯光的颜色和强度等都需要进行精心的准备和检查。培训时的硬件条件将影响受训者的心理，一个良好的培训环境，将有利于受训学员更好更快地接受新知识和新技能。GY公司在室内和室外都有安排配套设施较为齐全的培训场地，室内的主要培训场地是企业的大会议室，安装了较为先进的投影设备，室内布置较为明快、不压抑。室外的培训场所是企业租用的场地，让员工不拘泥于办公室，在户外活动中寓教于乐②。

3. 培训经费

培训经费是实施培训项目的保障，依照往年的培训费用支出情况，赵主管编制了费用预算表，具体如表6-5所示。

①② 陈雁枫．以提升自主技术创新能力为导向的培训体系研究［D］．上海：上海交通大学硕士学位论文，2007.

表 6-5 培训费用预算

预算项目	费用明细
项目设计成本	1000 元/天
外聘培训讲师课时费	1000 元/课时
外聘培训讲师的交通食宿费	1000 元/天
培训场地及设备租赁费	1000 元/天
培训师补助	100 元/(人·天)
培训材料费用	200 元/人
员工手册	80 元/册
餐费补贴	20 元/(人·天)
评估费用	1000 元/天
其他费用	1000 元

4. 通知培训对象及具体培训实施

通知培训对象时，必须清晰明确地就培训时间、培训地点、培训讲师、课程具体安排情况、分组情况、培训纪律等内容对受训者做出说明。若有事先请假的受训员工，必须详细填写《培训请假单》，并由人力资源部做好相应监督、核查、控制工作。培训项目实施日还必须细致做好相应的培训签到工作。[①]

五、培训评估

本年度培训完成十分顺利，企业高层领导也十分重视培训的效果，如对市场营销部的员工进行了“大客户销售技巧与管理”的课程培训，是在企业大会议室中由营销策划公司的顾问师向大家讲授其中的技巧，并由 2016 年度在客户维护方面工作表现出色的员工分享了其经验。在培训过程中安排了一份简单的考卷给学员，帮助学员加深对本次培训中学到的知识和技巧的印象。在培训结束当天，企业下发了一份调查问卷，通过问卷调查对本次培训效果有一个初步的了解。同时也要求学员写下自己的学习心得与体会，将自己在本次培训中学到的知识，以及学到或者需改进的技能都记录下来。

① 陈雁枫．以提升自主技术创新能力为导向的培训体系研究［D］．上海：上海交通大学硕士学位论文，2007.

GY 公司 2017 年度培训效果调查问卷如表 6-6 所示。

表 6-6　GY 公司 2017 年度培训效果调查问卷

姓名		工号	
所在部门		岗位	
1. 您对本次培训的总体满意程度	A. 非常满意　B. 比较满意　C. 不太满意　D. 非常不满意		
2. 您觉得本年度的培训时间安排是否合理？	A. 很合理　B. 一般　C. 不合理		
3. 您认为讲师的授课水平如何？	A. 非常好　B. 比较好　C. 一般　D. 比较差　E. 非常差		
4. 您觉得本年度的培训对您日后工作有帮助吗？	A. 有很大帮助　B. 有一点帮助　C. 没有帮助		
5. 您认为本次培训中最有效的培训方法是什么？（多选）	□讲授法　□演示法　□研讨法　□视听法 □角色扮演法　□小组法　□案例研究法 □网络培训法　□自学法		
6. 您觉得本次培训还有哪些可以改进的地方？			

案例 2　HW 公司培训课程设计

一、公司简介

HW 公司是国内知名的大型家电生产厂家，其代表产品 HW 微波炉除在国内市场上占有很大份额以外，还远销欧洲、非洲、东南亚等地。公司进行股份制改革后，现在人员 3400 人左右。自公司股票公开上市后，公司的发展非常迅速。1997 年底，公司与中国科学技术大学商学院合作，对组织结构进行了重新设计，从各个管理岗位上精减了 200 多人，使机构更加富有效率。1998 年，公司又与中国科学技术大学商学院合作，研究公司下一步人员培训该如何开展的问题，其目的是让公司发展成由优秀企业文化凝聚起来的团结而富有创新的组织，将公司的发展建立在人员素质的普遍提高和创新能力的加强之上。因为目前国内微波炉行业的竞争已经白热化，几家大型微波炉厂家竞相角逐。如何在未来获得竞争优势，是每个微波炉厂家都将面临的课题。HW 公司在进行 ISO9001 认证前后已进行了多年的培训，并对部分管理人员进行了 MBA 的课程培训，但公司感到已有的培训效果不理想，培训总是缺乏主动性，常常跟着业务变化及公司大的决策变动而变化，计划性较差，随时性和变动性很大。除此之外，公司也感到将来竞争优势的取得要依靠人员素质的大幅提高，同时在公司的经营与发展中也遇到了一些现实的问题，希望能够通过培训加以解决。鉴于此，公司决定开展为期 3 年的公司全员大培训。

二、培训现状

在过去几年中，HW 公司已进行的主要培训包括：

（1）围绕 ISO9001 的实施与达标认证，公司对全体人员进行了有关质量保证与质量管理体系的培训，并针对每个岗位的要求进行了技能培训。而且由于 ISO9001 的要求是培训的持续性，所以公司每年都为实施 ISO9001 而进行了较多的培训。

（2）新员工进厂培训。每年新分进来的大学生与从外单位调进来的人员，都要进行进厂培训，内容包括 HW 文化、HW 精神、HW 概况、微波炉基本知识、规章制度等，然后是各人员到各个岗位上进行实习培训（实习培训由实习单位组织进行）。这种培训直接为新进人员上岗工作服务，通常与其从事的工作密切相关，大部分人员的实习岗位就是将来工作的岗位。

（3）公司从 1997 年初抽调了几十名中层管理人员进行 MBA 课程培训，这一培训是由人力资源部组织与管理的。

（4）公司在培训方面愿意给员工最大限度的物质支持。如提升师资水平，为企业中高层管理人员安排了专业培训课程，指导中高层管理人员成为优秀的企业内训师；加大培训投入力度，给予培训人员和受训人员一定补贴，提高培训吸引力。

公司已有培训存在与面临的问题如下：

（1）公司兼并了安徽塑料二厂，其 800 多名职工也加入了 HW 公司，HW 公司将其安排到各个部门与车间。由于这些职工过去在塑料二厂的有效工作时间每天不到 4 小时，而进入 HW 公司后每天要工作 8 小时，这样他们就有些不适应。公司中部分车间管理人员在管理方法上又较为简单，结果造成部分新进入的职工思想波动，同时对原公司职工的思想也产生了冲击。此外，公司又在昆明兼并了一家企业，开出了一条生产线，这样在本部之外又有一个生产地点。公司打算对这些新进入公司的人员进行系统而有效的培训，以使这些人员完全融入 HW 公司。

（2）公司的生产工艺设计与规定都很完备，但工艺方面的问题还是时有发生，给企业带来了较大损失。公司的生产是流水线作业，工艺已经成熟，对每个职工的操作要求不是太高，关键是工艺的贯彻和工作责任心问题。在一线工人的调查会上，有的工人认为自己的工作很忙、很累，有的认为业余文娱活动太少，有的职工认为他们的积极性与主动性还没有完全发挥出来。公司希望利用培训与教育来解决这些问题。

（3）中层管理人员工作繁忙，经过上次组织结构的重构，每个部门的人员精减近一半，提高了办事效率；但同时也使每个人的工作量增加了，各个岗位都是一个萝卜一个坑，离不开。进行培训对于他们来说是一个难题，即没有时间进行培训与提高。公司对管理人员进行培训时还面临一些其他困难：部门之间的工作职责与人员的专业都不一样，放在一起培训，缺乏培训的针对性，单独培训又因每个部门的人员较少而造成培训成本太高。

（4）销售人员常年在外且分散于全国各地，一部分是由公司其他部门与岗位转过去的，这些人对公司的文化有一定的认同感，另一部分人则是进入公司后直接进入销售岗位。第二部分人中大多是大学毕业分配来的，也有的是从别的企业或公司转过来的，他们来了以后，一般就进行一个月的业务培训与 HW 公司文化教育，对 HW 公司还没有深入的体验与认识，对 HW 公司文化的认同还比较浅，这部分人员被派往全国各地，因而缺少对 HW 公司深入了解与感受的机会。销售人员工作地点非常分散，一个省常常只有七八个销售员，每个人要负责的区域很大，很难抽身回来接受公司的培训，但他们在市场上又会遇到这样或那样的问题，如竞争对手新的竞争举措、经销商的变化、银行改制等，他们需要学习新的知识与技能，公司因以上原因又不能将他们拉回来集中培训，这就使一些问题反复出现而得不到解决。另外，一些老员工在外面时间一长，养成了一些不好的工作习惯，还有些销售员则有一些思想问题，觉得自己付出很多，公司却没有给他充分的回报。这些因素没有及时得到解决，不仅影响了老销售员的工作，而且对新分去的销售员也产生了不好的影响。

（5）技术人员中存在新老技术员培训的差异问题。老技术员多半已经了解当前企业的生产技术，他们往往觉得自己已经掌握了技术的重点，没有必要再进行培训，老技术员依然缺乏创新能力和虚心求教的态度；新进来的技术人员对企业的技术方面不甚了解，需要从基础的东西开始培训。

（6）公司预计在组织变革完全落实之后，将行政管理的职能从原先职能模糊的行政后勤部中分离出来，需要培养一些具有更高职业素质和服务意识的行政管理人员和高级秘书、助理，但是企业中拥有这方面素质的可作为培训讲师的员工几乎没有，企业还需要从外部聘请专业导师，不仅要培养行政人才，还要培养将来可作为培训讲师的人才。

（7）现在企业的培训方式单一，基本以讲师授课为主要方式，导致部分员工参与培训的积极性不高。

三、培训需求分析

为了更加清楚地了解员工们的培训需求，人力资源部安排了一次问卷调查，将问卷随机发放给各个部门的各级员工，调查问卷具体如表 6-7 所示。

表 6-7　全体员工培训需求问卷

姓名		工龄	
部门		岗位	

1. 在过去的一年里，您认为公司组织的培训次数如何？

A. 足够　　B. 还可以　　C. 不够

2. 您认为培训能否帮您提升绩效？您是否愿意参加培训？

A. 非常有帮助，希望多组织培训　　B. 有点帮助，乐意参加

C. 帮助不大，有空会参加　　D. 基本没有帮助，并不想参加

3. 您认为合理的培训频次是多少？

A. 每周一次　　B. 半月一次　　C. 每月一次　　D. 两月一次　　E. 每季度一次

4. 您希望培训安排在什么时候？

A. 工作日　　B. 节假日　　C. 不定期　　D. 其他

5. 您希望每次培训的时间如何安排？

A. 1 小时/次　　B. 2 小时/次　　C. 3 小时/次　　D. 4 小时/次　　E. 根据课程时间

6. 您希望培训的地点在哪里？

A. 高等院校　　B. 公司　　C. 无所谓

7. 以下哪些课程您希望能够在本次培训中学到？（可多选）

A. 演讲知识　B. 组织行为及团队建设类　C. 专业知识　D. 职业素养类　E. 办公软件

F. 工作方法　G. 客户服务类　H. 市场营销管理类　I. 企业战略管理类

续表

8. 您认为公司培训最有效的培训方法是什么？(可多选) A. 外聘讲师到公司集中讲授　B. 由公司内部有经验的人员进行讲授 C. 与服务企业参观交流　D. 建立网络学习平台　E. 到院校接受系统培训 F. 到培训机构接受系统外训　G. 光碟、视频等声像资料学习 H. 建立公司图书库，供借阅　I. 部门内部组织经验交流与分享讨论 J. 拓展训练　K. 其他 9. 您更喜欢听哪类讲师授课？(可多选) A. 公司内部优秀专家　B. 知名实战专家　C. 高级咨询顾问 10. 您比较喜欢怎样的讲师授课风格？(可多选) A. 风趣幽默　B. 形式多样　C. 知识渊博　D. 实战性强 11. 您比较喜欢怎样的教学方式？(可多选) A. 案例分析　B. 课堂讲授　C. 专题研讨会　D. 团队解决问题能力　E. 交流座谈会 F. 模拟及角色扮演　G. 游戏竞赛活动　H. 户外训练　I. 课堂讨论　J. 音像多媒体 12. 您对即将开展的培训工作（如培训组织、课程实施、培训流程、课程选择等）有什么建议和意见？

问卷调查最终回收了125份有效问卷，调查结果统计如下：

从培训课程总量来看，44%的员工认为还可以；38%的员工认为还不够；18%的员工认为足够了。从培训意愿来看，47%的人认为培训非常有帮助，希望多组织培训；26%的人认为有点帮助，乐意参加；20%的人认为帮助不大，有空会参加；7%的员工认为基本没有帮助，并不想参加。从培训频率来看，大家更偏好每月一次和每季度一次。

（1）从培训时间来看，最偏好不定期培训，具体情况如图6-7所示。

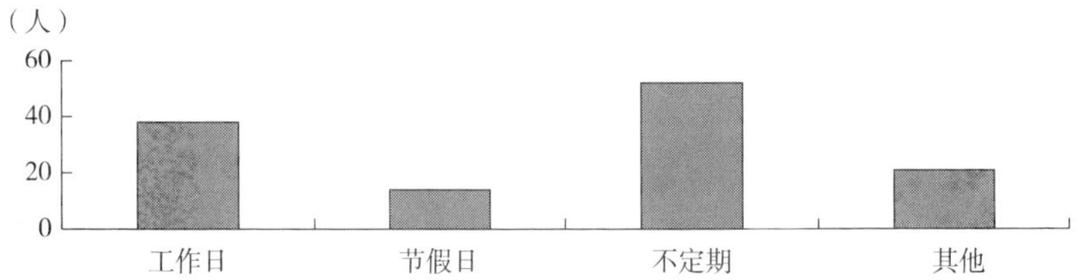

图6-7　培训时间偏好

（2）从培训时长来看，最偏好2小时/次，具体情况如图6-8所示。

（3）从培训地点来看，最偏好公司，具体情况如图6-9所示。

（4）从期望学到的课程来看，最期望学习专业知识，具体情况如图6-10所示。

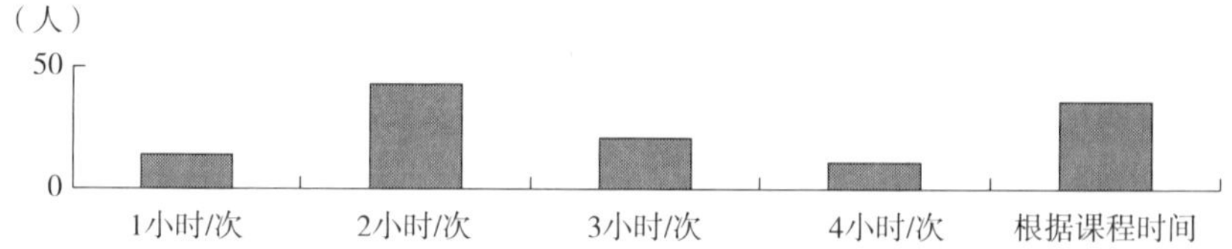

图 6-8 培训时长偏好

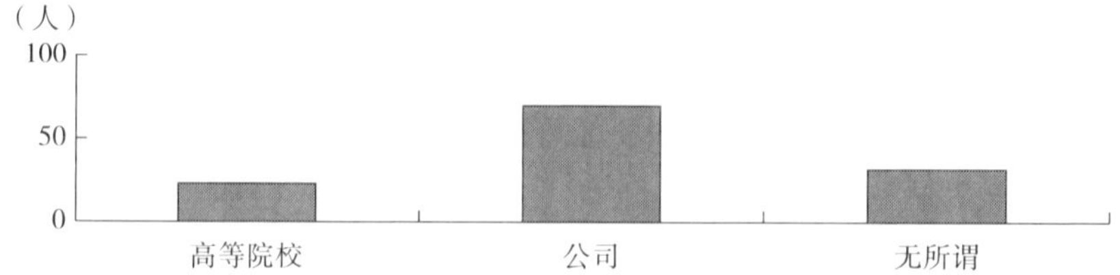

图 6-9 培训地点偏好

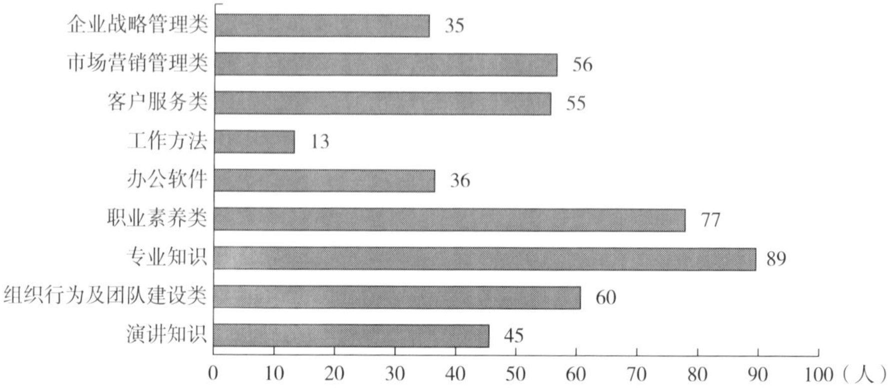

图 6-10 培训课程偏好

（5）从培训方法来看，最喜欢由公司内部有经验的人员进行讲授，具体情况如图 6-11 所示。

（6）从培训讲师来看，更喜欢公司内部优秀专家，具体情况如图 6-12 所示。

（7）从授课风格来看，更喜欢形式多样和实战性强的，具体情况如图 6-13 所示。

（8）从教学方式来看，更喜欢多媒体和户外训练方式，具体情况如图 6-14 所示。

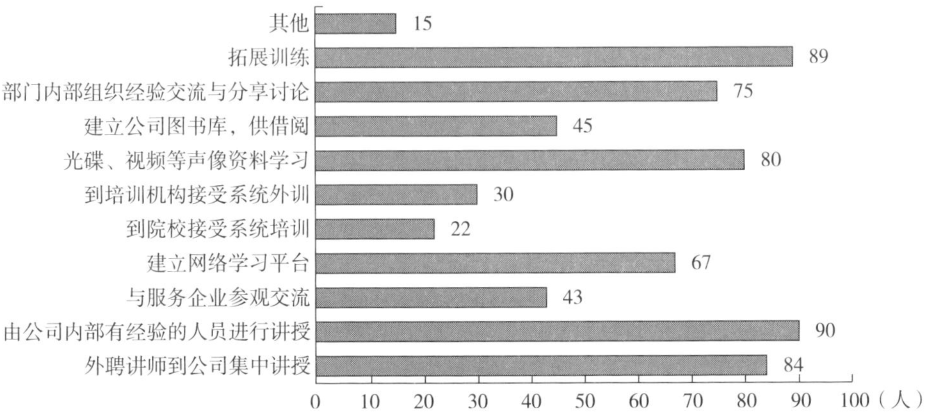

图 6-11 培训方法偏好

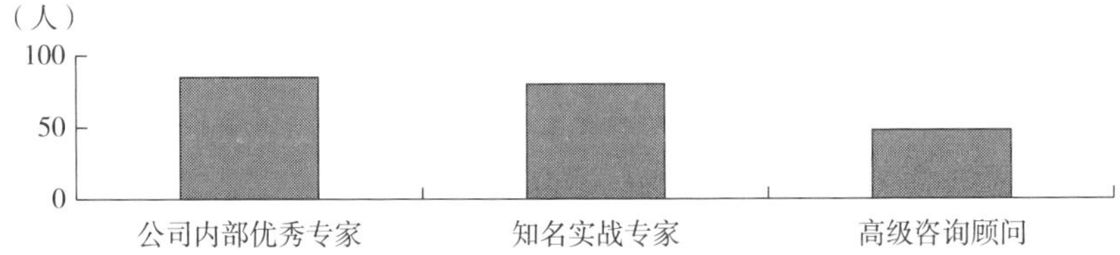

图 6-12 培训讲师偏好

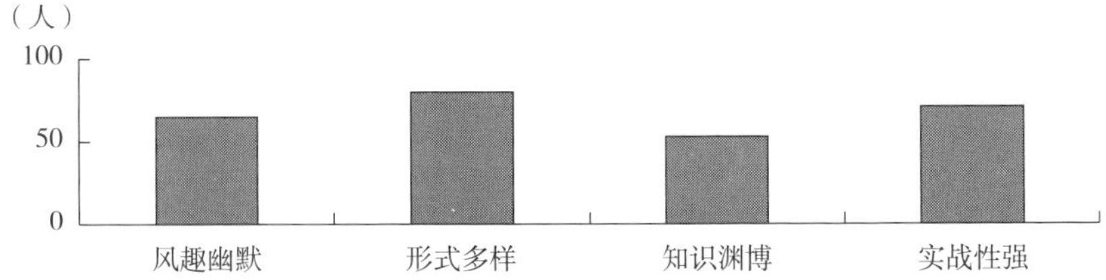

图 6-13 授课风格偏好

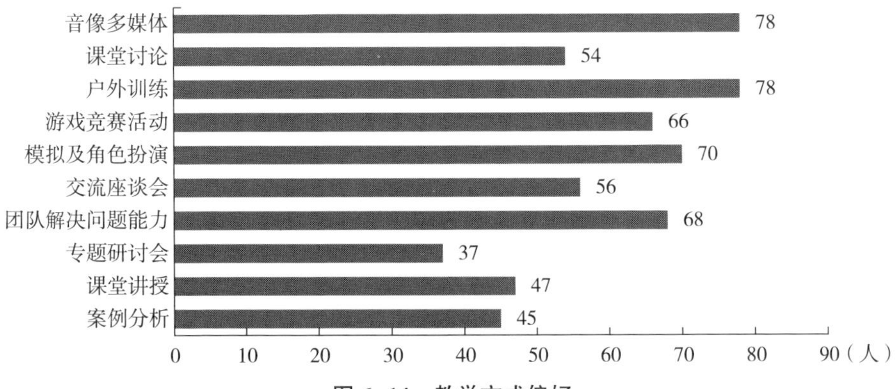

图 6-14 教学方式偏好

四、培训费用预算

培训费用预算如表 6-8 所示。

表 6-8　培训费用预算

明细项目	费用	明细项目	费用
普通培训教材	80 元/本	设备维护	200 元/天
MBA 教材	300 元/人	室内培训场所维护	100 元/天
讲师报酬	150 元/天	室外培训场所租赁	500 元/天
讲师交通、食宿补贴	200 元/人	视、音频设备租借费	200 元/天
受训人员食宿补贴	150 元/人	接待费	50 元/天
笔记本	2 元/本	奖品	50~200 元/人
笔	2 元/支	文件夹	5 元/个

五、培训效果评估

HW 公司在培训结束后，进行了培训效果评估，部分结果如表 6-9 所示。

表 6-9　培训效果评估

培训效果评估报告	
1. 培训项目简介	培训项目名称：生产计划与质量管理
	培训评价部门：人力资源部、生产与研发中心
	项目培训讲师：×××
	项目培训时间：9 月 23 日
	项目培训形式：理论讲授与实务操作
2. 培训出勤情况	本次培训应出勤人员 45 人，实到 43 人，缺勤 2 人，其中：1 人出差，1 人请病假

续表

<table>
<tr><th colspan="3">培训效果评估报告</th></tr>
<tr><td rowspan="8">3. 培训反馈（综合统计：本次培训调查问卷发放 43 份，有效回收 38 份）</td><td colspan="2">问卷调查时间：9 月 23 日</td></tr>
<tr><td colspan="2">总体满意度分析：在本次评估中，评分在 4 分及以上的问卷为比较满意问卷；评分在 2 分及以下的问卷为不满意问卷</td></tr>
<tr><td rowspan="3">受训者最满意项目</td><td>①培训师讲解生动（满意率 100%）</td></tr>
<tr><td>②培训内容新颖程度（满意率 90%）</td></tr>
<tr><td>③培训师解答问题的能力与技巧（满意率 90%）</td></tr>
<tr><td rowspan="3">受训者最不满意项目</td><td>①培训时间长度（不满意率 50%）</td></tr>
<tr><td>②培训现场环境（不满意率 40%）</td></tr>
<tr><td>③培训组织管理（不满意率 50%）</td></tr>
<tr><td rowspan="15">4. 培训成果分析（以总结体会的方式，要点摘录如下）</td><td colspan="2">心得体会上交时间：培训结束三个月后</td></tr>
<tr><td rowspan="4">主要收获</td><td>①了解到生产计划的重要性</td></tr>
<tr><td>②掌握了编写合理的生产计划的方法和技巧</td></tr>
<tr><td>③了解质量管理的作用</td></tr>
<tr><td>④将质量监管的知识运用到工作中，产品不合格率得到控制</td></tr>
<tr><td rowspan="3">对受训者的工作有所帮助的要点</td><td>①提高自身的综合素质</td></tr>
<tr><td>②提升了产品合格率</td></tr>
<tr><td>③提升了工作效率</td></tr>
<tr><td rowspan="3">受训者认为本次培训需要改进的方面</td><td>①内容涉及过于宽泛，针对性较差</td></tr>
<tr><td>②讲解过程中，涉及的案例过少，理解比较困难</td></tr>
<tr><td>③内容较多，时间较短，吸收困难</td></tr>
<tr><td rowspan="4">受训者希望以后增加哪些培训课程</td><td>①研发整体规划类课程</td></tr>
<tr><td>②产品技术路线设计课程</td></tr>
<tr><td>③产品开发流程课程</td></tr>
<tr><td>④技术管理方面的课程</td></tr>
<tr><td rowspan="5">5. 培训效果总结（由生产部经理对培训学员进行观察）</td><td colspan="2">员工行为观察时间：培训结束后一年内</td></tr>
<tr><td colspan="2">本次培训提高了生产人员，尤其是项目管理人员的自身素质，对项目管理工作将会起到一定的积极作用</td></tr>
<tr><td colspan="2">参与培训的生产人员掌握了一定的生产工具和管理技巧</td></tr>
<tr><td colspan="2">通过本次培训，可以看到本公司在质量把控方面的不足</td></tr>
<tr><td colspan="2">本次培训为本公司生产和质量管理体系的完善指明了方向</td></tr>
</table>

案例2　使用指南

一、在课程中的定位

本案例可以用在《培训管理》课程当中，针对培训需求分析、培训计划及组织实施、培训评估等培训管理中的重要模块进行理论知识的深入理解及实操训练。进行案例分析前，学生应掌握培训需求分析、培训项目设计、培训组织与实施、培训效果评估的相关理论知识。该案例适用于人力资本管理专业本科生，即具备工作分析、招聘管理、绩效考核等专业知识的学生群体。

二、学习目标

1. 讨论面对复杂的经济环境，企业应如何进行以战略目标为导向的人力资源开发工作。

2. 回顾课程理论知识点，提炼案例中关于培训管理工作的有效信息点，包括优势及不足。

3. 完善案例企业的培训项目设计方案。

三、相关阅读材料

石金涛，颜世富．培训与开发（第4版）[M]．北京：中国人民大学出版社，2019.

徐芳．培训与开发理论及技术 [M]．上海：复旦大学出版社，2005.

四、讨论问题

讨论问题1：案例企业的员工培训在哪些方面突出了与组织战略目标的契合？

讨论问题2：案例企业的培训管理过程是否符合现代培训与开发的基本原则和流程？存在哪些问题？

讨论问题3：如何优化案例企业的培训项目设计方案？

五、教学计划

本案例适用于90分钟的课堂，主要环节包括案例分析讨论、优化建议分享两个部分，教学计划如表6-10所示。

表6-10 培训与开发案例2教学计划

讨论问题	时间（分钟）
教学目标及要求陈述	5
案例阅读	5
讨论问题1	10
讨论问题2	10
讨论问题3	20
优化建议分享	30
总结点评	10

六、讨论问题分析

（一）讨论问题1：案例企业的员工培训在哪些方面突出了与组织战略目标的契合?

表现一：明确意识到外部环境的影响，如机遇与挑战、法律和经济环境、社会变化、国内外政治因素变化、技术等外部条件的改变。

表现二：明确意识到外部劳动力市场的竞争和动态变化，从如何吸引、留住、激励人才出发规划培训与开发的总原则及具体方案。

表现三：注重长期发展，员工与企业有共同的愿景。

表现四：考虑多种可选方案，根据组织战略，选择与调整培训方案。

表现五：整合其他资源和部门，协同合作。

（二）讨论问题2：案例企业的培训管理过程是否符合现代培训与开发的基本原则和流程？存在哪些问题？

表现一：基于组织、任务、人员三个层面进行需求分析。

表现二：运用访谈法和问卷调查法从不同层面和角度确认培训需求，访谈法很好地把握了访谈目标、访谈内容、访谈氛围。

表现三：培训结束后，进行了培训效果评估，加强了培训活动的系统性。

存在的主要问题是缺少具体的培训项目设计方案。

（三）讨论问题3：如何优化案例企业的培训项目设计方案？

（1）完善培训项目设计的流程。

第一阶段：确定培训目标（明确培训的预期成果）。

第二阶段：准备测试题目（确定量化检验培训成果的方法）。

第三阶段：准备培训材料（材料类型及获取方法、成本最优化）。

第四阶段：选择培训所借助的媒介（培训形式及媒介）。

第五阶段：准备学员教材和教学资料包（学员学习材料、教师教学材料）。

（2）明确培训项目目标。根据项目目标设定的标准，目标包含三大要素：

行为（能力）表现——关于受训者在完成培训后应该表现出来的行为改变。

行为发生的环境条件——行为赖以发生的特定环境条件。

行为（绩效）标准——组织可以接受的业绩标准的表述。

（3）完善培训材料。培训材料包括能够帮助学习者达成培训目标，满足培训需求的所有资料。具体包括课程描述、课程的具体计划、学员阅读材料、教师教学资料包、小组活动的设计与说明、测试题目。

（4）采用多样化的培训方法。

1）案例分析：帮助受训者掌握分析问题和解决问题技能的一条途径是给他们讲故事（即案例），为受训者分析问题、提出解决方案提供足够的信息。包括以下步骤：①用自己的话重新陈述重要的事实；②根据事实进行推理；③诊断并说明问题存在；④设想几种可供选择的解决方案，说明每种方案可能的结果；⑤确定行动方案，并给出充分的理由。

2）商业游戏和模拟：提供模拟情境，目的是开发或锻炼受训者解决问题、形成决策的技能，主要应用于商业管理决策等类型的培训课程中。

3）角色扮演：培训者为受训者创造一个组织情境，让两个或两个以上的受训者一起来扮演情境中的角色，为受训者提供自我发现和学习的机会。

4）拓展训练和冒险学习：使新团队在困难或不熟悉的物理环境和心理的挑战下接受训练，重点关注个体或团队解决问题的能力。其目标在于要求团队的参与者探讨提高团队工作效率的策略，建立起信任，把冒险管理策略和团队决策相结合。

第七章
绩效管理*

引论

绩效管理是人力资源管理的核心内容，旨在通过绩效考核、绩效反馈和绩效改进等措施提升员工绩效水平。绩效考核结果是确定员工绩效工资和员工职业发展的基础和依据，通过绩效管理，可以对培训管理和招聘管理的效果进行衡量。绩效管理的好坏对于提升组织绩效和员工绩效具有重要意义。

知识点

一、绩效

从字面意思上来看，绩指的是工作的业绩和成绩，效指的是工作的效果和效率。学术界对绩效的概念提出了具体的不同看法。狭义上的绩效就是指个人绩效，但我们实际研究的绩效并不止个人绩效。组织通常是由若干个群体或部门组成，而这些群体或部门又是由很多的成员组成的，所以对应这三个层面的活动主体，相应地也就产生了三个层面的绩效。因此，绩效是分层次的，按照这三个层面的活动主体，可以将绩效分为组织绩效、群体（或部门）绩效和个人绩效。组织绩效，就是组织的整体绩效，指组织任务在数量、质量及效率等

* 本章内容由光晖编写。

方面完成的情况。群体绩效，就是组织中以团体或部门为单位的绩效，指群体任务在数量、质量及效率等方面完成的情况。对于员工个人绩效，研究者们则提出了不同的看法，形成了对绩效的多种定义：第一种观点认为绩效就是结果，就是产出；第二种观点则认为绩效就是行为；第三种观点则认为绩效是结果和行为的统一。

二、绩效管理

广义的绩效管理即管理。从实践的角度看，管理者管理工作的全部职能都是围绕提高员工工作绩效、改进组织绩效水平而进行的。从理论研究的角度看，各管理流派研究的焦点都集中在如何提高员工工作绩效并改进组织绩效上。狭义的绩效管理，即人力资源体系的一个模块，是通过管理者与员工之间达成关于目标、标准和所需能力的协议，是在双方相互理解的基础上使组织、群体、个人取得较好工作结果的一个管理过程。简言之，绩效管理是管理者用来确保员工的工作活动和工作产出与组织的目标相一致的手段及过程。

三、战略性绩效管理

战略性绩效管理是战略性人力资源管理的职能之一，它承接组织战略，是一个由计划绩效、监控绩效、评价绩效和反馈绩效四个环节构成的闭循环，通过这四个环节的良性循环过程，管理者能够确保员工的行为和产出与组织的战略目标保持一致，并通过不断改进员工和组织的绩效水平促进组织战略的达成。通过这个概念我们可以看到，战略性绩效管理是以企业战略为导向的绩效管理系统，它更强调绩效管理系统的目的是实现企业战略目标；战略性绩效管理构建了一个由计划绩效、监控绩效、评价绩效和反馈绩效四个环节构成的绩效管理循环过程，建立了一个对企业管理活动进行全方位监控的体系。

四、绩效诊断与改进

绩效诊断，指管理者通过绩效评价，判断组织不同层面的绩效水平，识别低绩效的表现，探寻导致低绩效的原因，找出可能妨碍评价对象实现绩效目标的问题所在。主要包括对员工个人因素的诊断，如是不是因为员工缺乏积极性而导致绩效下滑；对管理者因素的诊断，如是否由于管理者领导不善、目标不清楚导致员工绩效下滑；对环境因素的诊断，如是否由于企业文化的冲突、企业内部操作流程不规范等造成的绩效下滑。通过绩效诊断，可以从管理层面上有效防止由于企业环境或管理等因素导致的绩效问题，绩效诊断是管理者必备的技能。

五、战略性绩效管理系统

绩效管理系统是一个闭循环系统，这个闭循环系统分为五部分：

（1）计划绩效：它作为绩效管理的第一步至关重要，在这一阶段，管理者和员工就员工在新的一个绩效周期内将要做什么、为什么这样做、做到什么程度、何时完成以及怎么做等问题进行讨论，并达成协议，最终形成双方都满意的绩效目标。

（2）监控绩效：在这一阶段，要求管理者在整个绩效管理循环过程的实施中，与员工进行持续的绩效沟通，预防并解决绩效管理过程中出现的问题，帮助员工更好地完成计划。监控绩效其实也就是管理者与员工进行双向绩效沟通的阶段。

（3）评价绩效：这是绩效管理系统中最关键、最核心的阶段，评价绩效可以实行月考核、季考核、半年度考核和年度考核。值得注意的是，绩效管理不是为了简单的评价，而是使管理者通过绩效评价的结果，得到有效的绩效信息，向绩效优秀者或是绩效低下者反馈原因，以此来改进绩效。

（4）反馈绩效：通过反馈，员工可以知道管理者对他们的评价和期望，从而不断修正自己的行为；管理者也可以通过绩效反馈指出员工绩效中存在的问题，从而激励和指导员工。

（5）绩效结果的运用：根据绩效评价的结果可以制订绩效改进计划、组织培训、决定薪酬奖金的分配、进行职务调整等。

绩效管理系统是一个循环往复的闭循环系统，在今后的课程中，我们会详细地进行讲述。

六、目标管理、关键绩效、平衡计分卡

目标管理，是一种程序或过程，它是组织中的上下级一起协商，根据组织

的使命确定一定时期内组织的总目标，由此决定组织中的上下级的责任和分目标，并把这些目标作为组织经营、评估和奖励的标准。

关键绩效是指衡量企业战略实施效果的关键指标，它是企业战略目标经过层层分解产生的具有可操作性的指标体系。其目的是建立一种机制，将企业战略转化为内部过程和活动，不断增强企业的核心竞争力，使企业能够得到持续的发展。

平衡计分卡是以战略为导向，通过财务、客户、流程、学习与成长层面的指标及其相互驱动的因果关系实现战略管理和绩效衡量的一套系统化的工具。

应用案例

案例1　MK机械装备有限责任公司人才盘点与绩效管理

一、案例背景

MK机械装备有限责任公司（以下简称“MK公司”）是一家上市能源集团旗下的控股子公司，从事机械装备的销售、运输、维修、供给、服务等业务，其市场占有率居国内领先水平。随着传统机械装备行业竞争的加剧，MK公司为制定科学的公司发展战略，优化内部管理规范，提高内部工作效率和执行力，提升战略、人力资源等多项管理水平，以满足和推动公司快速、稳健发展，拟对公司的绩效管理体系进行全方位的改革。

为了系统地优化MK公司的内部管理水平，实施绩效管理体系的改革，首先要对公司内部的管理情况进行梳理，所以进行了一次公司人力资源盘点。人力资源盘点法是对现有的人力资源数量、质量、结构进行核查，旨在掌握目前拥有的人力资源状况，为人力资源的总体战略打下基础，并为下一步绩效薪酬等方面的优化提供依据。

通过对MK公司人力资源现状的盘点，总结目前人力资源管理工作存在的问题，把握人力资源动态，使人力资源工作与企业发展战略相结合，同时提出人力资源招聘与配置、培训、管理信息化等方面的工作建议。MK 公司能够充分利用企业的资源，实现良好的劳资关系，实现公司的各项工作系统化、规范化，确保公司战略的实现，为公司战略目标的实现提供人才支持，保障人力资源供应，确保以最节约的成本满足公司的人力资源需求；通过合理的激励机制，实现员工自身价值的持续提升，实现员工价值取向与公司价值取向的一致性，实现员工、企业与社会的同步发展。

二、MK 公司的人才盘点

（一）人力资源总量与层级分布

1. 总量

截至 2019 年 8 月 29 日，MK 公司员工合计 734 人。其中，返聘 12 人，劳务派遣 14 人，总公司外派 5 人，人事关系不在 MK 公司 2 人，离岗休息 15 人，长期病假 4 人，共计 52 人未计入人力资源结构分析，故该分析的实际人数为 682 人。

2. 层级分布

MK 公司在岗员工共计 682 人，其中高层管理者 10 人，占比 1%；中层管理者 52 人，占比 8%；基层普通人员 620 人，占比 91%。

（二）人力资源结构分析

1. 员工岗位类别结构分析

MK 公司基层员工 620 人，占总人数的 91%。从他们所属的岗位类别来看，可以分为销售人员、采购人员、物流管理及营运人员、财务人员、行政人员和其他人员（包括 MK 公司外派人员、技术人员以及后勤保障人员）。员工数最多的是销售人员，共 256 人，占比 41%；采购人员有 47 人，占比 8%；物流管理及营运人员 136 人，占比 22%；财务人员 38 人，占比 6%；行政人员 118 人，占比 19%；其他人员 25 人，占比 4%。

2. 年龄结构分析

公司员工年龄 25 岁及以下员工 61 人，占比 9%；26~30 岁员工 104 人，占比 15%；31~40 岁员工 198 人，占比 29%；41~50 岁的员工 227 人，占比 33%；50 岁以上员工 92 人，占比 13%。MK 公司 40 岁以上员工约占公司员工总数的

50%，且 50 岁以上员工占公司员工总数的 13%。

3. 司龄结构

公司内成员整体司龄 1 年以内的员工 32 人，占比约 5%；司龄 1~3 年的员工 120 人，占比 18%；司龄 3~5 年的员工 49 人，占比 7%；司龄 5~8 年的员工 96 人，占比 14%；司龄 8~14 年的员工 105 人，占比 15%；司龄 15 年的员工 280 人，占比 41%。MK 公司员工整体司龄偏大，其中 15 年的成员占比高达 41%，8 年以上的员工超过半数，占比达到 56%。其中，高层司龄结构稳定，司龄均在 15 年；中层司龄较为稳定，司龄为 15 年的占比 67%，司龄 8 年以上的中层占比达到 80%；在基层中，财务人员、采购人员和物流管理及营运人员的司龄结构差异最大，财务人员有 58%的员工司龄达到 15 年，而采购人员和物流人员也都有接近 50%的员工司龄达到 15 年。

4. 性别结构

在 MK 公司在岗的 682 人中，男性员工 358 人，占比 52%；女性员工 324 人，占比 48%。分层级和岗位类别的性别结构中，高层和中层中，男性占主导地位，分别占比 70%和 79%。基层中，男性在物流人员中占比较高；女性则在行政人员和财务人员中占了较高的比例。

5. 学历结构分析

MK 公司员工，大专以下共 197 人，占员工总数的 29%，大专学历 279 人，占比为 41%，本科 159 人，占比为 23%，硕士及以上 47 人，占比为 7%。本科及以上学历水平占比为 30%。其中，在高层员工中，1 人大专学历，5 人本科学历，3 人硕士研究生学历，1 人博士研究生学历，本科及以上学历占比 90%；中层员工中，大专以下学历人数 3 人，占比约 6%，大专学历 16 人，占比约 31%，本科学历 14 人，占比 27%，研究生学历 19 人，占比约为 37%。本科及以上学历员工占比 64%。基层员工中，大专以下学历 194 人，占比 31%，大专学历 262 人，占比约为 42%，本科学历 140 人，占比约为 23%，研究生学历 24 人，占比约为 4%。本科及以上学历员工占比 27%。具体到不同类别的岗位，物流管理及营运人员学历最低，大专以下学历超过半数，本科以下学历占比 90%，其次是采购和销售部门，本科以下学历分别占比 85%和 71%。

（三）人员流动分析

据统计，2018 年 8 月 29 日至 2019 年 8 月 29 日期间，公司范围内员工离职人数为 38 人，离职率约为 6%；新进员工 11 人。

1. 人员流动指标评价

根据行业内人力资源报表中常用的评价方法，采用以下指标对 MK 公司 2018 年的流动情况进行评价，如表 7-1 所示。

表 7-1　人员流动评价指标（2018 年）　　单位：%

离职率	人力资源稳定指数	人力资源流动率	人力资源替代率
6	90	7	-4

通过表 7-1 可以看出，MK 公司的人力资源流动率低，只有 7%；人力资源稳定指数很高，达到 90%；人力资源替代率为-4%，说明企业人力资源总体是在缓慢流失过程中的。

2. 人员流失情况分析

从所属部门来看，中层管理者中离职 2 人，占其总数的 3%；销售人员离职 18 人，占销售人员总人数的 7%；物流管理及营运人员离职 8 人，占该部门总人数的 6%；行政人员离职 5 人，占职能部门总人数的 4%；采购人员离职 1 人，占采购人员总人数的 2%；财务人员离职 2 人，占其部门总人数的 5%；其他人员离职 1 人，占其他人员总数的 4%。

从离职类型来看，辞退 3 人，占比约 8%；辞职 31 人，占比约 81%；商调 1 人，占比约 3%；其他 3 人（其他包括个人提出解除合同、双方协商一致解除合同、劝退），占比约 8%。

从离职员工司龄来看，司龄 1 年以内的离职人数为 6 人，占比 14%；司龄 1~3 年的人数为 17 人，占比约为 46%；司龄 3~5 年的人数为 3 人，占比约为 8%；司龄 5~8 年的人数为 2 人，占比约为 5%；司龄 8~14 年的人数为 3 人，占比约为 8%；司龄在 15 年以上的人数为 7 人，占比为 19%。

结合公司的司龄结构来看，司龄不满一年的员工离职率为 13%，司龄 1~3 年的员工离职率为 45%，而司龄 5 年以上员工的离职率较低。

（四）人力资源效益分析

为进一步了解 MK 公司人力资源组织效能状况，分别对人均效益、人工成本总额和人均人工成本进行分析。对 MK 公司 2016~2018 年的营业收入、利润总额、成本费用总额以及人工成本总额等指标进行汇总分析，原始财务数据如表 7-2 所示。

表 7-2　原始财务数据

指标	单位	利好指向	2016 年	2017 年	2018 年
营业收入	万元	高	543061.90	589359.61	578398.38
利润总额	万元	高	2012.15	7322.06	7248.65
成本费用总额	万元	低	541398.49	582077.56	571285.88
全年平均人数	人	低	811	832	853
人工成本总额	万元	低	8051.42	7211.36	8504.34
从业人员工资总额	万元	低	5865.16	4981.68	—

1. 人均效益分析

人均效益是企业投入的人力成本代价与企业最终获得的经济效益之间的关系。根据职工工资的增长速度慢于劳动生产率增长的原则，在劳动生产率增长的过程中，利润占净产值的比重是逐渐提高的，也即利润总额增长得更快。可以说，提高劳动力生产率是提高劳动效益的源泉，对企业而言，要提高劳动效益，不能仅着眼于销售和经营方面的工作，还必须大力提高生产效率。

2016~2018 年，MK 公司的人均营业收入呈缓慢增长趋势，基本在 700 万元附近波动，在 2018 年有所下降，恢复到 2016 年的水平。2016 年的人均利润较低，仅有 2.48 万元，2017 年大幅增长至 8.8 万元，这可能由外部经济环境所致，2018 年又呈下降趋势，具体如表 7-3 所示。

表 7-3　人均效益指标

指标	单位	计算公式	利好指向	2016 年	2017 年	2018 年
人均营业收入	万元	营业收入/全年平均人数	高	669.62	708.36	678.08
人均利润	万元	利润总额/全年平均人数	高	2.48	8.80	8.50

2. 人工成本总额分析

人工成本亦称“劳动成本”，指企业在生产经营中由投入劳动力要素所发生的一切费用，包括企业支付给职工的工资性报酬和福利性供给，是企业总成本的组成部分。人工成本的高低在一定程度上反映出生产或施工技术装备水平和劳动生产率的高低。

2016~2018 年，MK 公司的人工成本工资含量、人工成本含量和人事费用率基本无变化，较稳定，人工成本利润系数逐年增长，但在 2018 年突降，人均营业收入也在 2018 年有所降低，人工成本营业收入系数仅在 2017 年达到 81.73，近几年基本稳定在 70 左右，具体如表 7-4 所示。

表 7-4　人工成本总额

指标	单位	计算公式	利好指向	2016 年	2017 年	2018 年
人工成本工资含量	%	从业人员工资总额/人工成本总额	高	72.85	69.08	72.92
人工成本含量	%	人工成本总额/成本费用总额	低	1.49	1.24	1.49
人事费用率	%	人工成本总额/营业收入	低	1.48	1.22	1.47
人工成本利润系数	—	利润总额/人工成本总额	高	0.25	1.02	0.85
人工成本营业收入系数	—	营业收入/人工成本总额	高	67.45	81.73	68.01

3. 人均人工成本分析

2017 年人均人工成本和人均工资一并降低，2018 年，人均人工成本和人均工资分别上升至 9.97 万元和 7.27 万元，呈不稳定趋势，如表 7-5 所示。

表 7-5　人均人工成本

指标	单位	计算公式	利好指向	2016 年	2017 年	2018 年
人均人工成本	万元/人	人工成本总额/全年平均人数	低	9.93	8.67	9.97
人均工资	万元/人	从业人员工资总额/全年平均人数	低	7.23	5.99	7.27

（五）行业内整体绩效对比

人均利润指企业在一定时期内利润总额与企业职工总人数的比值，它表示在一定时期内平均每人实现的利润额，是一项侧重从劳动力利用的角度来评价企业经济效益的综合性指标。X 集团有限公司的人均利润为 76420.71 元，上海

Y 集团股份有限公司的人均利润为 123231.58 元，Z 股份有限公司的人均利润为 272398.71 元，MK 公司的人均利润为 84978.31 元，说明 MK 公司的人均利润有待提高（见表 7-6）。

人事费用率是人工成本总额与销售（营业）收入的比率（由于数据获取原因，统一用相差不大的应付职工薪酬代替人工成本总额）。X 集团有限公司的人事费用率为 2.97%，上海 Y 集团股份有限公司的人事费用率为 3.79%，Z 股份有限公司的人事费用率为 4.54%，MK 公司的人事费用率为 1.47%，MK 公司的人事费用率相对其他公司而言还是较低的。

人均人工成本表示用人单位雇用一名职工所要支出的平均人工费用水平（这里同样用相差不大的应付职工薪酬代替人工成本总额）。X 集团有限公司的人均人工成本为 87222.46 元，上海 Y 集团股份有限公司的人均人工成本为 117479.03 元，Z 股份有限公司的人均人工成本为 148123.09 元，MK 公司的人均人工成本为 99699.18 元，如表 7-6 所示。

表 7-6　行业内整体绩效指标对比

指标	计算公式	X 集团有限公司	上海 Y 集团股份有限公司	Z 股份有限公司	MK 公司
人均利润（元/人）	利润总额/全年平均人数	76420.71	123231.58	272398.71	84978.31
人事费用率（%）	人工成本总额/营业收入	2.97	3.79	4.54	1.47
人均人工成本（元/人）	人工成本总额/全年平均人数	87222.46	117479.03	148123.09	99699.18

案例 1　使用指南

一、在课程中的定位

本案例可以用在绩效管理、人力资源管理等课程当中，针对有关绩效、绩效管理、战略性绩效管理等话题进行讨论；学生事先需要了解绩效、绩效管理、战略性绩效管理的概念、特点和流程；适合人力资源管理专业本科生学习。

二、学习目标

（1）学习绩效管理的意义与实施绩效管理的前期准备工作。

（2）阐述人才盘点对企业绩效管理的重要性。

（3）理解人才盘点的结构以及如何实施基于人才盘点的绩效管理。

三、讨论问题

讨论问题1：绩效管理前期为什么要进行人才盘点？

讨论问题2：MK公司人才盘点后的结果显示企业存在哪些问题？

讨论问题3：MK公司如何根据人才盘点结果进行绩效管理？

四、教学计划

本案例适用于90分钟的课堂，教学计划如表7-7所示。

表7-7　绩效管理案例1教学计划

讨论问题	时间（分钟）
案例内容概述、案例讨论热身等	5
讨论问题1	25
讨论问题2	25
讨论问题3	25
分析框架介绍或老师总结	10

五、讨论问题分析

（一）讨论问题1：绩效管理前期为什么要进行人才盘点?

随着外部招聘成本的不断增加，企业除了要计算业务账，还要盘人才账。企业内部的人才无论是从忠诚度还是文化的融合度来说，都是优于外部招聘的，所以企业的人才管理需要从外部转向内部，企业应注重对内部人才的挖掘和培养。

一个真正的人才盘点，首先，基于企业的战略规划，包括公司的整个年度目标、业务痛点分析以及基于痛点的关键业务设计。其次，在战略规划的基础上，对企业的岗位进行盘点，找出最优结构，进行岗位架构的梳理，确定对人才的需求。再次，在岗位盘点之后，要对企业的人才进行盘点，包括现状分析、人才类型确认等。最后，人才盘点结果的各项应用。所以战略规划、岗位盘点、人才盘点和人才应用是企业进行盘点工作的逻辑，是企业人力资源各项管理工作前期准备中的重要任务。

企业也可以通过绩效管理及能力评估盘点出员工（一般是重点部门的员工，如研发、营销等）的总体绩效状况、优势亟待提高的方面。发掘、发现一批具有特殊才干的潜力员工，帮助他们更快地成长；其核心就是绩效评估、能力评估。

（二）讨论问题2：MK公司人才盘点后的结果显示企业存在哪些问题?

（1）从年龄结构上看，MK公司40岁以上员工占公司员工总数的近50%，50岁以上员工占公司员工总数的13%，表现出MK公司年龄结构存在较大问题，员工年龄结构老化，可能会导致公司内部活力不足，缺少新鲜血液的输入。

（2）从司龄结构来看，司龄结构的老化可能会导致公司内部人事关系僵化、新员工缺乏上升空间等问题。具体来看，高层司龄结构稳定，司龄均在15年；中层司龄较为稳定。在基层中，财务人员、采购人员和物流管理及营运人员的司龄结构差异最大，财务人员有58%的员工司龄达到15年，而采购人员和物流人员也都有接近50%的员工司龄达到15年。岗位类别不同，司龄结构的影响也不同。司龄结构老化对于采购人员和物流管理及营运人员可能会产生一定的负面影响。

（3）从性别结构来看，在高层和中层中，男性占主导地位，分别占比 70%和 79%。基层中，男性在物流人员中占比较高；女性则在行政人员和财务人员中占了较高的比例。

（4）从学历结构来看，高层中，本科及以上学历占比 90%；中层中，本科及以上学历占比 64%；基层中，本科及以上学历占比只有 27%。中层及基层的学历水平有待提高。具体到不同类别的岗位，物流管理及营运人员学历最低，大专以下学历超过半数，本科以下学历占比 90%，其次是采购和销售部门，本科以下学历分别占比 85%和 71%。

（5）从总体司龄结构来看，MK 公司的人员流动性较低，司龄越大，人员流动性越低，公司的老员工处于一个超稳定的状态，这可能导致企业人力资源缺乏活力，员工发展动力不足。

（6）从效益分析来看，MK 公司的人均利润为 84978.31 元，人事费用率为 1.47%，人均人工成本为 99699.18 元。从与行业内其他三家企业的对比可以看出，MK 公司在人力资源投入方面还有待提高。

（三）讨论问题 3：MK 公司如何根据人才盘点结果进行绩效管理？

MK 公司要充分发挥绩效评价的作用，综合利用绩效评价结果，改善现有的绩效薪酬机制，将绩效评价与招聘、培训、岗位调动相结合。将绩效评价结果与人才九宫格相结合，根据企业的人才进行盘点，对处于不同区间的员工采取有针对性的管理开发措施。

案例 2　Y 省 R 公司绩效管理改革

一、案例背景

（一）行业背景

从 2012 年开始，随着各省份基药招标降价、医保付费方式改革、限制抗生素使用等政策变化的施行，医药行业增速开始进入下行轨道。近两年来医药行业陆续出台相关政策，覆盖药品/器械审批、生产、流通、支付、诊疗各环节，制药、流通、服务等领域都面临着新的机遇与挑战。2017 年 1 月和 4 月，国务院正式发布《关于在公立医疗机构药品采购中推行“两票制”的实施意见（试行）的通知》和《国务院办公厅关于推进医疗联合体建设和发展的指导意见》。“两票制”要求生产企业到流通企业开一次发票，流通企业到医疗机构开一次发票，医联体则探索建立医联体内统一的药品招标采购、管理平台，形成医联体内处方流动、药品共享与配送机制。这两份指导意见基本上挤压了中小型经销商的生存空间，未来医药流通行业集中度将进一步提升，同时影响工业企业去库存及补库存的行为。可以预见，“两票制”和医联体的实施，将使内部管理水平和服务质量成为医药流通行业的竞争制高点。

（二）公司背景

Y 省 R 公司是一家老牌医药公司，已经有 70 年的历史，是一家上市国有企业，注册资金达 5 亿元，企业总资产 27 亿元。公司拥有符合第三方医药物流标准的现代化医药物流中心，可承载年销售约 150 亿元的规模。公司与全国 30 个省（市）1100 多家厂商建立战略伙伴关系，经营品种、规格近万余个，公司服务网络基本覆盖全省 16 个地市 56 个县（市），覆盖 Y 省 70%以上二级公立医院、80%以上的三级公立医院；拥有稳定的医疗终端客户 3000 余家；拥有 8 家控股子公司；拥有送货车辆近 40 余台，形成了以 R 市为中心、辐射全省的市场网络系统。2019 年 R 公司销售收入达 80 亿元，在 Y 省同行中处于龙头地位。

（三）企业存在的问题

R 公司作为一家上市国有企业，面临着一些同类型企业普遍存在的问题，如组织结构已无法适应内外部环境的剧烈变化；管理错位、缺位、越位现象时有出现；某些制度形同虚设，已有的制度得不到很好的执行；部门与岗位职责不清、职责缺失、职责重叠的现象突出；不知道该如何培育、选拔员工；人力资源管理体系缺失，缺乏有效的考核与激励，无法吸引和激励人才；工资的发放依据人员资历而非贡献等。与此同时，R 公司作为一家国有企业，也面临着一些管理方面的问题，如存在“大锅饭”现象，员工工作积极性不高；“人才悖论”问题不能有效解决，导致员工可能存在“懒岗”倾向；人才激励有效性较低，考核机制流于形式；用人机制不灵活，渴望实现“能上能下”的管理机制。特别是 2018 年初，R 公司完成了董事长、总经理的选举与任命工作，高层的人事变动使得公司的管理问题变得更加突出。

（四）绩效管理的目的和意义

对企业来说，绩效是指企业围绕自身的经营责任所达到的阶段性的经营结果，以及在经营过程中表现出来的运营效率。对员工来说，绩效指员工围绕各自的工作岗位，其所达到的阶段性工作成果，以及在工作中的行为表现。绩效管理指组织为了实现战略目标，采用科学的方法，通过对部门或者员工的工作结果、行为表现、工作态度以及综合素质的全面监测、分析和评价，及时发现问题、解决问题，不断改善员工的行为，提高素质，挖掘潜力，并使其为了战略目标的实现而努力工作的活动过程。它是人力资源制度的重要组成部分，也是企业生产经营活动正常运行的重要支持系统。通过对R公司各层各类人员工作绩效的客观衡量、及时监督、有效指导，积极利用晋升、调薪、调动、特别奖励以及教育培训等人力资源管理手段，理顺分配关系，从而提高员工的素质和能力，调动全员积极性、主动性和创造性，并发挥各岗位优势以提高R公司整体工作质量和管理效率，从而更好更快地实现R公司的经营目标。

二、Y省R公司绩效管理的现状分析

面对医药行业的改革和市场竞争的加剧，Y省R公司希望通过绩效管理与薪酬体系的改革来帮助企业突破“温水煮蛙”的局面，激励人才、开发人才，使整个企业内部的人力资源活力得到激发，企业绩效得到大幅提升。具体包括：①通过解析公司管理现状，提出公司管理改进改革建议和方案。②制定和帮助推进绩效管理工作，包括诊断公司绩效管理体系、制定典型部门考核指标、制定典型岗位考核指标、绩效工作辅导。

人力资源部对采购事业部负责人的访谈：

人力资源部：请王总谈谈目前贵部门绩效考核工作中存在哪些问题？是什么原因导致的？

王总：总体上，药品流通企业是完全竞争市场，购、销两头都竞争激烈。但是作为采购方，我们的需求方（医院）往往指定需求，我们只能向特定的供应方（药企）采购，因此我们采购的自主空间很小，这也是导致目前我们采购部门多个关键绩效指标的达成存在困难的主要客观原因。具体而言：

（1）采购部门与销售部门的毛利率指标挂钩，但是下游需求是指定的并且数量往往不大导致采购时难以享受大批量采购的规模经济，因此采购成本节约困难。

（2）库存管理方面的指标是总公司下达的硬性指标，但是上游供应商非常强势，强制要我们留有库存，因此库存指标也不是完全能受我们控制的。

（3）内部的保供率指标也受到很多本部门控制之外的因素制约，如公司财务资金充足与否、付款及时性、供应商的产量、配额等的影响。此外，进口只有一个（采购部），而销售出口有十几个，统计这个考核指标的数据来源非常复杂，而实际情况是目前没有专人负责，并且人工统计的工作量巨大。

（4）返利指标的完成同样受制于供应商的强势，以及需要财务等多个部门的配合才能取得相关统计数据。

人力资源部：请问您对目前公司层面的绩效考核工作有何看法和建议？

王总：第一，公司下达给我们部门的考核指标都是公司战略目标需要的。不管是否合理，我们采购部都会尽最大努力去完成。第二，考核只是手段，公司不能为考核而考核。第三，建议公司出台一些奖励措施。目前奖励的制度使部门内部的奖励措施难以兑现，影响了激励效果。第四，考核还应该兼顾公平性，因为每个员工享受的资源是不一样的，个人的绩效不一定是个人能力和努力的结果。

人力资源部：请问目前公司是否存在部分岗位或职务没有考核指标约束的情况？

王总：不存在。总监级的考核指标就是对应部门的考核指标。

三、Y 省 R 公司事业部绩效管理办法

（一）考核主体

（1）事业部及其负责人由 Y 省 R 公司绩效管理委员会负责考核。

（2）各中心及其负责人以下在岗人员绩效考核由其事业部的绩效考核小组负责。

（二）考核依据

（1）工作计划及绩效目标完成结果。

（2）事业部、各中心责任和岗位职责。

（3）事业部关键业绩指标进度表、考核目标责任书和关键绩效指标。

（4）Y 省 R 公司其他管理规定。

（三）绩效考核领导机构

事业部成立绩效管理小组，组长由事业部总监担任，副组长由事业部副总监担任，成员由中心负责人担任。

（四）考核方式

公司绩效考核实行“两级考核”制。

（1）一级考核：公司根据董事会下达的年度预算指标，将指标分解下达到各考核单元（含事业部、控股子公司、职能科室等），并根据各考核单元的指标完成情况，确定其年度薪酬总额。

（2）二级考核：事业部根据公司下达的年度预算指标，逐级分解下达到中心、班组、个人；同时，拟定事业部内部绩效考核和奖励细则，原则上于次年 3 月底前报公司绩效管理委员会，经审定后执行。

（3）经营层助理级人员、子公司负责人实行业务考核（一级考核）和岗位职级（公司级）共同考核的方式。

（五）考核流程

考核流程如图 7-1 所示。

（六）考核方式

（1）考核依据 KPI 评价准则，进行分析测评。

（2）在晋升和提薪考核方面需要附加自我评价环节，以便增强自我认识，利于自我提高。

（七）考核内容

根据事业部管理实际及发展需要，并结合岗位职责，分别确定考评要素和权重，要素评分实行百分制。通过各考核单元 KPI 分解，设计对部门负责人、中层管理者以及普通员工的绩效考核指标。

（八）业绩指标和目标值的设立

（1）考核期初各岗位的直接上级领导根据公司的整体年度工作目标和计

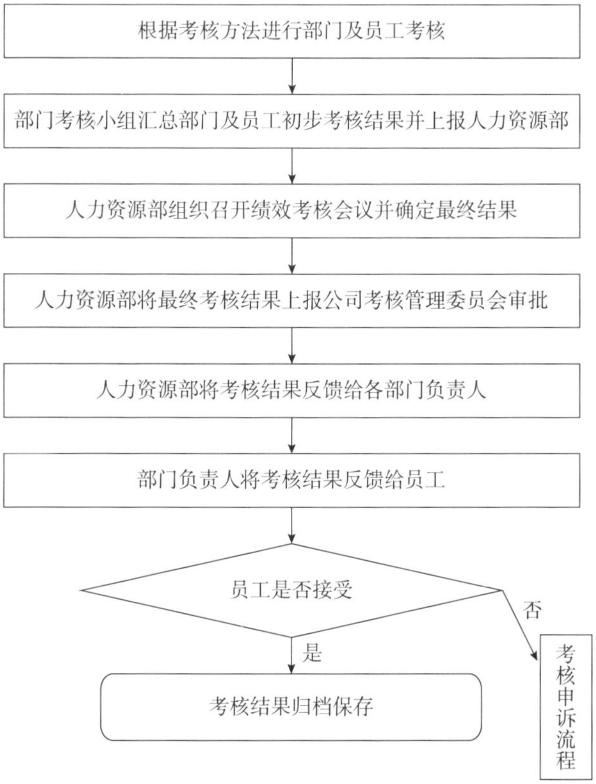

图 7-1　考核流程

划，以及各部门各岗位职责的分工，初步确定各岗位在考核周期内的工作目标，在与各岗位人员进一步协商讨论后，确定各岗位的当期关键业绩指标及指标的目标值，各岗位在进一步制订相关的年度工作计划后报主管领导审查后，由办公室审查备案。

（2）在制定关键业绩指标过程中，主管领导应了解各岗位实现关键业绩目标需要的资源和帮助，指导各岗位制订工作计划，主管领导要与各岗位充分沟通，最后达成一致意见。

（3）各岗位的工作计划、关键业绩指标及目标值的更改需经主管领导审核同意，办公室审查通过，备案后方可生效。

（九）业绩指标的选择

（1）关键业绩指标的选择和基本目标值要与公司的总体经营目标和经营计

划紧密结合，与各岗位的岗位职责相一致。

（2）定量指标要做到具体明确、重点突出、简便易行，并有时间、数量和质量要求，还要具有可实现性和挑战性。

（3）定性指标要能反映出具有过程性、难以量化的岗位其主要工作的基本表现，做到具体明确、科学合理，使之与量化的关键业绩指标互相衔接、互为补充，构成全方位考核被考核人员关键工作表现的体系。

（十）考核指标内容

关键业绩考核指标包括基本指标、专项指标、否决指标。

（1）基本指标分为财务指标、经营指标、流程指标、关系指标等，是指可影响事业部经营管理成果的关键因素，是衡量被考核人员主要工作完成情况的指标，由主管上级领导决定并由被考核人认同。

（2）专项指标，如客户满意度、质量管理、安全生产、学习和成长、执行力建设等指标构成，确保员工完成任务规范、标准，同时得到自我提升和进步。

（3）否决指标包括安全生产和质量管理，依据公司相关管理规定，严格执行“一票否决”，扣发当期绩效。

（十一）考核指标权重设计原则

（1）对经营目标实现越重要，则指标权重越高。

（2）工作内容越重要，指标权重越高。

（3）综合性越强，指标权重越高。

（4）权重分配在同级别、同类型岗位之间应具有一致性，另外，权重分配还要兼顾每个岗位的独特性，因此具有一定的浮动范围。

（5）权重分配时每一项的权重一般不要小于5%，否则对综合业绩的影响程度太弱。为体现各指标的重要程度，指标之间的权重差异最好在5%以上。

（十二）考核指标权重的确定

（1）基本指标反映的是事业部的最终经营成果，经营指标与流程指标主要反映的是事业部经营过程中的绩效水平，权重应该较高；财务指标与关系指标涉及部门较多，有些绩效水平由多部门决定，故权重较低。

（2）专项指标用以衡量各岗位工作执行的规范性、标准性以及工作的积极性，是普通员工规范工作绩效的衡量指标，为扣分考核指标。

（3）否决指标是关乎公司正常开展经营的决定性指标，不存在权重，实行一票否决制。

（十三）考核评价

1. 考核结果的等级评定

中心考核结果按部门 KPI 考核结果得分，划分为“优秀”“良好”“合格”“基本合格”四个等级，如表 7-8 所示。

表 7-8　中心考核结果等级划分

等级	优秀	良好	合格	基本合格
考核总分	90 分以上	80～89 分	70～79 分	60～69 分

人员的考核结果按考核总分，划分为“优秀”“良好”“中等”“有待提高”“不合格”五个等级，如表 7-9 所示。

表 7-9　人员考核结果等级划分

等级	优秀	良好	中等	有待提高	不合格
考核总分	90 分以上	80～89 分	70～79 分	60～69 分	59 分以下

对打分结果与部门以及员工实际表现有较大出入等其他特殊情况，可走考核申诉程序。

2. 考核等级比例控制

为减小考核的主观性及心理误差，各部门在向人力资源部申报考核结果时，等级比例控制需要与部门绩效考核等级挂钩，具体如表 7-10 所示。

表 7-10　部门绩效—员工考核结果比例对应　　单位：%

部门 员工	优秀	良好	合格	基本合格
优秀	15	10	5	0
良好	20	15	10	10
中等	55	60	60	55
有待提高	10	15	20	25
不合格	0	0	5	10

(十四) 绩效考核结果应用

1. 绩效工资发放

绩效工资的发放由岗位绩效工资基数以及月度部门和个人绩效考核结果决定。

绩效工资（T）=岗位绩效工资基数（C）×部门绩效考核系数（P1）×个人绩效考核系数（P2）

2. 培训、转岗

经过考核等级为不合格的人员，部门针对考核反映出工作存在的问题，对不合格人员有针对性地开展培训，培训后考核等级仍为有待提高或者连续2次考核都为有待提高者给予调离原岗位处理。

3. 晋升、调薪

每年月度考核等级达到优秀8次及以上的人员，可根据实际情况，给予职务晋升，以调动其工作积极性，使其继续发挥优势，承担更大的工作职责；晋升时机不成熟，可视情况调整其薪金与级别，以调动其积极性。

4. 评选优秀员工

员工每年8次以上考核等级为优秀者自动成为该部门优秀员工。

(十五) 其他奖励

员工每年8次以上考核等级为优秀者，可视实际情况给予奖励。

案例2　使用指南

一、在课程中的定位

本案例可以用在《绩效管理》课程当中，针对有关目标管理、关键绩效指标、平衡计分卡等话题进行讨论；学生事先需要了解目标管理、关键绩效指标、平衡计分卡的概念、特点和流程；适合人力资源管理专业本科生学习。

二、学习目标

（1）学习目标管理、关键绩效指标、平衡计分卡在企业绩效管理中的应用。

（2）掌握企业进行绩效管理的问题诊断与解决方法。

（3）理解绩效管理的流程。

三、讨论问题

讨论问题 1：Y 省 R 公司的绩效管理存在哪些问题？

讨论问题 2：Y 省 R 公司的绩效管理如何改进？

四、教学计划

本案例适用于 90 分钟的课堂，教学计划如表 7-11 所示。

表 7-11　绩效管理案例 2 教学计划

讨论问题	时间（分钟）
案例内容概述、案例讨论热身等	10
讨论问题 1	30
讨论问题 2	30
分析框架介绍或老师总结	20

五、讨论问题分析

（一）讨论问题 1：Y 省 R 公司的绩效管理存在哪些问题?

（1）公司没有系统的定员、定编、定岗、定责制度文件，组织机构架设和人员岗位设置不明确，部门负责人岗位职责形同虚设。

（2）各部门的绩效考核方案中，缺乏统一的业务部门考核实施细则，该实施细则中应包括考核范围、基本员工考核等级及其比例划分、部门员工绩效考核系数设定等，因缺少这些细则从而导致部门考核的随意性较大，考核结果的真实性有待商榷。

（3）部门绩效考核包括关键指标，但数据较多，导致数据的真实性无法确定，如采购部门的返利问题，物流部门的送达及时率、准确率等问题。

（4）部门在绩效考核中，存在“大锅饭”“老好人”现象。因指标涉及部门互相提供数据或者打分，皆互不得罪，所以无法区分出优秀与一般。

（5）除业务部门外，各职能部门常年无奖励性质的绩效考核，导致职能部门员工除做好最基本的本职工作外缺少工作上的能动性与积极性，并且心存抱怨。

（6）对员工进行激励是企业的重大问题。与民营企业相比，国有企业的历史性因素导致企业的工作效率低下，这对企业来说是一种负面的影响。

（7）再好的制度也要落地实施，绩效考核只是服务于实现企业目标的一个方面。企业环境（组织架构、人员岗责匹配等）很大程度上决定了绩效考核的顺利实施。绩效考核必须得到公司所有员工的高度理解和认同，但互相推诿、互相包庇现象盛行，仅改变绩效考核制度是不能解决任何问题的。制度终究是纸上文字，关键在于执行，外部微弱力量的推动对公司整体管理环境的改变起不了根本作用。

（二）讨论问题2：Y省R公司的绩效管理如何改进？

按照绩效管理的流程，有效利用绩效计划、绩效监控、绩效评价、绩效反馈、绩效结果，确定Y省R公司的绩效管理实施细则，明确考核主体、考核周期、考核依据、考核方式、考核内容等，成立绩效管理委员会，明确业绩指标和目标值的设立、业绩指标的选择、业绩指标的确定原则、考核指标内容、考核指标权重的确定、考核评价、申诉受理机构、绩效沟通、绩效改进等内容。

第八章
薪酬管理*

引论

薪酬管理是在组织发展战略指导下，对薪酬策略、薪酬水平、薪酬结构等进行确定、分配和调整的动态管理过程。作为人力资源管理的核心职能，薪酬管理将通过有效吸引、激励、保留员工，对企业战略目标实现发挥重要作用。薪酬体系设计是薪酬管理的基础和前提，通过对薪酬的构成及其分配方式进行科学、有效设计，才能保障薪酬管理有序运行。根据薪酬体系设计的理论和方法，结合企业的薪酬管理现状，在明确公司薪酬构成的基础上，针对行业特点和公司实际情况，对基本薪酬、绩效薪酬和福利进行专门设计，并形成公司薪酬设计方案，是企业薪酬管理的必修课。

知识点①

一、薪酬定义

目前，对薪酬的界定分为三类：一是宽口径的界定，将薪酬等同于报酬，即员工完成了自己的工作之后获得的内在、外在报酬；二是中等口径的界定，这种界定方法包含了直接的或是间接的所有经济报酬；三是窄口径的界定，这

* 本章内容由曹建巍编写。

① 刘昕．薪酬管理（第五版）［M］．北京：中国人民大学出版社，2017.

种薪酬界定方法只包括货币性薪酬，也就是员工的货币工资，不包含福利等间接回报。

二、薪酬要素

1. 基本薪酬

基本薪酬指企业根据员工所承担或完成的工作本身或者员工所具备的技能或能力向员工支付的相对稳定的经济性报酬。基本薪酬为劳动者提供最基本的生活保障，往往也是可变薪酬的主要依据。员工基本薪酬的确定依据其所从事的工作本身或者员工所具备的能力。引起基本薪酬变动的主要依据：①物价水平的变化；②劳动力的基本薪酬；③员工本人知识、经验、技能的变化；④国家法律法规的变化。

2. 绩效薪酬

绩效薪酬是薪酬体系中与绩效直接挂钩的经济性报酬，与基本薪酬相比，绩效薪酬具有可变性、非常规性、风险性和非普遍性特征。绩效薪酬的目标就是在绩效与薪酬之间建立直接的关系，以达到激励的目的。一般情况下，绩效薪酬可分为短期绩效薪酬和长期绩效薪酬。短期绩效薪酬是建立在非常具体的绩效目标之上的，而长期绩效薪酬可以鼓励员工将自己的行为着眼于企业的长期发展目标。

3. 福利

福利是一种以非现金形式支付给员工的报酬。员工福利从构成上来说可分为两类：法定福利和公司福利。法定福利是国家或地方政府为保障员工利益而强制各类组织执行的报酬部分，如社会保险、法定休假等；公司福利是建立在企业自愿基础上的，内容包括补充养老、补充医疗、住房、意外险、财产险、带薪休假、免费午餐、班车、员工文娱活动、休闲旅游等。

三、薪酬模式

1. 基于岗位的薪酬模式

该薪酬模式主要以职位高低为依据，鼓励员工向更高的职位晋升。该薪酬模式主要适用于不方便计算工作绩效的岗位，如行政、人力资源管理、财务等，岗位薪酬模式也是最常见、最通用的薪酬模式。

2. 基于绩效的薪酬模式

绩效薪酬将员工的收入水平与绩效挂钩，绩效按时间来分可以分为短期绩效和长期绩效，按对象来分可以分为群体绩效和个人绩效。绩效薪酬模式可以提升员工的工作能力、激发其工作欲望。但是，绩效薪酬的确定与企业的绩效考核紧密相关，绩效薪酬模式的实现需建立在科学、合理的绩效考核制度基础上。

3. 基于能力的薪酬模式

能力薪酬模式，指组织根据企业的经营策略，以员工所掌握的与工作有关的技能以及知识的深度和广度支付基本薪酬的一种报酬制度。

4. 基于市场的薪酬模式

无论采用上述何种薪酬模式都不能脱离市场薪酬水平，否则该薪酬模式就会失去其意义，无法产生激励作用。

四、薪酬水平

薪酬水平，指在一定时期内某一领域内员工薪酬的高低程度。通常所说的薪酬水平不单指货币薪酬，而是指实际薪酬水平。货币薪酬只是名义薪酬，并不能真实反映出劳动者的薪酬水平，实际薪酬水平反映了员工的实际购买能力，真实反映了员工的薪酬水平和生活水平。企业想要留住和吸引员工，就必须要保持薪酬水平的外部竞争性和内部公平性。

薪酬水平的策略包括领先策略、追随策略、滞后策略和混合策略。不同的企业根据企业所在行业、发展程度确定薪酬策略。垄断性行业和高速发展期的企业可以选择领先策略，经营特点不突出或处于成熟期的企业可以采用追随策略，中小企业和利润回报率低的企业大多数情况下采用滞后策略。混合策略是一种比较理想的薪酬策略，既能节约成本，又能充分调动不同类型员工的积极性，但是要实行该政策则需要人力资源管理人员具备科学的薪酬理论知识和操作能力。

五、薪酬结构

薪酬结构，包括薪酬横向结构和薪酬纵向结构。薪酬横向结构，即薪酬应当由哪些部分构成，各部分分别占多大比重；薪酬纵向结构，即薪酬分多少层级，各层级之间的关系如何。薪酬结构设计必须满足公平性和可操作性的要求，薪酬公平性主要体现在三个方面，即对内公平、对外公平和个人公平；薪酬的可操作性指薪酬在实际运行中，能够满足员工岗位调整、能力晋升、业绩认可等对薪酬调整的要求。

应用案例

案例1 HLY 教育科技责任有限公司的薪酬设计

HLY 教育科技责任有限公司（以下简称“HLY 公司”）是一家以儿童青少年教育培训为主的专业机构，经过多年的实践摸索，已经形成了较为成熟的森林城校区组织管理方案。森林城校区组织管理方案与公司单校区的经营战略匹配，有效保障了公司的运营与发展。随着公司多校区经营战略的提出，传统的单校区组织管理方案已不再适应公司的发展需求。公司亟待以森林公园校区为平台，规范组织管理体系，输出组织管理标准，从而推动公司战略目标的实现。组织管理模式由单校区的管理模式调整为“1+N”的管理模式，即1个总部、N个校区。薪酬管理是人力资源管理的核心职能，是支撑公司战略的重要工具。随着公司战略的调整，有必要重新优化公司薪酬体系，支撑公司连锁化经营战略目标的实现。

一、案例背景

1. 政策背景

近年来，我国教育事业步入令人瞩目的快速发展阶段，实现了从人口大国向人力资源大国的历史性转变。中国教育事业的发展是中国改革开放事业的巨大成果，而作为改革开放的重要产物，我国的民办教育为此做出了巨大贡献，已成为教育事业发展的重要增长点和促进教育改革的重要力量。《中华人民共和国民办教育促进法》《国家中长期教育改革和发展规划纲要（2010~2020年）》等法规政策均明确提出支持、保障民办教育发展。

此外，社区教育作为我国教育事业的重要组成部分，正在成为社区建设的重要内容。教育部等九部门发布的《教育部等九部门关于进一步推进社区教育发展的意见》，安徽省出台的社区教育发展的配套意见，将为社区教育发展注入活力，推动社区教育健康快速发展。

2. 行业背景

教育市场呈现旺盛的增长态势，成为我国经济领域闪亮的市场热点，成为创业投资最热门的关键词。根据国家教育部《全国教育事业发展统计公报》，未来5~10年，中国教育培训市场潜在规模将达到5000亿元。尤其是中小学的教育培训，超出3000多亿元的市场，并且正以每年30%的速度急速增长，每年参加各类培训的青少年儿童超过1亿人次。目前，我国现有2亿多的中小学生，90%以上中小学生在课后接受各种各样的辅导培训，这是一个无比巨大的需求群体市场。

与此同时，教育培训行业总体规模扩大与局部整合加快，一部分形成强势品牌、一部分生存状况良好、一部分规模日益萎缩、一部分自动关闭转让、一部分依法责令停办。教育培训业将迎来新一轮的洗牌阶段，大机构将出现综合化发展，品牌化、规模化趋势加快；专业教育机构将改革创新寻求教育蓝海战略，突出差异化连锁经营，打造核心竞争力。

3. 公司背景

HLY公司目前主要运营合肥市少年宫森林公园分校（以下简称“学校”）。学校是合肥市庐阳区的青少年儿童素质教育培训基地，占地2000多平方米，建有钢琴室、舞蹈室、书画展厅、跆拳道馆等活动场所。学校拥有一支德才兼备的专家型教师队伍，拥有丰富的教学经验和教学方法。目前开设舞蹈等艺术专业培训和活动项目30多个，是青少年儿童学艺术、练特长、塑品格，培养全面素质的理想场所。

HLY公司具备资产安全性高、收益稳定性好、现金流量较充沛、消费群体大、产业属性好等优势，具备对外扩张的良好条件。经过初步诊断，在公司尝试对外扩张过程中，发现公司存在人力资源管理体系不健全，制度不完善，人力资源管理人为性、随意性强等管理问题，直接影响甚至阻碍公司的发展。人力资源是第一资源，人力资源管理是核心职能，是构成公司核心竞争力的关键所在。当前，公司亟待以合肥市少年宫森林公园分校为平台，规范人力资源管理体系，输出人力资源管理标准，从而推动公司连锁经营战略的实现。

二、公司组织结构及人员编制

1. 组织结构

公司组织结构包括两个层级：总部和校区。总部设三个部门：综合管理部、校区事业部和校外事业部。不论公司独资，还是与其他公司或个人合资，各校区统一纳入公司运营管理。HLY 公司组织结构如图 8-1 所示。

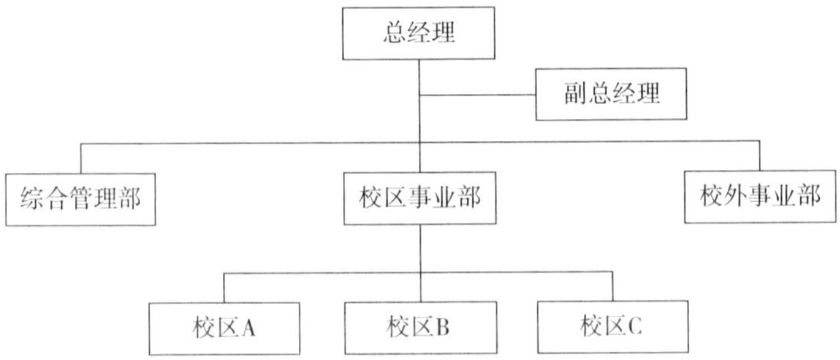

图 8-1　HLY 公司组织结构

总部各部门职责及岗位设置：综合管理部负责总部及各校区的财务、人力资源、行政、网络运维工作，设总监一名，下设会计、人力资源、出纳、行政、网络运维五个岗位；校区事业部负责校区事业管理工作，设总监一名，下设拓展、运营、教师三个岗位，拓展岗位负责校区的选址、筹建工作，运营岗位负责校区的运营、管理工作，教师岗位包括专职教师和兼职教师，教师根据专业特长对各校区开展教学；校外事业部负责校外事业管理工作，设总监一名，下设项目管理岗位，负责校外项目的拓展、运营工作。基层岗位不区分主管、专员，公司设置宽带薪酬体系，根据个人能力，区分同一岗位不同人员薪酬，如图 8-2 所示。

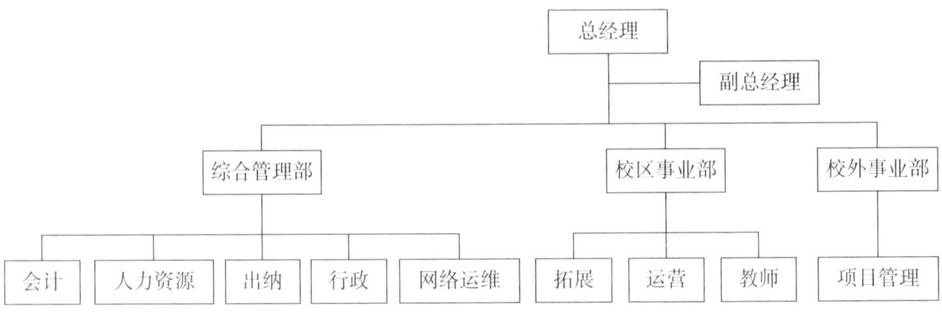

图 8-2　HLY 公司总部组织结构

校区各部门职责及岗位设置：办公室设出纳兼行政岗位，负责校区出纳、行政工作；根据教学项目，教学部设综合管理、书画管理、文艺管理三个岗位，分别负责所属项目的教学管理工作；市场部设市场岗位，负责所属片区的市场工作。为提高管理效率，节约管理成本，校区减少管理层次，加大管理幅度，公司实行扁平化管理，不设部门负责人岗位，基层岗位人员直接向校长汇报工作；基层岗位不区分主管、专员，公司设置宽带薪酬体系，根据个人能力，区分同一岗位不同人员薪酬，如图 8-3 所示。

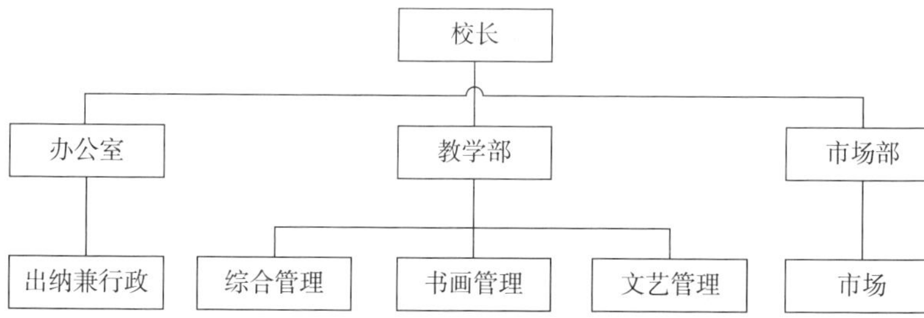

图 8-3　HLY 公司校区组织结构

2. 员工配置方案

HLY 公司员工编制人数按照工作需要和现有人员确定。公司人员编制为总部 18 人，每个校区 7 人，原则上在岗人数须≤18+7×n 人（n 为校区数）。教师岗不受编制控制，根据学生规模、教学需求等灵活确定，HLY 公司员工配置方案如表 8-1 所示。

表 8-1　HLY 公司员工配置方案　　单位：人

单位	部门	编制人数	现有人数	差额	备注
总部	公司高管	3	1	-2	—
	综合管理部	6	1	-5	—
	校区事业部	4	0	-4	—
	校外事业部	5	4	-1	—
	小计	18	6	-12	—
校区（森林城）	校长	1	1	0	—
	办公室	1	1	0	—
	教学部	3	3	0	—
	市场部	2	2	0	—
	小计	7	7	0	—
合计		25	13	-12	—

三、HLY 公司现行薪酬体系现状及问题

根据员工岗位类别，将员工岗位序列分为管理序列和教师序列，管理序列又分为总部管理序列、校区管理序列、校外管理序列，如表 8-2 所示。

表 8-2　员工岗位序列

岗位层级	岗位（薪酬等级）	涉及部门/岗位
管理序列	总部管理序列	高管、综合管理部、校区事业部（除教师）
	校区管理序列	校区
	校外管理序列	校外事业部
教师序列		专任教师

根据公司薪酬管理现状，确定员工薪酬总额由岗位薪酬、绩效奖金、年终奖金、其他奖金、福利构成。针对员工岗位序列，设置员工薪酬构成，如表 8-3 所示。

表 8-3　不同岗位序列的员工薪酬构成

<table>
<tr><th colspan="2" rowspan="2">员工序列</th><th colspan="2">岗位薪酬</th><th colspan="3">绩效奖金</th><th rowspan="2">年终奖金</th><th rowspan="2">其他奖金</th><th rowspan="2">福利</th></tr>
<tr><th>月度基本工资</th><th>月度绩效工资</th><th>学期绩效奖金</th><th>项目绩效奖金</th><th>月度绩效奖金</th></tr>
<tr><td rowspan="3">管理序列</td><td>总部管理序列</td><td>√</td><td>√</td><td></td><td></td><td>√</td><td>√</td><td>√</td><td>√</td></tr>
<tr><td>校区管理序列</td><td>√</td><td>√</td><td>√</td><td></td><td></td><td>√</td><td>√</td><td>√</td></tr>
<tr><td>校外管理序列</td><td>√</td><td>√</td><td></td><td>√</td><td></td><td>√</td><td>√</td><td>√</td></tr>
<tr><td colspan="2">教师序列</td><td>√</td><td>√</td><td></td><td></td><td></td><td></td><td>√</td><td>√</td></tr>
</table>

1. 岗位薪酬

公司目前岗位薪酬包括基本工资、浮动工资、级别工资、岗位工资四部分。

项目组经过资料分析和人员访谈，发现公司现有岗位薪酬存在员工薪酬确定及调整标准缺失、不同岗位薪酬水平趋同化、薪酬水平与市场水平脱节等情况，现有岗位薪酬方案如表8-4所示。

表8-4　现有岗位薪酬方案　　单位：元

序号	岗位	基本工资	浮动工资		级别工资	岗位工资
1	总经理	1000	0	0	1000	1500
2	会计	1400	700	100	400	500
3	校长	5200	0	0	0	0
4	出纳行政	1400	700	100	400	750
5	市场1	1400	700	100	200	400
6	市场2	1400	700	100	200	400
7	教学管理1	1400	700	100	200	400
8	教学管理2	2400	0	0	0	0
9	校外管理1	2400	0	0	0	0
10	校外管理2	2400	0	0	0	0

2. 绩效奖金

公司目前绩效奖金仅针对校区管理序列员工，校区管理序列绩效奖金发放周期为学期，包括个人学期绩效奖金和团队学期绩效奖金。校区管理序列绩效奖金与学费指标挂钩。项目组以2017年秋季学期为例，对森林城校区学费来源进行了统计，统计发现，森林城校区学费主要来源于教学留生，新生报名、老生复报、片区外报名占比相对较小，如表8-5所示。

表8-5　学费来源统计（以2017年秋季学期为例）

序号	学费来源	责任人	2017年秋季（元）	占比（%）
1	教学留生	教学管理	1096035	74.90
2	老生复报	全员	87325	5.97
3	新生报名	市场	255065	17.43
4	片区外报名	全员	24990	1.71
合计			1463415	100.00

为掌握森林城校区绩效奖金管理现状，项目组以 2018 年暑期班为例，分析了森林城校区绩效奖金方案。

（1）2018 年暑期班任务目标及分解。

2018 年暑期班学费目标 1268340 元整，对应缴费人数 1775 人次，目标任务分解如下：

1）2018 年春季班老生留生 1301 人次，留生学费 805610 元。按照 2018 年春季总学籍人数 1963 人次，留生率 66.28%。

2）老生复报对应 120 人次，共计 126428 元。

3）新生人数对应 454 人，共计 336302 元。

（2）2018 年暑期班团队绩效奖金。

2018 年暑期班，以学费作为考核标准，团队班次绩效奖金如表 8-6 所示。

表 8-6　2018 年暑期团队绩效奖金

学费（元）	对应缴费学生人数参照	班期团队绩效工资
1000000≤G<1200000	1398 人≤S<1678 人	2000 元/人
1200000≤G<1268340	1678 人≤S<1775 人	2400 元/人
G≥1268340	S≥1775 人	3000 元/人

注：S 表示招生人数，G 表示招生学费。以后班期目标和团队班期绩效工资另行确定。

（3）市场部管理绩效奖金。

1）少年宫森林城校区以合肥市教育局公布的 2016 年小学学区划分为依据，分为两个片区。市场部区域划分规则如下：

①第一片区范围。育新小学学区、跃进小学学区、长二小橡树湾校区学区、四河小学学区、五一小学学区

②第二片区范围。南门小学森林城校区学区、六安路小学中铁校区学区、岗集小学学区、大杨镇小学学区。

2）学区内所有幼儿园、小学和中学新生学费收入计为片区市场负责人员业绩。

3）2018 年暑期班市场部绩效方案如下：

①2018 年暑期班市场部学费总目标 336302 元，第一片区和第二片区各占 50%，即两个片区市场新生学费目标都是 168151 元，对应新生人数 227 人。

②所属片区新生学费收入≤所属片区目标学费的 50%，本阶段学费市场部

提成 2%。

③所属片区目标学费的 50%<所属片区新生学费收入≤所属片区目标学费的 100%，本阶段学费市场部提成 4%。

④所属片区目标学费的 100%<所属片区新生学费收入，超出段学费市场部提成 6%。

（4）教学部管理绩效工资。

教学部管理绩效工资如表 8-7 所示。

表 8-7　2018 年暑期教学部管理绩效工资

留生率	留生率提成
L<50%	0
50%≤L	超过 50%部分提成 5%

注：L 表示留生率，以学费金额核算。

（5）老生复报班管理规定。

为充分挖掘少年宫现有生源潜力，促进老生复报班，特别设立老生复报班绩效管理方案。老生复报指学生当前所学的科目不减少，增加的报名班次。

2018 年暑期班老生复报绩效方案如下：

1）2018 年暑期班老生复报学费目标是 126428 元（对应 120 人次）。

2）老生复报学费≤63214 元部分，复报提成 2%。

3）63214 元<老生复报学费≤126428 元部分，复报提成 4%。

4）126428 元<老生复报学费部分，复报提成 6%。

5）老生复报提成统一计算完成，由全体人员平均分配。

6）市场部和教学项目部举办活动（公开课、讲座等），活动现场报名的老生、现场报名新生计入市场部任务。

（6）片区以外报名管理规定。

1）生源所属幼儿园（学校）不属于第一或第二片区范围，计为片区外学员。

2）片区外学员因少年宫品牌影响力和口碑而产生的报名，不计作某个特定的市场绩效。

3）片区外学员绩效计算办法：学费提成 2%，由全体人员平均分配。

4）片区外学员报名不计入市场部任务，但计入团队总任务。

3. 年终奖金

公司目前年终奖金仅针对校区管理序列员工，校区年终奖金根据全年利润计算，其中，校长年终奖金方案如表 8-8 所示，其他员工年终奖金视全年利润，额外发放 1~2 月工资。

表 8-8　校长年终奖金现状

年底利润 P（万元）	对应比例（%）
P<80	0
80≤P<100	2
100≤P<120	3
120≤P	4

注：年底绩效工资=年利润 P×对应比例。

校区全体员工一个团队，校区全年利润不仅与校长相关，而且与每位校区其他员工相关，公司目前校区年终奖金方案没有将校长和其他员工的利润目标统一起来，不利于校区全年利润目标的达成。此外，年终奖金发放采取全年利润乘单一对应比例的方式计算，容易引发争议或带来不公平。

4. 其他奖金

公司现有其他奖金为全勤奖金和工龄奖金。其中，全勤奖金 100 元/月，工龄奖金每满 1 年则发放 100 元/月。

5. 福利

公司现有福利项目主要为法定社会保险和住房公积金、餐补、过节费。福利项目较为单一，对员工的保障及激励作用有限。

案例 1　使用指南

一、案例概要

薪酬管理是支撑公司战略目标实现的重要工具。随着 HLY 公司的管理模式由单校区向“1+N”（1 个总部，N 个校区）的转变，薪酬设计急需调整，以匹配公司连锁化经营战略的要求。根据薪酬体系设计的理论，结合 HLY 公司的薪酬管理现状，本案例将 HLY 公司薪酬分为岗位薪酬、绩效奖金、年终奖金、其他奖金、福利五大部分，在明确公司薪酬构成的基础上，针对教育培训行业特点和公司管理要求，对每部分薪酬进行专门设计，提出优化绩效薪酬设计方案。

二、在课程中的定位

本案例可以在人力资源管理专业《薪酬管理》课程当中，针对岗位薪酬、绩效薪酬和福利设计等话题进行讨论。学生须事先阅读薪酬设计相关资料，具备一定的薪酬设计专业知识和技能。

三、学习目标

（1）理解岗位薪酬、绩效薪酬、福利设计的原理。
（2）掌握岗位薪酬、绩效薪酬、福利设计的方法和技术。

四、相关阅读资料

文征．员工工作分析与薪酬设计［M］．北京：企业管理出版社，2006.
刘昕．薪酬管理（第五版）［M］．北京：中国人民大学出版社，2017.
康锋．薪酬设计全程指导［M］．北京：中国劳动社会保障出版社，2011.
文跃然．薪酬管理原理［M］．上海：复旦大学出版社，2013.

五、讨论问题

讨论问题 1：设计岗位薪酬优化方案。
讨论问题 2：设计绩效奖金优化方案。
讨论问题 3：设计年终奖金优化方案。
讨论问题 4：设计其他奖金优化方案。
讨论问题 5：设计福利优化方案。

六、教学计划

本案例适用于 90 分钟的课堂，教学计划如表 8-9 所示。

表 8-9　薪酬管理案例 1 教学计划

讨论问题	时间（分钟）
案例内容概述、案例讨论热身等	10
讨论问题 1	15
讨论问题 2	15
讨论问题 3	15
讨论问题 4	10
讨论问题 5	10
分析框架介绍或老师总结	15

七、讨论问题分析

（一）讨论问题 1：设计岗位薪酬优化方案

项目组经过资料分析和人员访谈，发现公司现有岗位薪酬存在员工薪酬确定及调整标准缺失、不同岗位薪酬水平趋同化、薪酬水平与市场水平脱节等情况。项目组根据岗位薪酬设计流程，在岗位等级设计、薪酬水平策略确定、薪酬结构设计基础上，形成了公司薪酬矩阵，进而明确了员工薪酬套级套档的依据，并对所有员工按照新的岗位薪酬体系确定了薪酬标准。

1. 岗位价值评估及岗位等级设计

岗位价值评估，指在工作分析的基础上，采取一定的方法，对岗位在组织中的影响范围、职责大小、工作强度、工作难度、任职条件、岗位工作条件等特性进行评价，以确定岗位在组织中的相对价值，并据此建立岗位价值序列的过程。岗位价值评估的结果直接为岗位等级设计提供依据。项目组主要采用要素计点法对公司的岗位价值进行评估。

（1）岗位价值评估表设计。岗位价值评估表选取 4 项一级评价要素，28 项二级评价要素，对每项二级评价要素进行了操作性定义及分值赋予。

（2）岗位价值评估实施。根据岗位价值评估表，HLY 公司领导和项目咨询团队对公司 19 个岗位进行了价值评分。项目组选取四人评分的平均分作为岗位价值评估的结果。

（3）岗位等级设计。根据岗位价值评估结果，结合公司岗位管理现状，确定不同岗位的岗位等级。公司设置 1~10 级的岗位等级，其中，9~10 级属于高层岗位，6~8 级属于中层岗位，1~5 级属于基层岗位，如表 8-10 所示。

表 8-10　岗位等级设计

岗位等级	对应岗位
10 级	总经理
9 级	副总经理
8 级	无
7 级	校长
6 级	总监
5 级	高级讲师
4 级	会计、人力资源、出纳、行政、网络运维、拓展、运营、中级讲师、出纳兼行政
3 级	项目管理、初级讲师、综合管理、书画管理、文艺管理、市场
2 级	无
1 级	无

2. 薪酬水平调查及薪酬水平策略

公司现有薪酬水平来源于该岗位员工上年度全口径月平均工资，市场薪酬水平来源于智联招聘网站发布的合肥市培训行业小规模公司相同或相近岗位的薪酬数据，如表 8-11 所示。

表 8-11　公司薪酬水平调查

岗位	薪酬等级	现有薪酬水平（元）	市场薪酬水平（元）				
			10 分位	25 分位	50 分位	75 分位	90 分位
总经理	10	6696	11150	15387	22077	30774	37241
校长	7	7337	5667	7820	11221	15641	18928

续表

岗位	薪酬等级	现有薪酬水平（元）	市场薪酬水平（元）				
			10 分位	25 分位	50 分位	75 分位	90 分位
高级讲师	5	—	—	—	—	—	—
网络运维	4	—	2173	2998	4302	5997	7257
拓展	4	—	2032	2804	4023	5608	6787
运营	4	—	2092	2887	4143	5775	6989
项目管理	4	5557	2092	2887	4143	5775	6989
中级讲师	4	—	—	—	—	—	—
会计	3	4496	2012	2776	3983	5553	6720
人力资源	3	—	1951	2693	3864	5386	6518
出纳	3	—	1830	2526	3625	5053	6115
行政	3	—	1830	2526	3625	5053	6115
初级讲师	3	—	—	—	—	—	—
出纳兼行政	3	4746	1951	2693	3864	5386	6518
综合管理	3	—	2092	2887	4143	5775	6989
书画管理	3	5402	2092	2887	4143	5775	6989
文艺管理	3	5609	2092	2887	4143	5775	6989
市场	3	4833	2052	2832	4063	5664	6854

通过比对公司现有薪酬水平和市场薪酬水平发现，公司基层员工薪酬处于 75 分位水平，处于市场领先地位，具有一定的市场竞争力；中高层员工薪酬水平处于市场 25 分位及以下水平，处于市场落后地位，严重缺乏市场竞争力。

分析公司薪酬水平调查结果，结合公司发展战略、薪酬支付能力，确定公司采取混合型薪酬水平策略进行薪酬水平调整。其中，基层员工薪酬水平保持 75 分位不变，保证基层员工收入不降低；中高层员工薪酬水平调整至 50 分位水平，与市场中等水平持平，提高中高层岗位薪酬竞争力。

3. 薪酬结构设计

岗位薪酬结构包括薪酬等级、薪酬档位、同级档差、同级极差、中值差、上下级重叠度及薪酬构成，如表 8-12 所示。

表 8-12　岗位薪酬结构

等级	档位					带宽（%）	同级档差（元）	同级极差（元）	中值差（元）	上下级重叠度（%）	薪酬构成	
	1 档（元）	2 档（元）	3 档（元）	4 档（元）	5 档（元）						基本（%）	绩效（%）
10	6500	7100	7700	8300	8900	36.92	600	2400	1000	58.33	40	60
9	5500	6100	6700	7300	7900	43.64	600	2400	1000	62.50	40	60
8	4900	5300	5700	6100	6500	32.65	400	1600	600	62.50	50	50
7	4300	4700	5100	5500	5900	37.21	400	1600	600	62.50	50	50
6	3700	4100	4500	4900	5300	43.24	400	1600	600	75.00	50	50
5	3500	3700	3900	4100	4300	22.86	200	800	300	62.50	60	40
4	3200	3400	3600	3800	4000	25.00	200	800	300	62.50	60	40
3	2900	3100	3300	3500	3700	27.59	200	800	300	62.50	60	40
2	2600	2800	3000	3200	3400	30.77	200	800	300	62.50	60	40
1	2300	2500	2700	2900	3100	34.78	200	800	—	—	60	40

4. 薪酬矩阵

根据岗位等级设计、薪酬水平策略、薪酬结构设计结果，确定公司薪酬矩阵。薪酬矩阵包括薪酬/岗位等级、档位及其对应的薪酬、岗位。

5. 套级套档

根据员工所在岗位，确定员工薪酬等级，员工岗位发生调整，薪酬随即调整；根据套档模型，确定员工薪酬档位。套档模型由学历、职称/职业资格证、工作绩效、入司年限、岗位年限五大评价要素组成，每个评价要素占20%权重，分为6个等级，依次赋予0~5分的分值。公司每年初根据员工实际情况，对员工薪酬档位进行套档，如表8-13所示。

表 8-13　套档模型

评价要素	权重（%）	0 分	1 分	2 分	3 分	4 分	5 分
学历	20	高中以下	高中/中专	大专	本科	硕士	博士
职称/职业资格证	20	无	员级	初级	中级	高级	正高级
工作绩效	20	70 以下	70~80	80~90	90~100	100~110	110~120
入司年限	20	应届毕业生	2 年以下	2~4 年	4~6 年	6~8 年	8 年以上
岗位年限	20	应届毕业生	1 年以下	1~2 年	2~3 年	3~4 年	4 年以上

6. 岗位薪酬调整结果

根据薪酬矩阵、员工岗位及套档模型，确定公司在岗10位专职员工的岗位薪酬标准，如表8-14所示。

表8-14 员工薪酬标准

序号	岗位	薪酬等级	薪酬档位	岗位薪酬（元）	月度岗位工资（元）	月度绩效工资（元）
1	总经理	10	3	7700	3080	4620
2	项目管理1	3	1	2900	1740	1160
3	项目管理2	3	1	2900	1740	1160
4	校长	7	2	4700	2350	2350
5	出纳兼行政	4	1	3200	1920	1280
6	市场1	3	1	2900	1740	1160
7	市场2	3	1	2900	1740	1160
8	教学管理1	3	1	2900	1740	1160
9	教学管理2	3	1	2900	1740	1160
10	教学管理3	3	1	2900	1740	1160

（二）讨论问题2：设计绩效奖金优化方案

公司目前绩效奖金仅针对校区管理序列员工，项目组对校区管理序列员工的绩效奖金方案进行了优化，同时增加了校外管理序列员工、总部管理序列员工和教师序列员工的绩效奖金方案。

1. 校区管理序列绩效奖金优化

分析森林城校区管理序列绩效奖金方案，整体上比较科学、合理，兼顾了个人绩效和团队绩效，对校区业绩目标达成、员工有效激励起到了积极作用，项目组对部分方案内容进行了适度优化。

（1）优化学费设置区间。教学部个人学期奖金根据当期个人学费保留率，按照个人负责项目留生总学费的既定比例计算绩效奖金，项目组增设了绩效奖金比例层次，提高绩效奖金的合理性、激励性，如表8-15所示。

表 8-15 教学部个人学费奖金

个人学费保留率	个人学费奖金
≤50%的部分	0
>50%且≤60%的部分	个人负责项目留生总学费的 5%
>60%且≤70%的部分	个人负责项目留生总学费的 6%
>70%且≤80%的部分	个人负责项目留生总学费的 7%
>80%且≤90%的部分	个人负责项目留生总学费的 8%
>90%且≤100%的部分	个人负责项目留生总学费的 9%

(2) 预发团队绩效奖金。团队绩效奖金是校区所有员工收入的重要组成部分。目前，公司团队绩效奖金学期末统一发放，员工普遍反映月度工资偏低，甚至不能维持日常生活。项目组经过测算，建议团队学期绩效奖金按 700 元/月标准预发，学期末根据当期应发团队绩效奖金多退少补。

(3) 调整全部学费绩效奖金标准。校长全部学费绩效奖金标准与其他员工一样，但是校长没有学费、留生提成，这导致校长学期绩效奖金偏低。建议提高校长全部学费绩效奖金标准，如表 8-16 所示。

表 8-16 全部学费奖金计算

<table>
<tr><th rowspan="2">全部学费目标达成率</th><th colspan="2">全部学费奖金</th></tr>
<tr><th>校长</th><th>其他员工</th></tr>
<tr><td><80%</td><td>0</td><td>0</td></tr>
<tr><td>≥80%</td><td>6000 元</td><td>2000 元/人</td></tr>
<tr><td>≥90%</td><td>6400 元</td><td>2400 元/人</td></tr>
<tr><td>≥100%</td><td>7000 元</td><td>3000 元/人</td></tr>
</table>

2. 校外管理序列绩效奖金设计

校外事业部员工对本人项目学费目标负责，员工绩效奖金根据当月校外事业部学费目标达成率计算，如表 8-17 所示。

表 8-17　校外事业部学费奖金

个人学费目标达成率	个人学费奖金
≤50%的部分	个人负责项目学费的 2%
>50%且≤100%的部分	个人负责项目学费的 4%
>100%的部分	个人负责项目学费的 6%

3. 总部管理序列绩效奖金设计

总部管理序列员工对所有校区及校外事业部学费目标负责，总部管理序列员工月度绩效奖金根据当月公司整体学费目标达成率计算，如表 8-18 所示。

表 8-18　总部管理序列员工月度绩效奖金

公司学费目标达成率	总部管理序列员工月度绩效奖金		
	高层	中层	基层
<80%	0	0	0
≥80%	1000 元/人	600 元/人	300 元/人
≥90%	2000 元/人	1000 元/人	600 元/人
≥100%	3000 元/人	2000 元/人	1000 元/人

4. 教师序列绩效奖金设计

参照培训行业专职教师薪酬管理办法，教师序列学期绩效奖金包括超课时奖金和留生奖金。

（1）超课时奖金。专职教师最低课时量为 200 课时/学期，超过最低课时量的课时部分按照约定标准发放超课时奖金。

（2）留生奖金。专职教师留生奖金根据当期本人所带学生学费保留率计算，如表 8-19 所示。

表 8-19　专职教师留生奖金

所带学生学费保留率	专职教师留生奖金
≤50%的部分	留生总学费的 2%
>50%且≤80%的部分	留生总学费的 4%
>80%且≤100%的部分	留生总学费的 6%

（三）讨论问题3：设计年终奖金优化方案

公司目前年终奖金仅针对校区管理序列员工，项目组优化了校区员工年终奖金方案，同时增加了总部高管及综合管理部员工、总部校区事业部员工、总部校外事业部员工的年终奖金方案。总体上，个人发放金额=年终奖金基数×个人分配系数。

1. 校区员工年终奖金优化

项目组一方面将校区校长和其他员工的年终奖金计算基数统一为全年利润，另一方面将年终奖金计算方式调整为全年利润乘以累进比例的方式计算。

（1）校区员工的年终奖金基数。老校区员工的年终奖金基数根据全年利润目标达成率，采取全年利润乘以累进比例的方式计算，如表8-20所示。

表8-20　老校区年终奖金基数

全年利润目标达成率	年终奖金基数
≤80%的部分	全年利润的2%
>80%且≤100%的部分	全年利润的3%
>100%且≤120%的部分	全年利润的4%
>120%的部分	全年利润的5%

公司对新校区采取扶持政策，新校区成立两年内的利润目标可小于0，即允许亏损，新校区员工年终奖金基数按照全年实际亏损与目标亏损差值乘以累进比例的方式计算，如表8-21所示。

表8-21　新校区年终奖金基数

全年亏损目标达成率	年终奖金基数
≥100%的部分	0
>80%且≤100%的部分	全年实际亏损与目标亏损差值的10%
>60%且≤80%的部分	全年实际亏损与目标亏损差值的20%
≤60%的部分	全年实际亏损与目标亏损差值的30%

（2）校区员工的年终奖金分配。校区校长的年终奖金分配系数为1。校区其他员工的年终奖金分配系数=当年个人应发工资/校区其他员工应发工资合计×100%。

2. 总部高管及综合管理部员工年终奖金设计

（1）总部高管及综合管理部员工的年终奖金基数。总部高管及综合管理部员工的年终奖金基数根据公司全年利润计算。

表 8-22 总部高管及综合管理部员工的年终奖金基数

全年利润目标达成率	总部高管年终奖金基数	总部综合管理部员工年终奖金基数
≤80%的部分	公司全年利润的 2%	公司全年利润的 1%
>80%且≤100%的部分	公司全年利润的 3%	公司全年利润的 1.5%
>100%且≤120%的部分	公司全年利润的 4%	公司全年利润的 2%
>120%的部分	公司全年利润的 5%	公司全年利润的 2.5%

（2）总部高管及综合管理部员工的年终奖金分配系数。总部高管的年终奖金分配系数=当年个人应发工资/总部高管应发工资合计×100%。总部综合管理部员工的年终奖金分配系数=当年个人应发工资/综合管理部员工应发工资合计×100%。

（3）总部高管及综合管理部员工的年终奖金。总部高管的年终奖金=总部高管年终奖金基数×总部高管年终奖金分配系数。总部综合管理部员工的年终奖金=总部综合管理部员工年终奖金基数×总部综合管理部员工年终奖金分配系数。

3. 总部校区事业部员工年终奖金设计

（1）总部校区事业部员工的年终奖金基数。总部校区事业部员工的年终奖金基数根据所有校区的全年利润计算。

表 8-23 总部校区事业部员工的年终奖金基数

全年利润目标达成率	年终奖金基数
≤80%的部分	所有校区全年利润的 2%
>80%且≤100%的部分	所有校区全年利润的 3%
>100%且≤120%的部分	所有校区全年利润的 4%
>120%的部分	所有校区全年利润的 5%

（2）总部校区事业部员工的年终奖金分配系数。总部校区事业部员工的年终奖金分配系数=当年个人应发工资/总部校区事业部员工应发工资合计×100%。

（3）总部校区事业部员工的年终奖金。总部校区事业部员工的年终奖金=

总部校区事业部员工年终奖金基数×总部校区事业部员工年终奖金分配系数。

4. 总部校外事业部员工年终奖金设计

（1）总部校外事业部员工的年终奖金基数。总部校外事业部员工的年终奖金基数根据本部门的全年利润计算。

表 8-24 总部校外事业部员工的年终奖金基数

全年利润目标达成率	年终奖金基数
≤80%的部分	部门全年利润的 2%
>80%且≤100%的部分	部门全年利润的 3%
>100%且≤120%的部分	部门全年利润的 4%
>120%的部分	部门全年利润的 5%

（2）总部校外事业部员工的年终奖金分配系数。总部校外事业部员工的年终奖金分配系数=当年个人应发工资/总部校外事业部员工应发工资合计×100%。

（3）总部校外事业部员工的年终奖金。总部校外事业部员工的年终奖金=总部校外事业部员工年终奖金基数×总部校外事业部员工年终奖金分配系数。

（四）讨论问题 4：设计其他奖金优化方案

1. 取消奖金项目

全勤奖金发放的前提为员工全勤，不得请假，通常拿到的员工较少，容易引发员工不满，起到了负激励作用，建议取消全勤奖金项目。

2. 调整奖金项目

鼓励员工长期任职，每满 1 年发放 100 元/月工龄奖金。但是随着员工工龄的增加，对公司人工成本带来了一定压力，建议增设工龄奖金上限，超过 5 年按 5 年计算。

3. 增设奖金项目

参照培训行业薪酬特点，结合公司薪酬管理现状，项目组增设了其他奖金。

（1）荐才奖。公司鼓励员工推荐人才到公司工作，人才一经公司录用，视人才类型和级别发放 200~500 元荐才奖。

（2）建议奖。公司鼓励员工针对公司发展积极建言献策，建议一经总经理采纳，视建议类型发放 100~300 元建议奖。

（3）优秀员工奖金。根据年度绩效考核结果，评定优秀员工，每人奖励

1000 元，优秀员工比例不超过员工总数的 20%。

（4）总经理特别奖。即总经理特批的临时性奖励，奖励对象、奖励标准由总经理确定。

（五）讨论问题 5：设计福利优化方案

1. 调整福利项目

公司目前餐补为 150 元/月，不能满足员工午餐需求，项目组建议调整午餐补助标准，调整至 300 元/月。

2. 增设福利项目

参照培训行业福利特点，项目组增设了其他福利项目。

（1）意外伤害保险。公司员工每天上下班往返，外出工作期间都存在一定的意外风险。项目组建议公司为员工购买意外伤害保险，为员工提供意外伤害保障。

（2）体检。关心员工首先从关爱员工健康开始，项目组建议公司每年安排员工进行一次全面身体检查。

（3）培训费报销。公司处于快速发展阶段，项目组建议公司鼓励员工参加外部培训，为公司储备优秀人才。对符合相关条件者给予 50%报销，其中公司支付培训费大于 5000 元的培训项目，员工需与公司签订培训协议，约定服务期。

案例 2　Z 公司呼叫专员的薪酬优化

Z 公司是全国唯一一家专门为在华日资企业提供全方位人力资源服务的咨询企业。呼叫中心是 Z 公司日企事业部内设的二级部门，呼叫专员是 Z 公司呼叫中心下设的人员规模最大的基层岗位，主要负责在华日资企业潜在客户信息转化、沙龙活动邀请与辅助、薪酬调查问卷催收等。呼叫专员直接与客户需求对接，其工作的效率和效果影响呼叫中心的效益。随着日资企业在华市场需求的增加，Z 公司对呼叫专员岗位的需求日益增加，更加凸显了呼叫专员岗位的价值。总体上，Z 公司急需一批数量充足、质量优良、结构合理的呼叫专员队伍，以保障呼叫中心业务的运行与发展。

与呼叫专员岗位需求增加、价值凸显形成鲜明对比的是，Z 公司面临着呼叫专员流失率高的困境，50%以上呼叫专员任职不到一年即选择离职，在公司工作两年以上的呼叫专员屈指可数。因呼叫专员流失率高、人才队伍不稳定，一方面抬升了公司新员工的招聘成本和培训成本；另一方面部分项目因呼叫专员离职而终止，严重影响了Z公司日企事业部的利润水平。通过与所有离职员工访谈发现，大部分呼叫专员离职原因直指自身的薪酬，具体包括薪酬水平严重低于自我预期，干多干少、干好干坏差异不明显等。综上所述，薪酬问题已成为引发呼叫专员跳槽行为的主要原因，Z公司现有薪酬体系问题不容回避，亟待优化。

一、Z公司简介

Z公司是Z集团下属的专门为在华日资企业提供薪酬咨询、薪酬调研的部门。经调查了解，全国范围内还没有任何一家咨询企业成立了专门针对在华日企提供薪酬调研的机构，所以Z公司成立了专门的日企事业部，为在华日资企业提供全方位的人力资源服务，Z公司组织结构如图8-4所示。

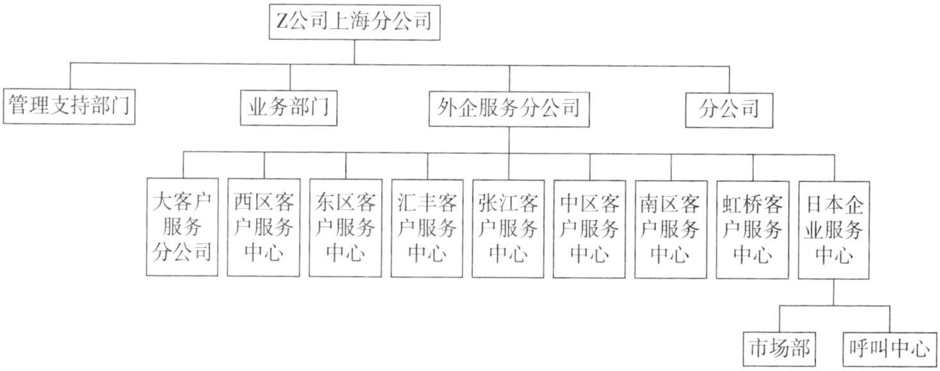

图8-4　Z公司组织结构

二、呼叫专员工作分析

日企事业部下设市场部和呼叫中心，其中呼叫中心主要岗位为呼叫主管和呼叫专员。呼叫专员根据所获得的电话号码进行拨打，进而获取各日企的人事或者总务负责人的联系电话和邮箱。在获得这些信息之后会邀请各日企的负责人参加免费沙龙活动，建立更进一步的信任关系，呼叫专员挖掘各个企业的薪酬咨询需求，也为每年3~5月撰写薪酬调研报告打好基础，呼叫专员岗位说明书如表8-25所示。

表 8-25 呼叫专员岗位说明书

岗位名称	呼叫专员	岗位编号	DP002
所在部门	呼叫中心	岗位定员	15
直接上级	部门经理	直接下级	无
职责与工作任务			
职责一	职责表述：潜在客户信息转化		
	工作任务	拨打电话，以获得各个日企 HR 的联系方式	
		将企业的免费资料发送到各个联系人的邮箱	
		整理转化成功的客户信息	
		拨打 114 查询拨打名单上的企业联系电话或联系邮箱	
		用互联网搜索新开发地区日企的联系方式	
		配合其他地区分公司的转化和邀约	
职责二	职责表述：沙龙活动邀约		
	工作任务	拨打电话进行邀约	
		发送邀请函及沙龙活动相关信息	
		确认是否收到邮件以及是否决定参加	
		活动前一天提醒各参加活动的 HR	
职责三	职责表述：沙龙活动辅助		
	工作任务	准备好问卷调查表	
		准备好指示牌	
		准备好会场的桌椅、教学设备	
		准备好签到单和笔	
职责四	职责表述：催收薪酬调查问卷		
	工作任务	提醒各企业问卷的截止日期	
		指导各个企业填写薪酬问卷	
		强调薪酬调查的重要性	
		说服不愿意参加薪酬调查的企业参加调查	
		发送政府文件到索取企业	
工作权限			
发送公司提供的免费薪酬报告			
当参加免费沙龙邀约名额满后，有权拒绝想要参加活动的客户			
提出工作上改进的意见或建议			

续表

工作关系	
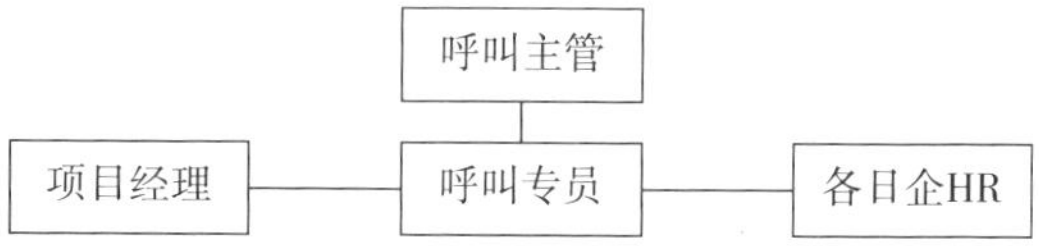	
任职资格	
教育水平	大学本科及以上
专业	市场营销、工商管理、人力资源专业或日语专业
经验	有销售经验
知识	有电话销售的基础知识
技能技巧	熟练使用各种办公室软件，具备基本的网络知识
个人素质	具有一定的判断与决策能力、人际能力、沟通能力、说服力，普通话标准，声音甜美
其他	
工作环境	办公室
工作时间特征	正常工作时间
所需记录文档	工作日志、转化邀约名单汇总表
考核指标	
信息转化成功量和邀约成功量	
考勤、服从安排、遵守制度	

三、Z 公司呼叫专员现行薪酬体系现状及问题

Z 公司呼叫专员目前执行的是基于绩效的薪酬模式，薪酬体系由基本工资+态度工资+绩效工资三大模块组成。呼叫专员基本工资为 800 元。态度工资为 300 元，其中态度工资中有这样的规定，即基础系数为 1，每天拨打电话量不达 150 个扣除 0.1 的系数；每天转化率不达 15%，扣除 0.1 的系数；发现浏览无关网站，扣除 0.1 的系数；工作日志转化率或者邀约企业家数统计错误或者不交工作日志的扣除 0.1 的系数；能够为部门提出好的有效管理意见加 0.1 的系数；全勤加 0.1 的系数；企业信息查看超过 500 条的，每超过 100 条加 0.1 的系数。

绩效工资分为有效名单转化和沙龙邀约，转化每成功一条信息能够获得4元的绩效工资。沙龙每邀约成功一家企业能够获得10元的绩效工资，但是以沙龙是否能够召开和企业是否出席当天的沙龙活动为准。呼叫专员进行沙龙邀约后突然取消沙龙邀约，邀约量记为0。Z公司薪酬等级分为3个等级，总经理、部门经理为第3级，项目经理、呼叫主管为第2级，呼叫专员、咨询助理、人事助理为第1级，呼叫专员在所有薪酬等级当中处于最低一级。通过对呼叫专员薪酬现状的分析可以从中找出现行薪酬体系的不足之处。

（一）薪酬水平过低

根据众达朴信管理咨询薪酬调研结果，2013年上海市的月最低工资标准为1620元，小时最低工资标准为14元。2012年上海大专及以下学历的呼叫专员日薪为65~70元，本科学历的呼叫专员日薪为75~80元，硕士及以上学历的呼叫专员日薪为100~105元。2012年前程无忧发布了《2012年呼叫专员薪酬调研报告》，从中可以看出有66.4%的呼叫专员日薪在40元以下，无日薪的占4.5%，日薪110元以上的占6.4%。

Z公司呼叫专员的固定工资为800元，态度工资为300元，也就是说，呼叫专员的底薪实际上是1100元。正常情况下一个月会召开1~2次免费沙龙，按照呼叫专员每场邀约到10家企业、信息转化绩效薪酬为300元计算，呼叫专员每月的薪酬水平为1500元，折算呼叫专员每天工资为50元。Z公司呼叫专员最低学历要求是本科，而上海市最低工资标准是1620元，本科学历呼叫专员日薪为75~80元。Z公司实行的市场追随政策优点是在可以吸引人才的基础上最大限度地压缩人工成本。然而市场追随政策的最大弊端就是无法吸引优秀的人才。根据Z公司的运行情况，有30%以上的咨询师和销售人员都是由呼叫专员经过为期一年的实习转化而来。

实行市场追随政策的薪酬制度虽然可以最大程度地压缩人工成本，但呼叫专员在了解市场薪酬水平之后会产生不满情绪，消极怠工，具体表现为电话拨打量减少、信息转化数量少、准确率低。而企业要想获得新客户的信息只能从呼叫专员转化成功的信息中获取，所以Z公司想要不断扩大市场、深挖客户，就必须重视呼叫专员的薪酬体系设计以及员工的绩效考核激励。目前呼叫专员的薪酬水平在上海市处于较低水平，Z公司想要获得更加优质的呼叫专员，就必须提高呼叫专员的薪酬水平。

（二）薪酬结构不合理

一套薪酬体系有两种结构形式，一种是纵向结构，一种是横向结构。首先分析一下 Z 公司现行薪酬体系的纵向结构。

呼叫专员的薪酬变动幅度比较小，呼叫专员的薪酬变动比率为 1.75，这意味着呼叫专员想要获得高薪就必须学习其他的知识和技能晋升到其他岗位。当晋升名额只有一个的时候就会在呼叫专员内部形成恶性竞争，不利于企业的内部团结和工作的开展，甚至影响企业文化。根据每个月的工资发放记录统计，呼叫专员正常情况下获得的基本薪酬为 1200～1400 元，呼叫专员的薪酬比较比率为 80%～93%。薪酬比较比率可分为四个区域：第一区域是薪酬比较比率为 80%～90%的区间，处于第一区域的是基本达到工作绩效要求的员工；第二区域是薪酬比较比率为 90%～100%的区间，处于这一区域员工积累了一定的能力和经验，能够完成工作中比较重要的要求；第三区域是薪酬比较比率为 100%～110%，处于这一区域的员工工作绩效高于工作要求，所做的贡献超出组织的期望；第四区域是薪酬比较比率为 110%～120%的区间，处于这一区域的员工工作绩效高于其他员工。从呼叫专员的薪酬比较比率可以看出，Z 公司对呼叫专员的定位是基本达到工作要求的员工，再加上受拨打名单数量和沙龙活动举办次数（一个月 1～2 次）的影响，即使是在呼叫专员岗位工作 1 年以上，有出色的信息转化能力和沙龙邀约能力，其薪酬比较比率也无法达到第四区域。故现行的薪酬体系不能正确反映出呼叫专员的能力，纵向薪酬结构不利于企业文化和员工的发展。

从薪酬的横向结构看，薪酬各构成要素之间的比例也是至关重要的。固定薪酬比重过高导致员工不思进取，固定薪酬比重过低会造成员工缺乏安全感，无法专心工作，产生高离职率。

呼叫专员在获得所属薪酬等级最高薪酬水平的情况下，固定工资所占比例不到 40%，从薪酬结构比例可以看出呼叫专员的薪酬实行的是高弹性薪酬模式，该模式主要适用于员工工作热情高、企业人员流动率大、业绩伸缩范围较大的岗位，如销售岗。它的优势是激励性强，薪酬和绩效紧密挂钩，不会轻易超支。但是它的缺陷也是显而易见的，高绩效薪酬会使薪酬水平波动过大、核算成本困难，造成员工安全感缺失。呼叫专员的工作性质决定该岗位的业绩伸缩范围不会太大，呼叫专员这一岗位虽然适合基本薪酬+绩效薪酬模式，但是基本薪酬的比例要适当增大。

职位越高，在组织结构中的层次越高，对企业总体经营业绩的影响就越直接，则该职位薪酬中的绩效薪酬比重就越大，底薪就越低。由于基层员工（实行计件薪酬和提成薪酬的员工除外）工作结果对企业产生的影响比较小，一般来说基层的员工固定薪酬大概占 70%～80%，而呼叫专员的固定薪酬比例却低于 50%。

Z 公司要调整呼叫专员的薪酬变动范围，只能提高呼叫专员的薪酬最小值，因为工资增长是刚性的。要调高薪酬最小值就涉及薪酬的要素构成和横向比例设置。由前文可知，呼叫专员的基础工资是 800 元，态度工资为 300 元，其中态度工资设置了考核指标，但是在实际的操作过程中态度考核无法操作，所以呼叫专员每个月的最低工资实际上是 1100 元，因此，可以将态度工资和固定薪酬合并，取消呼叫专员的态度工资。另外，由赫兹伯格的双因素理论可知，想要激励呼叫专员，降低呼叫专员的不满意度，就必须满足呼叫专员的保健因素。基本薪酬是呼叫专员的生活基础，基本薪酬过低会导致呼叫专员的高不满意度和高离职率。

（三）绩效薪酬依据不当

呼叫专员现行的薪酬体系只对拨打量和信息转化量进行考核，对拨打量和信息转化量最直接的影响因素是公司提供的拨打名单数量、沙龙召开次数，而这些都取决于公司的决策，呼叫专员没有建议权和决定权。

现行的绩效薪酬中态度工资部分各种指标无法进行有效的监督，无法进行系数的加减，起不到考核、激励的作用，故应该取消态度工资的考核。另外，绩效薪酬考核内容单一，只对信息转化量进行考核，没有对信息转化的准确率进行考核。而信息转化的准确率关乎公司的客户保有量和市场占有率，故绩效考核指标应该包含信息转化准确率。

案例 2　使用指南

一、案例概要

Z 公司是全国唯一一家专门为在华日资企业提供全方位人力资源服务的咨询企业。呼叫专员是 Z 公司呼叫中心下设的人员规模最大的基层岗位。Z 公司呼叫专员薪酬体系存在薪酬水平过低、薪酬结构不合理、绩效薪酬依据不当等问题，引发呼叫专员流失率高，导致公司招聘和培训成本增加，干扰呼叫中心业务正常开展。

如何对员工进行有效吸引、激励和保留是企业薪酬管理的基本目标。企业薪酬设计具有分类分层的特点，不同类型、层级的岗位在薪酬设计理念、方法和技术方面存在一定的差异。呼叫专员作为市场上较为常见的基层岗位，是企业与客户沟通的“代言人”，其薪酬满意度直接影响其工作的忠诚度、敬业度，进而影响客户对公司产品或服务的购买意愿和行为。本案例以 Z 公司为研究对象，分析呼叫专员薪酬管理的现状与问题，具有一定的现实价值。

二、在课程中的定位

本案例可以在人力资源管理专业《薪酬管理》课程当中，针对薪酬设计的水平、结构、依据等话题进行讨论。学生须事先阅读薪酬设计相关资料，具备一定的薪酬设计专业知识和技能。

三、学习目标

（1）理解薪酬水平、薪酬结构、绩效薪酬设计的原理。
（2）掌握薪酬水平、薪酬结构、绩效薪酬设计的方法和技术。

四、相关阅读资料

周斌．现代薪酬管理（第二版）[M]．成都：西南财经大学出版社，2011.
解进强，史春祥．薪酬管理实务（第二版）[M]．北京：机械工业出版社，2011.
晁玉方．现代薪酬管理——理论、工具方法、实践［M］．北京：清华大学出版社，2017.

五、讨论问题

讨论问题 1：如何重新确定 Z 公司呼叫专员薪酬水平？

讨论问题 2：如何优化 Z 公司呼叫专员薪酬结构？
讨论问题 3：如何调整 Z 公司呼叫专员绩效薪酬依据？

六、教学计划

本案例适用于 90 分钟的课堂，教学计划如表 8-26 所示。

表 8-26　薪酬管理案例 2 教学计划

讨论问题	时间（分钟）
案例内容概述、案例讨论热身等	10
讨论问题 1	20
讨论问题 2	25
讨论问题 3	20
分析框架介绍或老师总结	15

七、讨论问题分析

（一）讨论问题 1：如何重新确定 Z 公司呼叫专员薪酬水平？

薪酬水平的高低影响因素有很多，总体来说由企业和劳动者这两个主体自身各方面的因素决定。影响企业整体薪酬水平的因素有劳动力市场的供求情况、是否属于垄断行业、所处地区的薪酬水平与经济水平、物价水平的变动、政府法律法规的变动。影响劳动者个人薪酬水平的因素有员工劳动绩效、职位和职务、技能与能力水平、工作条件、资历或工龄、学历。

Z 公司是一个庞大的、成熟的企业，各岗位的工作流程、企业文化已经固定，企业想要获得能够适应本企业文化的高素质人才最好的选择就是招募应届毕业生。然而很多优秀毕业生在校期间就已经和用人单位签订就业协议，Z 公司要想招募新生力量最好的办法就是从外部吸纳优秀的呼叫专员，要达到这一目的最好的办法就是提高实呼叫专员的薪酬竞争力。

根据由前程无忧网站发布的上海地区不同学历呼叫专员的平均每月基本薪

酬水平为1525元到1700元，可知Z公司的薪酬水平低于市场平均水平，呼叫专员的薪酬水平仍有较大提高的空间。Z公司岗位咨询助理、财务助理、人事助理等同级别岗位实行的也是基于岗位的薪酬模式，每个月的基本工作为1800元。相比而言，呼叫专员的薪酬制度比较严苛，薪酬水平偏低。

综上所述，根据薪酬外部调研结果和内部比对结果，建议将呼叫专员的态度工资不再作为基本工资，而是作为绩效工资，并将工作态度纳入绩效考核指标；同时，建议将呼叫专员基本工资水平由滞后政策调整为追随政策，将呼叫专员基本工资的中位值设计为1600元。薪酬水平优化方案如表8-27所示。

表8-27 薪酬水平优化方案

项目	优化后的薪酬体系	优化前的薪酬体系
薪酬构成要素	基本工资	基本工资+态度工资
薪酬政策	追随政策	滞后政策
基本薪酬（单位：元）	1600	800+300

（二）讨论问题2：如何优化Z公司呼叫专员薪酬结构?

纵向结构方面，原有呼叫专员基本工资为刚性标准，不能有效区分同一岗位不同能力的员工，也不能对呼叫专员在职位无法晋升时进行有效激励。因此，建议采用宽带薪酬，对呼叫专员基本工资共设置三个等级，以1600元为中位值，每个等级相差200元，即高等级标准为1800元，中等级标准为1600元，低等级标准为1400元，具体员工的薪酬等级及标准根据个人学历、能力、业绩、工龄等因素评定。

横向结构方面，原有呼叫专员基本工资和绩效工资的结构不合理，其中，基本工资占比过小，绩效工资占比过大。在对呼叫专员基本工资标准进行调整后，通过测算得出呼叫专员的基本工资占比由20%~30%将上调到50%~60%，一般情况下的绩效工资将由70%~80%下调到40%~50%。薪酬结构优化方案如表8-28所示。

表 8-28 薪酬结构优化方案

项目	优化后的薪酬体系	优化前的薪酬体系
纵向薪酬结构 （最大值/中位值/最小值） （单位：元）	1800/1600/1400	800
横向薪酬结构	基本工资占比：50%~60% 绩效工资占比：40%~50%	基本工资占比：20%~30% 绩效工资占比：70%~80%

（三）讨论问题 3：如何调整 Z 公司呼叫专员绩效薪酬依据？

呼叫专员的主要职责是获得准确的客户信息，不断发掘客户。现行的绩效考核办法已经对信息转化量进行了相关规定，且取得了较好的效果，可以继续沿用。但是由于优化后的薪酬体系取消了 300 元的态度工资，故对转化量和邀约量的考核不再适用系数法，可以采用固定扣款的方式。原有的薪酬体系是转化率、拨打量不达标的各扣除 0.1 的系数，转化为金额就是 30 元。取消态度工资后呼叫专员薪酬增加的途径相对减少，故可以减少不达标的考核金额，各项不达标的每次扣除 13 元，其中对拨打量考核的前提是转化量不达标。

呼叫专员现行的薪酬体系无法保证信息的准确率，所以要对信息的准确率进行考核。呼叫专员每个月的工作时间是 22.5 天，其中有 7.5 个工作日进行沙龙邀约，15 个工作日进行客户信息转化，在保障呼叫专员的基本生活和不超出薪酬预算的前提下可以推算出当呼叫专员每日信息转化准确率低于 85%时每条信息能够获得 3 元，转化准确率为 85%~90%时每条信息能获得 3.5 元，转化准确率在 90%~95%时每条信息能获得 4 元，当呼叫专员的信息转化准确率高于 95%时每条信息能获得 4.5 元。绩效薪酬优化方案如表 8-29 所示。

表 8-29 绩效薪酬优化方案

项目	优化后的薪酬体系	优化前的薪酬体系
与绩效工资挂钩指标	拨打量、信息转化量、邀约量、信息转化准确率	拨打量、信息转化量、邀约量、工作态度

续表

<table>
<tr><th colspan="2">项目</th><th colspan="2">优化后的薪酬体系</th><th>优化前的薪酬体系</th></tr>
<tr><td rowspan="8">绩效薪酬核算</td><td>拨打量</td><td colspan="2">转化量不达标的情况下拨打量不足 150 个，扣款 13 元/次</td><td>拨打量不达 150 个，扣除态度工资 10%（实际未执行）</td></tr>
<tr><td>信息转化量</td><td colspan="2">每天大于 15 条信息，不达标者扣款 13 元/次</td><td>每天大于 15 条信息，不达标者扣除态度工资 10%（实际未执行）</td></tr>
<tr><td>邀约量</td><td colspan="2">每家企业 10 元</td><td>每家企业 10 元</td></tr>
<tr><td rowspan="4">信息转化工资</td><td>准确率<85%</td><td>3 元</td><td rowspan="4">每条信息 4 元</td></tr>
<tr><td>准确率为 85%~90%</td><td>3.5 元</td></tr>
<tr><td>准确率为 90%~95%</td><td>4 元</td></tr>
<tr><td>准确率>95%</td><td>4.5 元</td></tr>
<tr><td>态度工资</td><td colspan="2">无</td><td>考核指标有拨打量、信息转化量、出勤率、工作日志是否规范、是否浏览无关网站，但是实际都无法进行操作</td></tr>
</table>

第九章
员工关系管理*

引论

在决定企业发展的各种要素中，人力资源已成为组织的第一要素。企业管理归根结底是对人的管理，需要对人力资源采取与其他资源完全不同的特殊管理思维和方式。换言之，作为企业核心资源载体的员工，其积极性和创造性的发挥必须建立在和谐的劳动关系与人际关系的基础上。对于健康且优秀的企业而言，无论隶属于哪个行业，所有制性质如何，处于哪个发展阶段，都具备一个共同的特征——拥有和谐的员工关系。正所谓，企业因人而生、因人而盛。一个员工关系管理有效的企业可以吸引和留住优秀的员工，可以提高劳动生产率，降低缺勤率和离职率，可以减少劳动争议和劳资冲突，提升员工士气和忠诚度，最终实现员工和组织的互惠共赢。员工关系是企业内各利益群体之间的一种特殊关系，它的协调与否关系到企业人力资源能否合理开发和使用、企业与员工能否共同发展、企业目标能否最终实现。

知识点

一、劳动合同管理

1. 劳动合同的订立

（1）建立劳动关系应当签订劳动合同。

---

* 本章内容由张瑞麟编写。

（2）订立劳动合同，应当遵循合法、公平、平等自愿、协商一致、诚实守信原则。

（3）订立程序：要约→承诺→协商→签字盖章。

2. 劳动合同的履行与变更

（1）劳动合同履行的原则：亲自履行、全面履行、协作履行。

（2）劳动合同的变更应就劳动过程中权利与义务变更事项进行修改、补充或废止，并采取书面形式。

3. 劳动合同的解除

劳动合同的解除，指劳动合同订立后，尚未全部履行前，由于某种原因导致劳动合同一方或双方当事人提前解除劳动关系的一种法律行为。劳动合同的解除，主要分为劳动关系双方协商解除、劳动者单方解除和用人单位单方解除三种情形。具体规定可参考《中华人民共和国劳动合同法》第三十六条至第四十三条的相关规定。

在日常的劳动合同管理工作中，我们应注意以下两点：

（1）协商解除应明确劳动合同要约由谁发出，分清楚员工是提出辞职还是进行协商解除要约。在协商过程中，员工关系管理者要倾听员工心声，找出员工流失的原因，分辨是否有管理漏洞；同时，明确地协商解除离职程序。

（2）在进行过失性解除时，首先，应当履行两道程序：①如果用人单位内部有工会，用人单位应当事先通知工会，征求工会的意见，用人单位应当研究工会的意见，并将处理结果书面通知工会。②要保证书面通知到被解雇员工本人。其次，针对过失性解除条件，要有明确、合法的相关制度规定。再次，确保已告知员工相关规定，至少能证明员工应当知道。最后，用人单位要做好管理取证工作，应在平时日常管理中做好细节把控，注意相应事务的取证管理工作，以降低法律风险。

二、集体合同管理

集体合同签订主要包括以下六个环节，即确定集体协商代表、协商集体合同内容、审议集体合同草案、签订集体合同、办理登记手续、公布集体合同，具体流程如图 9-1 所示。

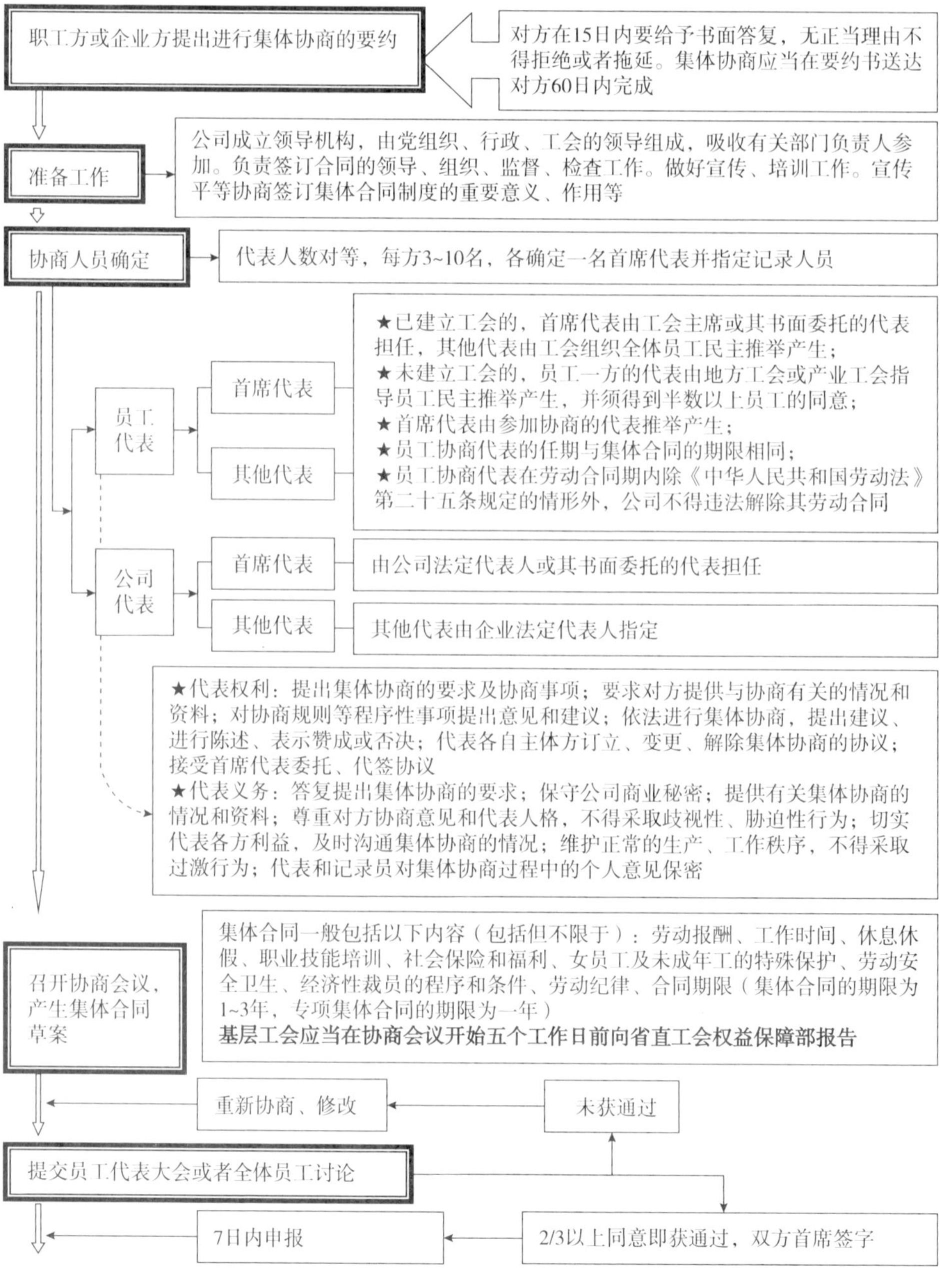

图 9-1　集体合同签订流程

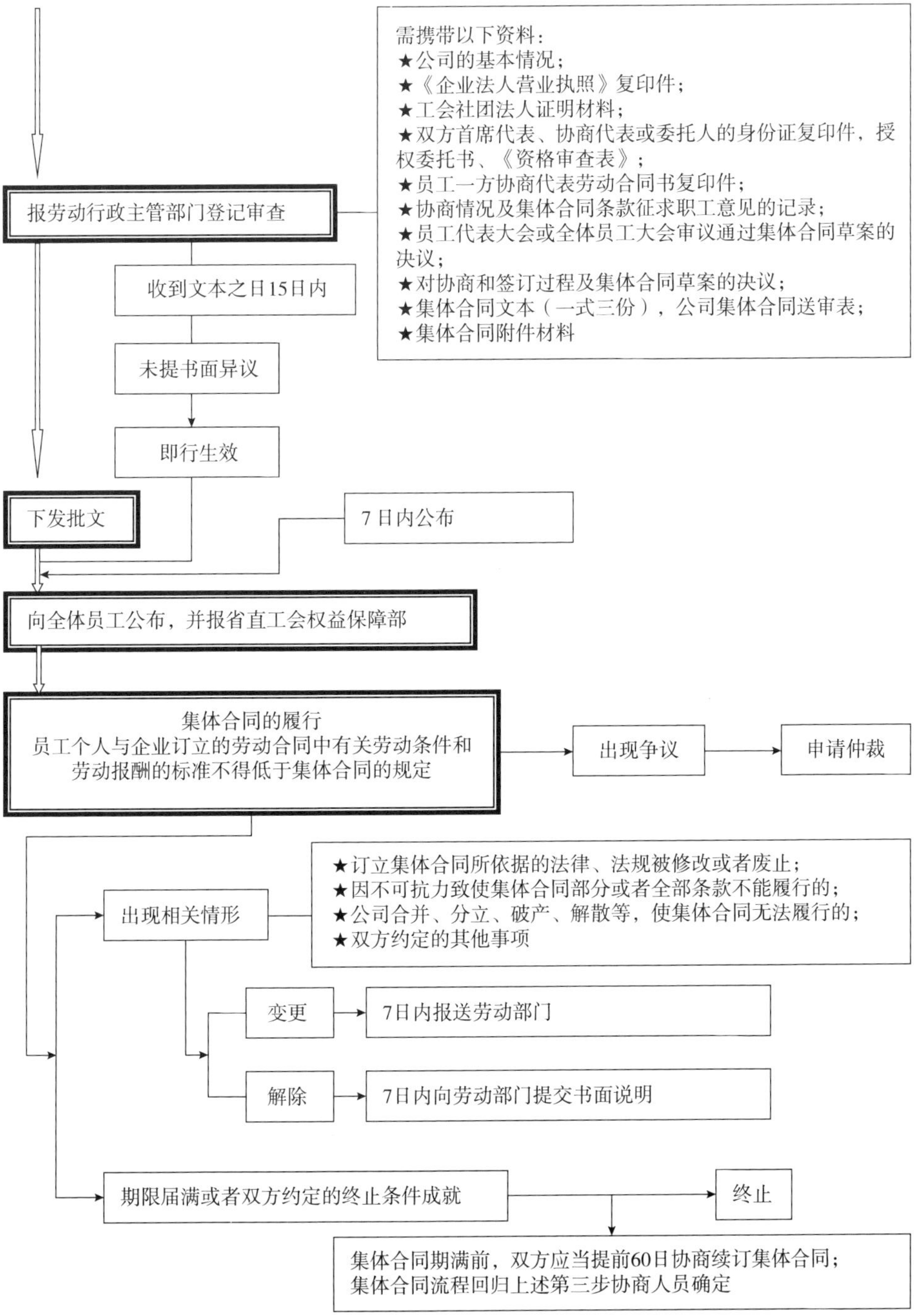

图 9-1　集体合同签订流程（续）

三、内部劳动规则

用人单位内部劳动规则是用人单位按照国家劳动法律、法规的规定，结合用人单位的实际，在本单位实施的，为协调劳动关系，并使之稳定运行，合理组织劳动，进行劳动管理而制定的办法。

（1）内部规则在法律上应视为劳动合同的附件，它是对劳动合同已规定内容的细化和对劳动合同未加规定部分的补充，但它不得违反劳动合同的原则和精神。

（2）劳动合同是劳动者和用人单位在平等协商一致的基础上签订的，反映的是双方的真实意思表示，合同一旦依法订立，对双方具有同等约束力；而现实中的用人单位为“方便”管理，制定的内部规章在更大程度上反映的是用人单位单方面的意愿，劳动者只能无条件服从，从这点上看，单位内部规章的效力也不及劳动合同。

（3）《中华人民共和国劳动法》第十七条规定：“劳动合同依法订立即具有法律约束力，当事人必须履行劳动合同规定的义务。”同时，《中华人民共和国劳动法》第八十九条规定：“用人单位制定的劳动规章制度违反法律、法规规定的，由劳动行政部门给予警告，责令改正；对劳动者造成损害的，应当承担赔偿责任。”

（4）涉及劳动报酬等劳动条件的内容时，《中华人民共和国劳动合同法》第五十五条规定：“集体合同中劳动报酬和劳动条件等标准不得低于当地人民政府规定的最低标准；用人单位与劳动者订立的劳动合同中劳动报酬和劳动条件等标准不得低于集体合同规定的标准。”并且《最高人民法院关于审理劳动争议案件适用法律若干问题的解释（二）》第十六条也规定：“用人单位制定的内部规章制度与集体合同或者劳动合同约定的内容不一致，劳动者请求优先适用合同约定的，人民法院应予支持。”也就是说，当规章制度规定的内容与劳动合同和集体合同相冲突且不利于劳动者时，劳动者有选择的权利。

应用案例

案例 1　员工关系之入职

刘颖作为公司的人力资源部工作人员，接到了制定入职管理流程的工作。人力资源部主管特别提醒他，不要小看这一流程，它是员工关系管理的起点，入职管理成效的好坏直接关系到员工关系管理后续工作的开展。刘颖立刻查阅了相关资料，参考了某 500 强企业的入职流程后制定了一份详细的入职管理流程。

一、入职准备

（1）人力中心向合格者发送《录用通知书》。

（2）确认新员工报到日期，通知新员工来公司报到时需注意事项，即所需资料、体检以及其他须知。

（3）通知人事助理新员工报到日期，人事助理准备好新员工入职手续办理所需表单并负责依据《新员工入职通知单》内容落实各项工作：

——用人部门负责安排办公位，申领计算机、座机。

——行政办负责发放带有公司标识的笔记本、水笔、稿纸、黑色小夹子、文件夹、订书机、U 盘、橡皮、回形针、计算器等。

——信息组负责开通邮箱、账号、电子邮箱，调试电脑等。

——办理员工工号及出入登记胸卡、餐卡。

二、入职报到

（1）人力资源管理部向新员工发放《新员工入职信息登记表》，并按要求办理入职手续。

1）员工填写《新员工入职信息登记表》，并交验各种证件：

——一寸蓝底正装免冠照片 2 张。

——身份证原件或户口复印件。

——学历、学位证书原件（学生提供学生证原件）。

——资历或资格证件原件。

——与原单位解除或终止劳动合同的证明。

——体检合格证明。

2）与员工签署《劳动合同》《保密协议》。

3）介绍公司情况，引领新员工参观公司、介绍新同事，并指引其前往前台办理考勤卡，领取所需办公用品。

4）带领新员工到用人部门，由部门主管接手，并安排工作。

5）OA 网上发布加盟信息，更新员工通讯录。

（2）用人部门负责的工作。

1）负责安置座位，介绍并帮助其熟悉工作环境。

2）指定专人作为新员工辅导员，介绍岗位职责和工作流程。

三、入职手续

（1）填写《员工履历表》。

（2）发放向新员工介绍公司情况及管理制度的《制度汇编》，使其具备基本公司工作知识，要求其通过公司内部网络了解进一步情况。

（3）按照《新员工入职手续清单》逐项办理入职手续。

（4）确认该员工调入人事档案的时间。

（5）向新员工介绍管理层。

（6）带新员工到部门，介绍给部门总经理。

（7）将新员工的情况通过电子邮箱和公司内部刊物向全公司公告。

（8）更新员工通讯录。

（9）签订《劳动合同》。

四、入职培训

（1）组织新员工培训。

（2）相应职能专业技术培训。

（3）不定期举行有关企业发展历程、企业文化、各部门职能与关系等方面的培训。

五、转正评估

（1）新员工试用期满时，由人事部安排进行转正评估。

（2）试用合格人员可转正，并根据其工作能力和岗位重新确定职级，享受正式员工的各种待遇。

六、入职结束

新员工根据《新员工入职要求》，待各项工作落实后，于试用期结束时，将此表签字后，归档人力中心。

人力资源部主管看后总感觉欠缺点什么，你认为呢？

案例1　使用指南

一、案例概要

员工关系管理是企业人力资源管理的一项基本职能和管理行为，在此需要对员工关系及其管理的核心概念、管理目标和角色定位等做出系统、明确的界定。员工关系的确立是员工关系运行环节的开始，企业总是以用工之日为员工关系确立的起始点，更注重劳动合同的签订与否，但从新员工入职到签订劳动合同再到试用期结束，都应当属于员工关系确立的阶段。本案例是通过某人力资源部专员的角度对新员工入职管理的具体流程进行了梳理，但某些环节中陈述得不够全面，且未重点提及各环节可能存在的法律风险。

二、在课程中的定位

本案例可以在人力资源管理专业《员工关系管理》课程中，专门针对新员工的入职管理过程。学生须事先学习劳动合同订立的相关法律规定以及招聘管理、新员工入职培训管理的相关知识，具备一定的员工关系确立专业知识和技能。

三、学习目标

（1）理解劳动合同订立的法律条款。
（2）掌握员工的入职管理流程，熟悉入职管理过程中存在的风险。

四、相关阅读资料

李新建．员工关系管理［M］．北京：中国人民大学出版社，2020.
程延园．劳动关系［M］．北京：中国人民大学出版社，2016.
贺清君．名企员工关系最佳管理实践［M］．北京：中国法制出版社，2017.
孙立如，刘兰．劳动关系实务操作［M］．北京：中国人民大学出版社，2018.

五、讨论问题

讨论问题1：案例中的入职管理方案还欠缺哪些环节和内容？
讨论问题2：在员工入职管理过程中应该怎样规避风险？

六、教学计划

本案例适用于45分钟的课堂，教学计划如表9-1所示。

表9-1　员工关系管理案例1教学计划

讨论问题	时间（分钟）
案例内容概述、案例讨论热身等	5
讨论问题1	15
讨论问题2	15
分析框架介绍或老师总结	10

七、讨论问题分析

入职管理是一套系统的、经过精密设计的方法，旨在帮助新员工尽快融入企业并发挥积极作用。入职管理开始于员工接受聘书的阶段，新员工将在进入公司的第一年中甚至更长的时间内，与他们的上司及其他利益相关者共同工作。员工入职管理内容包括：①入职告知。②入职手续办理。③新员工资料收集、建档。④入职培训。⑤向员工介绍其工作内容、工作环境及相关同事，使其消除对新环境的陌生感，尽快进入工作状态。⑥试用期对新员工工作进行跟进与评估。

案例2　员工关系之试用期

WJ酒店是WJ集团旗下开设的一家商务酒店，因刚刚开业，业务非常繁忙，为了减轻商务酒店管理人员的工作压力，集团公司承担了人员配备的工作，帮忙一次性招募培训了60名员工，并签订了3个月的试用期合同，试用期的工资为2000元。公司承诺，试用期合格的员工都会签订两年期的劳动合同，按转正后的同岗位最低档工资给予。同时考虑到酒店对于人员的要求，集团公司特别在试用期内安排了七天的培训。新员工培训结束后直接到WJ酒店上班，3个月的试用期结束后有一部分员工被集团公司通知因不符合录用条件而解除劳动关系。这些员工感觉不可思议，向酒店讨要说法，酒店也一头雾水，立即向总公司了解情况。总公司的解释是：其中几个员工的年龄偏大，不符合公司对酒店员工年轻化的要求，所以不予录用。其他一部分员工工作表现一般，试用期考核不合格，故予以辞退。被辞退的新员工不能接受这样的理由，第二天便向当地的仲裁委员会申请仲裁。

案例2　使用指南

一、案例概要

试用期是用人单位和员工双方进行磨合的过程，在此期间，员工的工资低于正常工资。因此，现实中很多用人单位利用试用期降低用工成本，将试用期期限设定得很长。但是，根据法律规定，试用期期限的设定并不是随意的，试用期的长短取决于劳动合同期限的长短。试用期的待遇与管理都应该严格按照《中华人民共和国劳动合同法》的相关规定执行。本案例中企业对试用期的管理方式和过程存在认识误区，企业认为既然是试用期，就应该先签订试用期合同，等试用期合格了再签订劳动合同，这样才能规避员工试用期不合格还需要解除劳动合同的风险。

二、在课程中的定位

本案例可以在人力资源管理专业《员工关系管理》课程当中，针对试用期管理的目的、内容和注意事项等话题进行讨论。学生须事先学习和掌握《中华人民共和国劳动合同法》关于试用期的相关法律规定，具备一定的劳动合同管理专业知识和技能。

三、学习目的

（1）理解试用期管理的相关法律规定。

（2）掌握试用期管理的目的、内容。

（3）熟悉试用期管理过程及注意事项。

四、相关阅读资料

李新建．员工关系管理［M］．北京：中国人民大学出版社，2020.

程延园．劳动关系［M］．北京：中国人民大学出版社，2016.

贺清君．名企员工关系最佳管理实践［M］．北京：中国法制出版社，2017.

孙立如，刘兰．劳动关系实务操作［M］．北京：中国人民大学出版社，2018.

五、讨论问题

讨论问题1：公司和酒店在招聘和试用期管理中存在哪些问题？

讨论问题2：公司应当如何规范试用期的管理过程？

六、教学计划

本案例适用于45分钟的课堂，教学计划如表9-2所示。

表9-2 员工关系管理案例2教学计划

讨论问题	时间（分钟）
案例内容概述、案例讨论热身等	5
讨论问题1	15
讨论问题2	15
分析框架介绍或老师总结	10

七、讨论问题分析

《中华人民共和国劳动合同法》第十九条规定：劳动合同期限三个月以上不满一年的，试用期不得超过一个月；劳动合同期限一年以上不满三年的，试用期不得超过两个月；三年以上固定期限和无固定期限的劳动合同，试用期不得超过六个月。同一用人单位与同一劳动者只能约定一次试用期。以完成一定工作任务为期限的劳动合同或者劳动合同期限不满三个月的，不得约定试用期。试用期包含在劳动合同期限内。劳动合同仅约定试用期的，试用期不成立，该期限为劳动合同期限。因此，用人单位在设定试用期时，应当注意符合法律规定。根据法律规定，在试用期内，用人单位可以以不符合录用条件为由解除劳动合同，劳动者可以提前三天通知用人单位解除劳动合同。由此可见，法律在对试用期解除劳动合同的条件限制上是不一样的。用人单位在试用期解除劳动合同，需要证明劳动者不符合录用条件，而劳动者在试用期解除劳动合同则不需要理由，提前三天通知用人单位即可。由此可见，用人单位在试用期内要解除劳动合同受到了一定的约束。试用期内用人单位可以与劳动者解除劳动合同的情形有：①在试用期间劳动者被证明不符合录用条件的；②严重违反用人单位的规章制度的；③严重失职，营私舞弊，给用人单位造成重大损害的；④劳动者同时与其他用人单位建立劳动关系，对完成本单位的工作任务造成严重影响，或者经用人单位提出，拒不改正的；⑤以欺诈、胁迫的手段或者乘人之危，使对方在违背真实意思的情况下订立或者变更劳动合同，致使劳动合同无效的；⑥被依法追究刑事责任的；⑦劳动者患病或者非因工负伤，在规定的医疗期满后不能从事原工作，也不能从事由用人单位另行安排的工作的；⑧劳动者不能胜任工作，经过培训或者调整工作岗位，仍不能胜任工作的。

试用期管理起到了承上启下的作用，是双方继续选择的延续和即将正式进入工作的前奏，因此试用期管理的正确与否和效能高低直接可以看出一个企业的管理水平。试用期管理应从三个方面规范：①制定试用期管理办法；②按照录用条件在试用期满前考核员工的工作；③加强新员工的行为管理和情绪管理。

案例3　企业规章制度与劳动合同、集体合同哪家强

KL电子产品公司是一家小型民营销售类公司，以销售电子产品为主营业务。成立伊始，为了吸纳英才，向所有的销售人员开出底薪加15%的销售提成，这在软件销售业很有竞争力。许多应聘者都看重15%的提成比例，纷纷跳槽到该企业。公司也以此为薪酬结构与所有销售人员签订了劳动合同。公司成立半年后，由于公司本身的销售渠道和产品比较好，但是货款一直不能按时到账，有部分员工在短期内完成销售业绩拿到提成后，就不再追要后续的货款，从而导致公司的效益不见起色。公司的领导邀请咨询公司进行专业指导，出台了一系列新政策，最受关注的是公司提出了薪酬制度改革。很快，人力资源部按照法定程序制定了新的薪酬制度，销售提成从原来的固定比例15%变为浮动销售提成10%~15%，同时将浮动销售提成分为前期提成3%~5%，款到提成7%~10%。

这一改动，令很多追求高提成的员工大为不满，纷纷向人力资源部门咨询和提出意见，但是这一改革程序没问题，内容也没问题，效果更是没问题。所以员工纷纷提出辞职，此时公司对于辞职的员工又提出一项新协议："鉴于很多销售合同的货款未到账，新生成的合同提成将暂时不予发放，公司在收到合同款后半年内结算相应提成，按前两个月25%，中间两个月35%，最后两个月40%的比例支付。"

案例3 使用指南

一、案例概要

规章制度、劳动合同、集体合同，都是确立劳资双方权利和义务的重要依据、规范劳动行为的准则、协调劳动关系的重要制度。因此，从三者的目的来看，具有一致性，均是为调整企业劳动关系而存在的。本案例涉及的是普遍存在的问题，大多数新成立的公司都是先与员工签订劳动合同，直至公司逐渐成熟或进行改革时制定适应公司发展的规章制度。当新规章制度与原签订的劳动合同存在矛盾时，该按照哪项规定执行呢？新制定的规章制度如何才能具备法律效力？

二、在课程中的定位

本案例可以在人力资源管理专业《员工关系管理》课程当中，针对企业规章制度的法律效力范围、参与主体、实施方式和内容要求等话题进行讨论。学生须事先学习和掌握企业规章制度、集体合同、集体谈判等相关法律规定，具备一定的制度制定技能和协商技能。

三、学习目标

（1）理解企业规章制度、集体合同、集体协商的相关法律规定。
（2）掌握制定企业规章制度的技能。
（3）熟悉制定企业规章制度和集体协商的方法及注意事项。

四、相关阅读资料

程延园．劳动关系［M］．北京：中国人民大学出版社，2016.
李新建．员工关系管理［M］．北京：中国人民大学出版社，2020.
李志畴．新型员工关系管理实务［M］．北京：清华大学出版社，2015.

五、讨论问题

讨论问题 1：公司新的协议是否合法？

讨论问题 2：员工可以自由选择按照哪一规定执行吗？

讨论问题 3：劳动合同和规章制度的关系是什么？两者内容发生抵触时如何处理？

六、教学计划

本案例适用于 55 分钟的课堂，教学计划如表 9-3 所示。

表 9-3　员工关系管理案例 3 教学计划

讨论问题	时间（分钟）
案例内容概述、案例讨论热身等	5
讨论问题 1	5
讨论问题 2	15
讨论问题 3	15
分析框架介绍或老师总结	15

七、讨论问题分析

在实践中，许多用人单位在订立劳动合同时，将一些方便自我管理但又不便写入劳动合同的条款，另行制定成内部规章来加以完善；或者与劳动者签订劳动合同在前，修改规章制度在后，这就出现了劳动合同表面合法，而具体执行中的许多内部规章对劳动合同加以限制、调整，甚至会出现向用人单位利益方倾斜的现象。用人单位的这种做法并不明智，当出现这种用人单位内部规章与劳动合同相抵触的情况时，劳动者有优先选择权。

（1）用人单位制定的内部规章制度在法律上应视为劳动合同的附件，它是对劳动合同已规定内容的细化和对劳动合同未加规定部分的补充，但它不得违反劳动合同的原则和精神。这是因为劳动合同是劳动者在加入用人单位之初，和用人单位订立的确立双方劳动关系、明确双方权利义务的协议，依法遵循平等自愿、协商一致的原则，也就是说，劳动者是基于接受劳动合同约定的权利义务，才自愿加入用人单位的。同时，根据《中华人民共和国劳动法》第十六条的规定，劳动合同是劳动者与用人单位确立劳动关系、明确双方权利和义务的协议。因此，用人单位制定的规章制度应是保障劳动合同中双方权利义务的实行，而不得改变劳动合同，更不得与之相抵触。

（2）劳动合同是劳动者和用人单位在平等协商一致的基础上签订的，反映的是双方的真实意思表示，合同一旦依法订立，对双方具有同等约束力；而现实中的用人单位为“方便”管理，制定的内部规章在更大程度上反映的是用人单位单方面的意愿，劳动者只能无条件服从，可能并不完全是劳动者的真实意思表示，从这点上看，单位内部规章的效力也不及劳动合同。

（3）《中华人民共和国劳动法》第十七条规定：“劳动合同依法订立即具有法律约束力，当事人必须履行劳动合同规定的义务。”同时，《中华人民共和国劳动法》第八十九条规定，“用人单位制定的劳动规章制度违反法律、法规规定的，由劳动行政部门给予警告，责令改正；对劳动者造成损害的，应当承担赔偿责任。”

（4）涉及劳动报酬等劳动条件的内容时，《中华人民共和国劳动合同法》第五十五条规定：“集体合同中劳动报酬和劳动条件等标准不得低于当地人民政府规定的最低标准；用人单位与劳动者订立的劳动合同中劳动报酬和劳动条件等标准不得低于集体合同规定的标准。”并且《最高人民法院关于审理劳动争议案件适用法律若干问题的解释（二）》第十六条也规定：“用人单位制定的内部规章制度与集体合同或者劳动合同约定的内容不一致，劳动者请求优先适用合同约定的，人民法院应予支持。”也就是说，当规章制度规定的内容与劳动合同和集体合同相冲突且不利于劳动者时，劳动者有选择的权利。

第十章

职业生涯规划与管理[*]

引论

职业生涯规划课程既有知识的传授，也有技能的培养，还有态度、观念的转变，是集理论、实务和经验为一体的综合课程。充分发挥师生在教学中的主动性和创造性。通过教师的讲解和引导，学生能够积极开展自我分析、小组讨论、职业探索，以及为企业设计职业晋升通道和职业发展规划方案等工作。

职业生涯规划管理主要包括对组织的发展目标进行宣传教育；建立职业信息系统；设立员工职业生涯发展评估中心；与人力资源管理活动相配合；建立奖赏升迁制度；加强员工的训练与教育；个人需要与组织需要相适应；等等。从员工个人和企业组织两个视角介绍了如何根据实际情况构建员工的晋升通道，以便于提高员工工作的积极性。

知识点

一、职业生涯规划与管理绪论

（一）职业生涯规划和管理的主要概念

（1）职业，是参与社会分工，利用专门的知识和技能，为社会创造物质财

---

* 本章内容由雷婷编写。

富和精神财富，获取合理报酬，作为物质生活来源，并满足精神需求的工作。职业的特性：经济性、技术性、社会性、伦理性、连续性。

（2）职业地位，由不同职业所拥有的社会资源所决定，往往通过职业声望的形式表现出来。影响职业声望的主要因素：职业环境、职业功能、任职者的素质要求。

（3）职业期望，也称职业意向，是劳动者自己希望从事某种职业的态度倾向，也就是个人对某一职业的希望、愿望和向往。

（4）职业分层，以职业角色为依据，按照职业的社会地位及社会对职业的价值取向所做的职业等级层次排序。

（5）职业生涯，指个体职业发展的历程，一般指一个人终生经历的所有职业发展的整个历程。

（6）内职业生涯，指在职业生涯发展中通过提升自身素质与职业技能而获取的个人综合能力、社会地位及荣誉的总和。

（7）职业生涯规划，指组织或者个人把个人发展与组织发展相结合，对决定个人职业生涯的个人因素、组织因素和社会因素等进行分析，制定有关个人一生中在事业发展上的战略设想与计划安排。

（二）职业生涯规划和管理的基本内容

（1）职业生涯规划与管理，指组织开展和提供的、用于帮助和促进组织内正从事某类职业活动的员工实现其职业发展目标的行为过程，其内容包括职业生涯设计、规划、开发、评估、反馈和修正等一系列活动。

（2）职业生涯规划与管理的主要内容：①对组织的发展目标进行宣传教育；②建立职业信息系统；③设立员工职业生涯发展评估中心；④与人力资源管理活动相配合；⑤建立奖赏升迁制度；⑥加强员工的训练与教育；⑦个人需要与组织需要相适应。

（三）职业生涯规划和管理的作用

（1）职业生涯规划和管理对个人的重要作用：①帮助确定职业发展目标；②鞭策个人努力工作；③有助于个人抓住重点；④引导个人发挥潜能；⑤评估目前的工作成绩。

（2）职业生涯规划和管理对企业的重要作用：①保证企业未来人才的需要；②使企业留住优秀人才；③使企业人力资源得到有效的开发。

二、职业生涯规划与管理的基本理论

（1）职业选择，是劳动者按照自己的职业期望和兴趣，凭借自身能力挑选职业，自身能力素质与职业需求特征相符合的过程。

（2）佛隆的择业动机理论：$F=V\times E$。

其中，F代表动机强度，指积极性的激发程度；V代表效价，指个体对一定目标重要性的主观评价；E代表期望值，指个体估计的目标实现概率。

职业效价取决于：①择业者的职业价值观；②择业者对某项职业要素如兴趣、劳动条件、报酬、职业声望等的评估。

职业概率取决于：①某项职业的社会需求量；②择业者的竞争能力；③竞争系数；④其他随机因素。

（3）人格特性——职业因素匹配理论，指的是人们依据人格特性及能力特点等条件，寻找具有与之对应因素的职业的理论。其中包括两种类型，即条件匹配、特长匹配。

（4）马斯洛需求层次理论：生理需求、安全需求、社交需求、尊重需求、自我实现需求。

（5）罗伊的职业选择理论：罗伊从需求被满足或受挫折的角度概述了三种基本的亲子关系，即依赖、回避和接纳。

罗伊给职业分类还加入了另一个维度，即工作水平，具体内容如下：

①水平1——专业和管理：独立的责任。②水平2——专业和管理。③水平3——半专业和小企业。④水平4——技术性。⑤水平5——半技术性。⑥水平6——非技术性。

（6）社会学习理论。此理论认为影响生涯选择的因素包括：遗传因子与特殊能力、环境情况与特殊事件、学习经验、工作取向技能。

（7）职业锚，指新员工在早期工作中逐渐对自我加以认识而发展形成的更加清晰、全面的职业自我观。

三、职业发展阶段理论

（1）金斯伯格的职业生涯发展的三阶段理论：幻想期、尝试期和现实期三个阶段。

（2）格林豪斯的职业生涯发展的五阶段理论：职业准备阶段、进入组织阶段、职业生涯初期、职业生涯中期、职业生涯后期。

（3）道尔顿和汤普森的职业发展阶段模型：成长依赖期、独立贡献期、指导授能期、策划领导期。

（4）施恩的职业发展阶段理论：成长、幻想、探索阶段（0~21岁）；进入工作世界（16~25岁）；基础培训（16~25岁）；早期职业的正式成员资格（17~30岁）；职业中期（25岁以上）；职业中期危险阶段（35~45岁）；职业后期（40岁到退休）；衰退和离职阶段（40岁到退休）；离开组织或职业（退休）。

（5）职业生涯发展“三三三”理论：输入阶段、输出阶段和淡出阶段。

四、个人职业生涯规划与组织职业生涯规划

个人职业生涯规划指雇员根据对自身的主观因素和客观环境的分析，确立自己的职业生涯发展目标，选择实现这一目标的职业，以及制订相应的工作、培训和教育计划，并按照一定的时间安排，采取必要的行动实施职业生涯目标的过程。个人职业生涯规划的内容主要包括：自我剖析、目标设定、目标实现策略、反馈与修正等。

组织职业生涯规划，是一种专门化的管理，即从组织角度对员工从事的职业和职业发展过程所进行的一系列计划、组织、领导和控制活动，以实现组织目标和个人发展的有效结合。

应用案例

案例1　个人职业生涯规划

人物一：小X，女，22岁，本科。

基本情况：汉语言文学专业。

同学评价：成绩优异，性格文静，善文字不善口头表达，不善与人沟通。

希望职业方向：能够发挥自己文字特长的工作。

工作经历：中学语文教师，两年工作经验。

面临问题：在两年的教学过程中发现自己并不适合做老师，虽具备相应的学历，但不具备老师应有的管理学生能力，课堂上调动学生积极性的能力亦不够，所带班级成绩并不理想，学校对其工作表现不是很满意，小X自己也很苦恼。但学校工作环境稳定，福利优厚。小X转换行业的可行性有多大？应该从事什么行业？

职业设计意见：重新择业，建议尝试广告公司文案，多媒体行业文字编辑，传统媒体行业文字工作。

人物二：小Z，女，22岁，本科。

基本情况：上海某财经类大学毕业，国际会计系。

同学评价：刻苦，有上进心，坚强，学习能力强。

个人职业目标：高级财务经理。

面临问题：收到英国某大学的录取通知，学习行政管理专业；同时收到普华永道会计师事务所的录用通知，小Z必须做出选择，先留学或先就业？

职业设计意见：先就业，然后再选择合适的机会出国深造。

案例1　使用指南

一、在课程中的定位

本案例可以用在《职业生涯规划与管理》课程当中，针对个人职业锚分析、职业生涯早期规划、就业择业等话题进行讨论；学生事先须了解职业生涯规划概念及基本理论、职业锚分析以及职业生涯早期、职业生涯中期所面临的主要问题及对策等理论知识；适合人力资源管理专业本科生学习。

二、学习目标

（1）学习职业生涯规划的意义与设计个人职业生涯规划的前期准备工作。

（2）掌握职业锚分析在个人职业生涯规划中的重要作用。

（3）理解职业生涯早期和中期规划中常见的问题，以及如何提出针对性的解决方案。

三、讨论问题

讨论问题 1：职业生涯规划的实施步骤是什么？
讨论问题 2：分析上述两个案例及其职业设计意见。
讨论问题 3：运用职业生涯规划的知识对案例进行点评。

四、教学计划

本案例适用于 90 分钟的课堂，教学计划如表 10-1 所示。

表 10-1　职业生涯规划与管理案例 1 教学计划

讨论问题	时间（分钟）
案例内容概述、案例讨论热身等	10
讨论问题 1	15
讨论问题 2	20
讨论问题 3	30
分析框架介绍或老师总结	15

五、讨论问题分析

（一）讨论问题 1：职业生涯规划的实施步骤是什么？

第一，职业生涯诊断。主要运用自我职业测试评估表来确定员工的职业倾向。

第二，确定职业定位（职业锚）。职业锚理论有助于我们解决这些问题。我们根据 SWOT 模型进行自我分析，主要有技术/职能性职业锚、管理型职业锚、创造/创业型职业锚、自主/独立型职业锚、安全稳定型职业锚五种。

第三，选择职业发展通道。常见的职业发展通道有两种：①管理通道：基层管理者→中层管理者→高层管理者，具体根据各个公司的职级划分。②专家通道（营销类、技术类、职能类等）：初级→中级→高级→资深→首席等，具体根据各个公司的职级划分。

第四，确定发展目标（远、中、近）。制定个人职业生涯规划的最终目标就是实现自己的职业目标，因此，目标抉择是职业生涯规划的核心。职业生涯规划中所确立的目标，应该是可预想到的、有一定实现可能的最长远目标，包括终极目标、长期目标、中期目标和短期目标。

第五，制定实施计划与措施。在确定了职业生涯目标后，行动便成了关键的环节。这里的行动，指落实目标的具体措施，主要包括轮岗或多工种训练、在职培训、脱产学习等方面的措施。实施方案：首先找出自身观念、知识、能力、心理素质等方面与实现目标要求之间的差距，然后制订具体方案逐步缩小差距以实现各阶段目标。

第六，反馈修正、跟踪管理。现实社会中各种不确定因素的存在，会使原定职业生涯目标在策略实施过程中出现偏差，这时需要根据反馈的情况，及时反省、修正规划目标并调整行动方案。随着职业生涯的发展，员工要不断提升自身素质，改善素质结构。为此，企业需要加强对员工职业生涯计划实施跟踪和指导，定期或不定期地对其工作进行反馈和点评，督导员工往职业生涯设定的目标方向发展，最终实现职业生涯目标。

（二）讨论问题 2：分析上述两个案例及其职业设计意见

从小 X 的性格特点分析，小 X 的确不适合教师行业，教师不仅需要所教学科的学科知识，更需要懂得如何管理学生，调动学生的积极性。文静、不善表达的小 X 虽具备专业的学历资质，但显然不具备教师应有的教学技巧。

从小 X 的职业兴趣分析，小 X 希望能够发挥自己的文字特长，而中学语文教师一职缺少创意特性，显然不是小 X 兴趣所在。作为教师的不成功更导致小 X 苦恼、沮丧。教师一职不仅没有满足小 X 的兴趣，反而由于工作不顺利严重打击了小 X 的自信心。

小 X 应该转行，但应该转到什么行业？转行的成功概率有多少？通过分析，我们认为：小 X 虽然不善管理学生，不善于口头表达，但小 X 文笔优美，文字能力强，其内心职业倾向也是希望发挥自身的文字能力。故我们推荐小 X 从事广告行业文案职务或媒体文字编辑类工作，这些岗位对工作人员管理能力、口头表达能力要求不高，相对重视个人的文字创作能力，无须过多与人打交道，对于小 X 来说正好可以扬长避短，发挥优势，转行的成功概率也较大。

小Z原本希望出国进修工商管理类课程，但国外大学对申请工商管理类专业的学生都有工作经验要求，所以最后只收到了行政管理专业的录取通知。小Z学习会计，喜欢商务，对行政组织兴趣不大，若为出国而放弃原有兴趣并不明智。所以，先工作或先出国其目的都应该是将来有更好的职业发展前景，违背个人兴趣和职业理想而出国，从个人职业发展来看并不可取。

从职业发展考虑，普华永道会计师事务所是四大会计师事务所之一，有完善的培训计划，良好的工作氛围，规范的工作机制，对职业技能发展大有好处，出国学习行政管理一年课程和在普华永道会计师事务所工作一年的经历技能积累相比，前者在职业市场上的价值未必比后者高。

普华永道会计师事务所是专业的国际性会计师事务所，审计工作与小Z大学所学基本对口，且小Z勤奋刻苦，事业心强，意志坚定，这保证了小Z在工作中必会有所表现。

从小Z职业目标定位于高级财务经理这一点来看，小Z具备会计专业学历资质和专业技能，但缺乏作为高级财务经理所具备的专业管理知识，小Z希望学习工商管理类课程的想法是正确的，但为一时出国而放弃原本计划并不合乎长远的职业发展。

国外工商管理类硕士课程要求申请者具备一定的工作经历，小Z先工作后出国，正符合要求，并且高级财务经理必备的另一个重要要素就是丰富的专业工作经历。所以，先工作，积累工作经验，也是在为职业理想做铺垫。

（三）讨论问题3：运用职业生涯规划的知识对案例进行点评

人物一：从师范类大学生到中学教师似乎是理所应当、顺理成章的事，然而实践中有太多例子表明，一个师范类毕业生并不一定就能成为一个称职的教师，相关研究成果表明，职业成功必须全面具备专业技能、学历资质、良好综合素质三方面因素。根据这个标准，小X在教师岗位上可以说很难成功。

人物二：作为刚刚毕业的大学生，选择合适的职业发展方向尤为重要，人生精力有限，必须选准方向，强化发展。职业方向的确定必须结合个人特长、兴趣所在并要综合考察行业前景。在这一点上，大学生可以求助学校的就业指导老师或者专业的职业顾问。

表面上看是就业问题，而实际上是择业问题，择业就是要做选择，选择适合自己的职业发展方向，集中目标、强化发展。同理，应届毕业生选择出国深造，也要以职业发展为指标，选择合适的深造途径，在学历资质上提高自己的含金量，为“职场前途”做好准备！

案例2　职业生涯规划实施方案

QV公司创建于1981年，位于河北省邢台市宁晋县，现拥有3000多名员工，总资产2.2亿元，占地约27万平方米，是一家大型童装民营企业，建有28万平方米的大型生产车间，配有中央空调和自动化喷淋系统。该公司拥有世界上先进的生产设备，包括法国力克电脑自动排版裁剪裁床、日本川上拉布机、国际一流电脑缝纫设备2000多台，甚至还有斥巨资从奥地利进口的印花设备生产线。目前公司具有完善的研发团队，在意大利、米兰和日本建立了研发中心，并同国际著名服装设计公司签订了新产品设计合作开发协议。如今，QV公司在童装领域已占据生产规模、硬件建设、产品销售三项冠军。以下是该公司职业生涯规划的实施方案。

第一章　总则

第一条　目的和依据

为了充分、合理、有效地利用公司内部的人力资源，实现公司人力资源需求和员工个人职业生涯需求之间的平衡；对人力资源的开发与管理进行深化与发展，最大限度地发掘本公司的人才；规划员工的职业生涯发展，使员工发展与公司发展保持一致。依据公司的有关规定，制定本方案。

第二条　相关释义

职业生涯规划与管理，是指个人发展和企业相结合，对决定员工职业生涯的主客观因素进行分析、总结和测定，并通过设计、规划、执行、评估和反馈，使每位员工的职业生涯目标与公司发展的战略目标相一致。

职业生涯规划与管理包括两个方面：一方面是员工的职业生涯发展自我规划管理，员工是自己的主人，自我规划管理是职业发展成功的关键；另一方面是公司协助员工规划其生涯发展，并为员工提供必要的教育、培训、轮岗等发展机会，促进员工职业生涯目标的实现。

第三条　适用范围

本方案适用于公司全体员工。

第四条 基本原则

员工的职业生涯规划应遵循以下原则：

1. 系统性原则：针对不同类型、不同特长的员工设立相应的职业生涯发展通道。

2. 长期性原则：员工的职业生涯发展规划要贯穿员工的职业生涯始终。

3. 动态原则：根据公司的发展战略、组织结构的变化与员工不同时期的发展需求进行相应调整。

第五条 工作责任划分

职业生涯规划涉及员工本人、上级管理人员和公司人力资源部门，一个完整的职业生涯规划应由三者共同努力完成，其相应责任如下：

（一）员工本人的责任

1. 进行自我评估。

2. 设定个人职业生涯发展目标，通常包括理想的职位、工作安排和技能获取等目标。

3. 制订相应的行动计划，并在实践中不断修正。

4. 具体执行行动计划。

（二）管理人员的责任

1. 充当员工职业生涯规划的顾问，为其职业目标的设定和行动计划的制订提供指导和建议，帮助其制定现实可行的规划目标。

2. 对员工的绩效和能力进行评价，并反馈给员工本人，帮助其制订进一步的行动计划。

（三）人力资源部的责任

1. 制定相关管理制度，在公司内部建立系统的员工职业生涯规划方案。

2. 对员工和管理人员进行培训，帮助其掌握员工职业生涯规划的必要技能。

3. 向员工准确传达公司不同职业历程的相互关系，帮助员工确定合理的职业发展路径。

4. 及时向员工传达公司的职位空缺信息。

第二章 职业生涯规划的组织管理

第六条 职业生涯规划的组织管理

1. 公司成立员工职业辅导委员会，各部门负责人为成员，人力资源部负责职业辅导委员会的运作，每年召开一次会议，计划和总结公司员工职业生涯规划管理工作，建立员工职业发展档案，并负责保管与及时更新。

2. 员工的上级主管为自己的职业发展辅导人，如果员工转换部门，则新的上级主管为辅导人。

3. 人力资源部应同员工的职业发展辅导人一起为员工建立职业发展档案，其中包括《员工职业生涯规划表》、《员工能力开发需求表》和历年的考核评价表。职业发展档案一式两份，人力资源部一份，部门内部保留一份。

4. 人力资源部及职业发展辅导人应指导员工填写《员工职业生涯规划表》，包括员工知识、技能、资质、职业兴趣、职业发展目标等内容，以备以后对照检查，不断完善，一般每年填写一次，新员工进入公司后一个月内填写。

5. 员工应根据目前所在晋升通道种类、岗位职责及任职资格要求对照自身，填写《员工能力开发需求表》，每年填写一次，新员工进入公司后一个月内填写。

6. 人力资源部每年制订培训计划，从员工需求角度出发，参考《员工能力开发需求表》确定相关培训内容。

7. 人力资源部每年应同员工职业发展辅导人一起对员工职业发展档案检查评估一次，了解公司在过去一年中有没有为员工提供学习培训、晋升机会，根据员工个人一年中考核情况及晋升情况提出员工下阶段发展建议，指导员工对职业发展规划做出修正。

8. 员工职业发展辅导人每年必须在本年度工作结束、考核结果确定后，与被辅导员工就个人工作表现与未来发展谈话，肯定其成绩和进步，指出其存在的问题和不足，确定下一步目标与方向。

9. 实行新员工与上级主管谈话制度。新员工进入公司后三个月内，由员工所在部门上级主管负责与其谈话，并填写有关表格，主题是帮助新员工根据自己的情况，如职业兴趣、资质、技能、个人背景分析考虑个人发展方向，大致明确职业发展意向。

人力资源部应跟踪、督促新员工谈话制度的执行，并对相关资料进行汇总。

第七条 职业生涯规划管理系统

(一) 员工个人职业生涯规划

公司通过建立一套完整的工作程序和工作方法，帮助和指导员工建立个人职业生涯发展规划，并在具体实践中帮助其不断修正。

具体规定详见第三章。

(二) 职业发展通道

1. 公司建立不同的发展通道，并通过纵向的岗位晋级、职务晋升，横向的岗位转换和向核心岗位的水平移动，为员工提供多重职业发展通道，使员工的职业生涯发展最大限度地同公司的发展保持一致。

2. 公司建立公平、公正、公开的岗位竞聘制度，推行能上能下的用人机制。

具体规定详见第四章。

(三) 员工开发措施

公司将根据员工不同的职业生涯发展阶段，提供培训、绩效评价、工作实践等有针对性的开发手段，不断开发员工的潜能，激励其进步。

具体规定详见第五章。

第三章　员工个人职业生涯规划

第八条 基本规定

(一) 公司人力资源部和员工职业辅导人应协助员工进行个人职业生涯规划。

(二) 员工职业生涯规划按照 (三) 中所示四个步骤操作。

(三) 自我评价→现实审查→目标设定→行动计划。

(四) 在个人职业生涯规划过程中，公司有义务使员工认识到:

1. 职业讨论并未暗含承诺或担保。

2. 员工的发展直接取决于公司的需要和机会，以及员工自己的能力和业绩。

第九条　具体操作程序

（一）进行自我评价

1. 目的：帮助员工确定兴趣、价值观、资质以及行为取向，指导员工思考目前他所处的职业生涯的位置，制定出未来的发展计划，评估个人的职业发展规划与当前所处的环境以及可能获得的资源是否匹配。

2. 员工与公司的责任

（1）员工的责任：根据自己当前的技能或兴趣与期望的工作之间存在的差距，确定改善机会和改善需求。

（2）公司的责任：提供评价信息，判断员工的优势、劣势、兴趣与价值观。

（二）进行现实审查

1. 目的：帮助员工了解自身规划与公司潜在的晋升机会、横向流动等规划是否相符合，以及公司对其技能、知识所做出的评价等信息。

2. 现实审查中信息传递的方式

（1）员工的上级主管对下属员工信息资料的及时提供应成为上级主管绩效考核的一个组成部分。

（2）上级主管与员工举行专门的绩效评价与职业开发讨论，对员工的职业兴趣、优势以及可能参与的开发活动等方面的信息进行交流。

（3）所有的交流信息均应记载在员工职业发展档案中。

3. 员工与公司的责任

（1）员工的责任：确定哪些需求具有开发的现实性。

（2）公司的责任：就绩效评价结果以及员工与公司的长期发展规划相匹配之处同员工进行沟通。

（三）确定职业发展目标

1. 目的：帮助员工确定短期与长期职业目标。这些目标与员工的期望职位、应用技能水平、工作设定、技能获得等其他方面紧密联系。

2. 目标设定的方式：员工与上级主管针对目标进行讨论，并记录于员工的职业发展档案中。

3. 员工与公司的责任

（1）员工的责任：确定目标和判断目标进展状况的方法。

（2）公司的责任：确保目标是具体的、富有挑战性的、可以实现的；承诺并帮助员工达成目标。

（四）制订行动计划

1. 目的：帮助员工决定如何才能达成自己的短期与长期的职业生涯目标。

2. 行动计划的方式：主要取决于员工开发的需求以及开发的目标，可采用安排员工参加培训课程和研讨会、获得更多的评价、获得新的工作经验等方式。

3. 员工与公司的责任

（1）员工的责任：制定达成目标的步骤及时间表。

（2）公司的责任：确定员工在达成目标时所需要的资源，其中包括培训课程、工作经验以及关系等。

第四章　职业发展通道

第十条　公司鼓励员工专精所长，为不同类型人员提供平等发展机会，给予员工充分的职业发展空间。

（1）根据公司各岗位工作性质的不同，设立三个职系，即管理职系、销售职系、技术职系，使从事不同岗位工作的员工均有可持续发展的职业发展通道。

（2）管理职系：适用于公司在综合职能管理和专业管理岗位从事各项管理工作的员工（如项目经理、部门经理等）。

（3）销售职系：适用于公司从事销售工作的所有员工（如市场开发、网络推销等）。

（4）技术职系：适用于公司各项目点厨师类员工（如面点、炒菜等）。

（5）公司通过岗位晋级、内部晋升和岗位轮换等方式，为各类员工提供多重发展通道。

（6）每一职系对应一种员工职业发展通道，随着员工技能与绩效的提升，员工可以在各自的通道内获得平等的晋升、晋级机会。

（7）公司在各职系的管理职位及一般岗位建立职业化标准，包括资格标准和业绩标准。各职系的资格标准根据岗位说明书确定，业绩标准根据员工考核指标和考核评价结果确定。资格标准和业绩标准应成为员工晋级、晋升、岗位轮换的前提依据。

其中资格标准是职位晋升的必要条件，包括从事此职位所必须具备的知识、经验、技能技巧、培训经历、从业资格等，具备这些标准并不意味着员工的必然晋升，只是具备了晋升的资格。

资格标准参见岗位说明书中各岗位的任职资格，技术人员的晋升还需要参考公司内部职称评定标准。

在满足资格标准的前提下，员工达到了业绩标准即可申请实现职位的晋级或晋升。

具体参照《公司内部晋升管理办法》。

第五章 员工开发措施

第十一条 为了帮助员工为未来工作做好准备，公司采取各种活动对员工进行开发。

第十二条 员工开发主要通过四种方法实现：培训、绩效管理、工作实践以及开发性人际关系的建立。

第十三条 培训

公司的培训包括专门为员工设计的外部培训计划和内部培训计划。针对不同人员公司采取不同的培训计划。

有关培训的事宜参见每年《公司培训管理计划》。

第十四条 绩效管理

绩效管理用于收集员工的行为、沟通方式以及技能等方面的信息，并且提供反馈；确认员工的潜能以及衡量员工的优点与缺点；挖掘有潜力向更高级职位晋升的员工。

1. 绩效管理是衡量员工绩效的过程，也用于员工的开发。考核评价系统使员工理解当前的绩效与目标绩效之间存在的差异，找到造成绩效差异的原因，对员工提供绩效反馈，帮助员工制订改善绩效的行动计划，并持续进行跟踪。

2. 员工的上级主管应该在绩效评价过程中发挥重要作用，通过考核后的信息反馈，帮助员工改进绩效，持续提高员工能力。

绩效管理的具体操作参照《公司绩效管理办法》执行。

第十五条 工作实践

为了能够在当前工作中取得成功，员工必须学习新的技能，以新的方式运用其技能和知识，获取新的工作经验。

公司运用工作实践对员工开发的途径有扩大现有的工作内容、岗位轮换、工作调动、晋升等。

1. 扩大现有的工作内容：在员工的现有工作中增加更多的挑战性或更多的责任。即安排执行特别的项目、在一个团队内部变换角色、探索为顾客提供服务的新途径等。

2. 岗位轮换：在公司几种不同职能领域中为员工做出一系列的工作安排，或者在某个单一的职能领域或部门中为员工提供在各种不同工作岗位之间流动的机会。通过岗位轮换帮助员工对公司的目标有一个总体性的把握；增强他们对公司中不同职能的理解和认识；形成内部的联系网络；提高他们解决问题的能力和决策能力；显示与知识的获得、薪资水平的上升以及晋升机会的增加等之间所存在的关系。

3. 工作调动：根据员工的个人爱好、资质、经验、学历和业绩表现等将员工从一个不恰当的岗位调动到一个更适合该员工的岗位。

4. 晋升：更好地激励员工，使员工有成就感，以便发挥更大的作用。

工作开发的具体操作按本方案第四章中关于职业发展通道的规定执行。

第十六条 开发性人际关系的建立

为了使员工通过与更富有经验的其他员工之间的互动来开发自身的技能，公司鼓励建立开发性人际关系。

（一）导师指导

由公司中富有经验的、生产率较高的资深员工担任导师。导师负有指导开发经验不足的员工的责任。指导关系是由指导者和被指导者以一种非正式的形式形成的，具有共同的兴趣或价值观。采用导师指导制度应坚持以下原则：

1. 指导者和被指导者都是自愿参与的，指导关系可随时终止而不必担心会受到处罚。

2. 指导者的选择是以过去从事员工开发工作的记录为依据，他们必须愿意成为导师，有证据表明他们能够积极地对被指导者提供指导，还需具有良好的沟通能力和倾听技巧。

3. 指导关系双方应明确所要完成的项目、活动或要达到的目的。

4. 明确指导者和被指导者之间的最低接触水平。

5. 鼓励被指导者去与指导者之外的其他人进行接触，讨论问题的同时分享各自的成功经验。

（二）职业辅导人制度

为了帮助新员工明确职业发展方向，并在职业发展过程中不断改进、提高，促进公司和个人的发展，同时保证公司对员工职业生涯指导政策得到贯彻和落实，公司可制定职业辅导人制度。这是一种正式的开发性人际关系，由各部门负责人担任新员工的职业辅导人。具体操作按本方案第二章关于职业生涯规划的组织管理的规定执行。

第六章　附则

第十七条　本方案拟定和修改由行政人事部负责，报总经理批准后执行。

第十八条　本方案自　年　　月　日起执行。

案例2　使用指南

一、在课程中的定位

本案例可以用在《职业生涯规划与管理》课程当中，针对企业员工的职业生涯管理、组织构建、员工职业生涯规划、职业发展通道的建立、中长期职业规划等话题进行讨论；学生事先须了解员工职业生涯规划概念及基本理论，职业生涯规划设计，职业发展通道，职业生涯早期、职业生涯中期、职业生涯晚期面临的主要问题及对策等理论知识；适合人力资源管理专业本科生学习。

二、学习目标

（1）学习员工职业生涯规划管理的意义与实施步骤。

（2）理解员工职业生涯规划管理的主要内容和职业发展通道在职业生涯管理中的重要作用。

（3）掌握职业生涯规划管理办法和实施方案的撰写要点。

三、讨论问题

讨论问题 1：组织职业生涯管理流程的主要内容有哪些？
讨论问题 2：上述公司的员工职业生涯规划方案你认为还有哪些问题？

四、教学计划

本案例适用于 90 分钟的课堂，教学计划如表 10-2 所示。

表 10-2　职业生涯规划与管理案例 2 教学计划

讨论问题	时间（分钟）
案例内容概述、案例讨论热身等	10
讨论问题 1	30
讨论问题 2	30
分析框架介绍或老师总结	20

五、讨论问题分析

（一）讨论问题 1：组织职业生涯管理的主要内容有哪些？

第一，职业生涯通道设计。①晋升计划，是员工在组织中由低级岗位向更高级别岗位变动的过程。②岗位调换与轮换制度。岗位调换是员工被安排在某岗位工作一段时间后，由某一工作岗位调换至另一工作岗位。岗位轮换涉及多个岗位之间的调换。第二，继任计划。又称接班人计划，是企业确定关键岗位的后继人才，并对这些人才进行开发的整个过程。第三，导师制。是指在一定的企业环境中，为新加入团队的员工以及具有一定发展潜力的员工指定一名或几名具有丰富工作经验、突出工作业绩的导师，以对其适应新的环境、迅速融入企业文化、提升自我业务水平等方面提供帮助和指导。第四，工作—家庭平衡计划。描述的是工作和家庭两个领域之间的冲突。参与工作（家庭）角色就会使得参与家庭（工作）角色变得更加困难。工作—家庭冲突包括三种具体的冲突形式：时间冲突、压力冲突和行为冲突。工作—家庭平衡计划的形式：弹性工作制、远程办公、专业咨询、家庭服务。第五，退休计划。是组织向处于职业生涯晚期的员工提供的，用于帮助他们准备结束职业工作，适应退休生活的计划和活动。第六，职业生涯咨询。是以来询者的个体利益出发，结合专业知识和相关资源，给予客户有关职业的规划、适应、发展等方面的专业辅导、判断、建议。

（二）讨论问题2. 上述公司的员工职业生涯规划方案你认为还有哪些问题?

如何构建员工职业生涯管理小组，应坚持“一个中心，两个基本点”原则。第一，企业的人力资源部负责人应当在这个小组中发挥主导和协调的作用，从功能性上来讲，这个小组的“中心”是由人力资源部职能定位和所属专业领域所决定的。第二，各部门负责人应该发挥协调作用，即构成一个“基本点”，因为员工职业生涯管理工作涉及企业的各个部门和各个领域，该项工作的执行需要各个部门、各个领域人员的配合，所以从这个角度分析，各部门负责人应该是这个小组中的重要成员。第三，员工代表要扮演及时反馈信息的角色。第四，开展职业生涯管理学习和宣讲。主要指向公司成员灌输员工职业生涯管理的理念、管理技术和方法，使他们对员工职业生涯管理有一个正确的认知。需要分两个层次来进行：第一个层次是对员工职业生涯管理小组成员展开培训。第二个层次就是对广大员工群体进行宣讲。第五，组织员工面谈和员工自我认知。员工面谈主要是由员工的领导根据过去一个阶段的绩效与员工展开沟通，明确该员工在过去所取得的成就，同时也要指出不足及改善的地方，而员工自我认知则是对员工面谈的重要补充，因为有些潜在的能力和信息，只有员工自己知道，这时就需要员工开展自我认知，全面评估自身的过去、现在和未来，自身具备什么样的兴趣和爱好，自己对未来的职业有哪些规划等。第六，勾勒职业生涯规划路线图。勾勒职业生涯规划路线图主要分为三步：第一步，研究和整合面谈评估信息与员工自我认知的信息，找准员工的职业倾向；第二步，企业根据员工的职业倾向设计一条职业发展路线，如为有技术倾向的员工设计一条技术发展路线；第三步，企业与员工进行协商，确定职业生涯规划路线图。第七，构建员工职业生涯发展通道。员工职业生涯发展通道主要分为三大类型：第一类是纵向职业发展通道，即职位上的晋升，这一类通道多用于管理人员职业发展上；第二类是横向职业发展通道；第三类是双阶梯职业发展通道。第八，实施人才培养和晋升。企业实施人才培养和晋升主要基于两个目的：①企业为员工设定的职业发展路线对员工的能力提出了新的要求，这就促使企业必须开展相关的培训项目来满足这种需求；②在员工职业生涯管理的过程中，企业需要对相关人员进行培养，从而在整个流程的执行中导入激励因素，实现职业生涯规划路线图由“静”向“动”的转变。第九，及时监控、反馈和评估。企业需要对其管理效果展开评估，一方面审视中间存在的问题并及时予以更正，从而确保职业生涯管理目标的实现；另一方面则是总结和积累经验，为下一轮的职业生涯管理工作的开展提供科学的依据。对于开展监督、反馈和评估，应该锁定在两个关键点上，一个是员工群体，通过实施职业生涯管理工作之后，员工在哪些行为上发生了改变；另一个是企业，企业的人才竞争力是否增强，企业原有的人力资源管理现状是否发生改变，企业在此项工作中的成本支出和收益的关系是怎样的。

第十一章 全球化人力资源管理*

引论

国际人力资源目前还未有一个明确的定义，从国际人力资源管理的目的来说，可以包含两个方面：①作为管理科学的一个分支，国际人力资源管理必须从理论上给予一般人力资源管理以补充和丰富，打通各个不同国家、不同制度或文化背景下的人力资源管理隔阂与分歧，促进全球化条件下人力资源管理信息的共享和价值理念与操作技术的相互融合与促进。②作为应用性学科，国际人力资源在实践上需要帮助企业管理者在跨国经营的条件下克服异质文化冲突，在不同文化、不同价值观的背景下实现有效管理，合理配置资源，挖掘人才潜质，实现国际化背景下的效益最大化。

知识点

一、国际人力资源包含范围

虽然国际人力资源目前没有一个明确的定义，但主要涉及以下方面：国际人力资源模式的选择、文化沟通、中外合资企业人力资源管理、国际人力资源规划与招聘、培训与开发、绩效考核、薪酬激励、职业生涯管理、劳动关系与

---

* 本章内容由周浩宇编写。

法律风险防控。

二、研究视角与方法

1. 制度比较视角

其指比较管理学对人力资源管理的研究，主要着重与国家管理体系的异同及由此带来的制度特征，又称为国际比较管理。主要从体系、制度特征方面对人力资源管理加以描述。采取系统比较分析方法，对各国的企业管理理论和实践进行综合研究，探索企业管理的规律和最佳的管理模式，为学习和借鉴国外企业人力资源管理经验提供理论指导。

2. 跨文化管理视角

从文化、价值观的角度来关注人力资源管理的各项活动，主要研究文化观念的异同及由此引起的行为价值特质。该领域最具代表性的学者是荷兰人霍夫斯泰德，他提出了国家文化模型的比较四维度，为大家所熟知。

3. 跨国公司视角

该视角从跨国公司人力资源管理职能活动出发，研究公司人力资源管理及由此产生的职能活动特征。这里面涉及两个主要问题：一是跨文化管理问题；二是具体问题，包括人员配备、培训教育、工资待遇等。

应用案例

案例　PD 服装有限责任公司跨文化交流管理方法经典案例

一、案例背景

PD 服装有限责任公司（以下简称“PD 公司”）成立于 1992 年，是日资与港资联合办厂，各自持有 50%的股权，位于深圳市，主营业务为生产最新技术的中空棉成人保暖外套。由于各种原因港资方面首先撤出，为维持公司运营，日方收回了其全部股权。1998 年，因经营情况较好，PD 公司对其生产设备进行了升级，并购置土地投资兴建工厂，扩展生产线。新厂房占地面积 49530 平方米，注册资本 650 万美元，总投资 870 万美元。该公司共有 980 名从业者，其中，6 名日本人和 4 名中国人担任高管，中层管理者、基层管理者及一线员工由当地人才市场招聘得之。同时，作为合资企业，公司的首席执行官和总经理都是日本人。在日港合资初级阶段，管理人员中的中国人是从香港派遣来的。后期当香港方面撤离时，日方竭力挽留这些人才。目前，公司生产的中空棉成人保暖外套年产值 5000 万元，80%销往日本市场，20%销往欧洲市场。

二、跨文化管理不同

（一）薪酬制度不同

公司成立之初，高管由日方代表担任，同时日方代表按照日本本土员工管理办法对中方员工进行管理，但在实际工作中发现，该管理办法往往导致产品成品率低、工作效率低、企业生产成本过高等问题。

经中日双方调查研究后发现，传统的日资企业在薪酬管理中，倾向于对员工发放计时工资，原因在于日资企业往往拥有较好的雇主品牌效应，且强调集体利益，提倡终身雇佣制，员工为企业的一员，一旦进入企业工作，与企业的关系不仅是简单的雇佣关系，更是合作伙伴关系，常呈现“一荣俱荣，一损俱损”的关系。因此，员工能做到真正遵守工厂规章制度，落实自身职责及生产效率。但与日本企业不同，在 20 世纪 90 年代初，我国仍处于改革开放初期，尤其是生产制造业，因城市化进程的加快，导致大量农村劳动力涌入劳动力市场，中国市场拥有充足的廉价劳动力资源，劳资关系呈现供大于求的局面，劳动者议价能力弱，企业的议价能力强。在这种背景下，中资企业偏爱短期劳动力，劳动者为追求最大利益，也不愿长期在同一企业工作，因此导致企业员工流动率高。在与中方企业管理者深入探讨后，针对中国国情，PD 公司决定采用中方方法，以计件工资为主要工资形式，根据员工单位工作时间生产成衣数量支付工资。经试验，该方法使得公司生产效率大幅提升，并作为考核车间员工绩效的主要形式。

在一线员工以发放计件工资为基础的同时，企业管理者则实施基本工资+企业利润分红等形式。经过多年不断完善，不仅改变了日方代表薪酬管理方面的认知，同时还作为样板，在PD集团内部进行推广。例如，总公司在马来西亚拥有一座生产车间，共600名一线生产工人，5条生产线。正式营业后，企业全部管理者完全由日方担任，使用日方计时薪酬。同样表现为生产效率低、产品质量差，车间主任常常在生产线上找不到生产员工。在与中方交流计件薪酬经验后，日方要求马来西亚管理者前来中国进行学习，在近一个月的学习期间内，马来西亚管理者记录相关信息，学习有关经验，返岗后，其生产效率虽然有所提升，但整体表现仍然不如中国工厂那么高。

同一种管理方式在不同地区使用所产生的不同结果，表明日资企业在企业管理过程中，应根据不同企业所在国的不同文化特征，在参考霍夫斯泰德文化维度的基础上，对其所属国文化特点进行研究并制定与之对应的管理策略。

（二）激励制度与年终奖的差异

日本文化注重长幼顺序，强调忠诚及终身雇佣。因此企业文化也对此进行了继承，导致企业在年终考核时，奖金发放的多少，并不是根据员工本年度实际绩效进行发放，而是依照员工在企业工作时间的长短决定。例如，某基层员工在企业工作10年以上，而该员工的领导新入职，在企业工作未满2年，企业在发放年终奖时，会给该基层员工发放1000元，而给该员工直接领导发放500元。这种奖金发放制度，影响了直接领导的积极性。该情况不仅局限于上下级之间，对于普通员工来说也是如此。工作效率最高的员工可能只进厂一年，而工作效率一般的员工已经在厂里工作了多年，在发放年终奖时，工作效率最高的员工只能拿到200元，而工作效率一般的员工则能拿到400元，这一奖金分配方式，导致中国员工工作积极性低，无法起到激励作用。

同时，依照日方母公司所在地的薪酬标准，各项目在年度资质考核和奖励中所占比例，并没有反映出多做工作的不同，如资历40%，工作评估30%，职位30%。根据之前所发现的情况，使得日方代表明白这一措施不能在中国实施。后经与中方不断探索和改进薪酬标准，针对PD公司实际情况，将资历的比例减少到10%，同时，添加有效评估条目，如考勤占15%，安全占10%，奖励和惩罚（通常）占15%，剩下的50%属于工作评估，如质量、效率等。

日本PD公司拥有三大业务，即服装类、工业材料类和建筑材料类。其中服装类占40%，投资在中国，目的是利用中国的廉价劳动力，加工制成品并出口，同时开拓中国市场，为在适当的时候进入中国市场做准备。首先，港资是日方最初的合作伙伴，具有一定了解及合作的基础；其次，香港与内地的总体文化差异不大，所以与内地沟通没有问题。同时，日本投资者的目标非常明确，尝试通过香港方面，搭建与中国内地沟通的桥梁，为进一步拓展中国市场做好准备。但是从 1992 年初的合作开始，双方发现 PD 中国服装厂的董事会在很多方面都难以沟通，特别是文化方面，导致一些问题不明确，这极大降低了决策的效率。此外，港资在企业决策中，往往带有偏见，导致很多决策缺乏理性，因此双方在商议企业战略决策中，经常产生不愉快，无法达成共识，经过一段不愉快的合作，港资自愿退出，日方购买港资全部股份，形成了日方独资的现状。当时港资派到合资公司工作的 4 位经理则全部被日方留用。

三、跨文化管理经验

（一）完善公司组织结构，以适应市场发展需要

公司股权构成决定了公司治理结构。实地考察后，深圳 PD 公司的组织结构基本能满足其生产经营的需求，但相关信息显示，深圳 PD 公司在管理或被管理中，常实行直线制组织结构，即接受日本大阪总部的直接管理，总公司董事长直接对分公司总经理进行管理，且分公司总经理直接管理各自负责的相关工厂（即厂长）。进一步考察后发现，日方在生产运营中仅将深圳 PD 公司作为总公司的一座生产车间，而不是拥有独立法人的实体公司进行运营。这一方式，导致深圳 PD 公司缺乏独立性，不仅是产品生产、采购、销售等方面，深圳 PD 公司还缺乏人事权，在整个人力资源的招、育、用、留、存等阶段都缺乏自主性，母公司拥有绝对权力。同时，深圳 PD 自从日资全权持股至今，从未以公司形式进行过任何组织决策。

从公司的发展历程来看，个人治理、合伙公司到有限责任公司、股份有限公司，是一个不断完善公司治理结构的过程。有限责任公司和股份有限公司的规章制度都是一个完整的系统，其中包括股权资本的构成、股东的权利、董事会和总经理的功能和监事会的功能等。治理结构的目的是通过相互鼓励和约束来规范经营管理中的权力，避免权力滥用导致公司经营失控和失败。作为一个实体公司，在进行决策时，董事会应该面对中国市场进行决策，只有这样的改进才更有利于公司未来的发展。

（二）适应国际市场业务，业务流程再造大势所趋

以深圳 PD 公司为例，作为公司的重要支柱业务部门，该公司的商务科应该独立运营。据调查，在日本直接订货的情况下，商务科的工作是处理原材料进口和成品出口。这是一项手头紧、任务重的工作。原来，总务与会计相结合是进行财务控制的最佳途径，公司目前的模式可以说是成功的。但是，为了适应中国加入 WTO 后的发展，商务科应改组为商务部门，加强市场调研和市场信息开发。只有通过正规的市场调研和开发，才能快速了解公司产品在市场上的销售情况、客户要求和产品质量，促进质量和服务的提高，为公司的生存和发展提供不竭的动力。

从业务流程的角度来看，从日本到中国内地，从信息流（订单）到物流（出口），都必须经过中国香港，这就增加了运营成本。在现有的通信和物流条件下，可以直接在日本总部和中国内地工厂之间进行操作，而不必经过中国香港。因为，经过十年的发展，工厂的经营理念已经成熟。中国工厂的经营情况可以随时反馈给公司总部，总部随时可以给工厂下达指令。因此，实现日本总部与中国工厂之间的物流和信息流的直接沟通是没有问题的。

（三）外资企业应适应文化观念的变化

人们的思维和经营理念都发生了变化。外资企业要适应文化观念的变化，制定更适合当今文化现实的管理制度和方法。

例如，可以采用鼓励表扬的方法替代传统的惩罚措施，注重绩效。当然，在不同的文化中也会有管理冲突。例如，PD 公司的休假方式会按照其母公司所在国的节庆日进行放假，没有考虑到公司所在地的文化特征，从而与“五一”“国庆”黄金周冲突，导致员工意见很大。上年，为了方便员工并激发员工的归属感，调整假期与中国节日保持一致。

另一个例子是，一些员工提议向离家在外的员工支付一定数额的差旅费，对节假日不回家而留在企业工作的员工给予相应的奖励，这是体现人情的。经与总部协商，工厂采纳了这一方案，效果良好。不管员工是否回家，这些员工都觉得这家公司具有人性化。

四、总结

从发挥中国文化优势的角度出发，结合中国企业成功的经营理念，实施本土化经营战略。经过数十年的磨合，中日不同文化间的交融碰撞，互相借鉴，使企业的生产运营理念趋于一致。日方经营者由10人减至6人，主要负责技术检验、一般业务和会计、质量检验、合格材料（采购）、生产和包装，中国管理人员主要负责开发、准备和实施、进出口、注塑、缝纫。因此，为了降低成本，我们应该培养和提拔更多优秀的地方管理人员，给一些在业务和生产岗位上表现出色的生产管理者提供机会。实施本土化管理战略是明智之举，也是国外企业普遍的成功做法。

案例 使用指南

一、案例概要

PD公司为合资企业，主要从事生产加工业务，创建初期因为沟通、母公司文化、所在地文化产生了不少的问题，导致企业生产效率低下，员工满意度较低，各项业务无法正常展开。

如何提升合资公司或跨国公司的人力资源管理问题，采取何种管理方法，是每个跨国公司或合资公司所要面临的问题。本案例以PD公司为研究对象，分析企业在跨文化管理中的现状与问题，具有一定的现实价值。

二、在课程中的定位

本案例可以在人力资源管理专业《人力资源管理概论》课程当中，针对国际人力资源管理等话题进行讨论。学生须事先阅读国际人力资源管理相关资料，具备一定的国际人力资源管理专业知识和技能。

三、学习目标

（1）了解国际人力资源管理的研究视角与方法。
（2）了解国际人力资源管理的模式选择。
（3）评价人力资源各模块在国际人力资源管理中的不同作用。

四、相关阅读资料

彭剑锋．人力资源管理概论［M］．上海：复旦大学出版社，2016.
林新奇．国际人力资源管理（第三版）［M］．上海：复旦大学出版社，2017.

五、讨论问题

讨论问题1：运用霍夫斯泰德文化模型，试比较中国、日本在文化维度方面的不同。

讨论问题2：日本企业的独特文化对我国人力资源管理有何借鉴之处。

讨论问题3：如何做一名跨文化管理者。

六、教学计划

本案例适用于90分钟的课堂，教学计划如表11-1所示。

表11-1　全球化人力资源管理教学计划

讨论问题	时间（分钟）
案例内容概述、案例讨论热身等	10
讨论问题1	20
讨论问题2	25
讨论问题3	20
分析框架介绍或老师总结	15

七、讨论问题分析

(一) 讨论问题1：运用霍夫斯泰德文化模型，试比较中国、日本在文化维度方面的不同

从1967到1973年，吉尔特·霍夫斯泰德在著名的跨国公司IBM（国际商业机器公司）进行了一项大规模的文化价值观调查。他的团队对IBM公司的各国员工先后进行了两轮问卷调查，用二十几种不同语言在72个国家发放了116000多份调查问卷并回收了答案。调查和分析的重点是各国员工在价值观上表现出来的国别差异。1980年霍夫斯泰德出版了《文化之重：价值、行为、体制和组织的跨国比较》，后又采纳了彭麦克等学者对他的理论的补充，总结出衡量价值观的六个维度（见图11-1）：

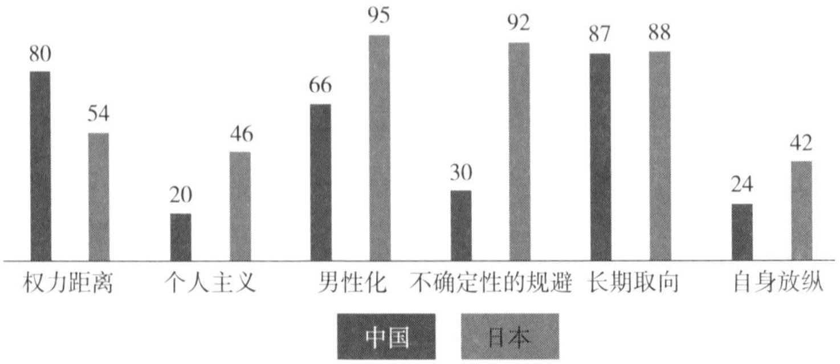

图11-1　衡量价值观的六个维度

（1）权力距离（Power Distance）指某一社会中地位低的人对于权力在社会或组织中不平等分配的接受程度。由于对权力的理解不同，各个国家在这个维度上存在着很大的差异。欧美人不是很看重权力，他们更注重个人能力。而亚洲国家由于体制的关系，注重权力的约束力。比较而言，中国和日本在企业权力的距离方面有着极其相似的地方。可以说中日两国都是权力距离较大的国家，在这里地位象征非常重要，上级所拥有的特权被认为是理所应当的，这种特权有助于上级对下属权力的实施。例如，中日两国的社会成员往往更容易接受等级制度，人们认为权力集中、严密监管、较大的收入差距都可以接受，并将管理者同下属之间的关系比作“父子”，将管理者对下属严格要求的表面，套上

了一层温情脉脉的面纱。这些特点有利于对一项事物的决定判断，有利于在瞬息万变的商业社会中抓到机遇，但是不利于员工与管理者之间和谐关系的创造和员工在企业中不断地学习和进步。管理者有必要在实践当中有意识地减小企业内部权力之间的距离，才会更好地实现管理目标。

（2）不确定性的规避（Uncertainty versus Avoidance）指一个社会受到不确定的事件和非常规的环境威胁时是否通过正式的渠道来避免和控制不确定性。回避程度高的文化比较重视权威、地位、资历、年龄等，并试图以提供较大的职业安全，建立更正式的规则，不容忍偏激观点和行为，相信绝对知识和专家评定等手段会避免这些情景。回避程度低的文化对于反常的行为和意见比较宽容，规章制度少，在哲学、宗教方面他们容许各种不同的主张同时存在。不确定性避免程度低的社会，人们较容易接受生活中固有的不确定性，能够接受更多的意见，上级对下属的授权被执行得更为彻底，员工倾向于自主管理和独立的工作。而在不确定性避免程度高的社会，上级倾向于对下属进行严格的控制和清晰的指示。日本是一个不确定性避免程度较高的社会，因而在日本，“全面质量管理”这一员工广泛参与的管理形式取得了极大的成功，“终身雇佣制”也得到了很好的推行。

（3）个人主义/集体主义（Individualism versus Collectivism）维度是衡量某一社会总体是关注个人的利益还是关注集体的利益。个人主义倾向的社会中人与人之间的关系是松散的，人们倾向于关心自己及小家庭；而具有集体主义倾向的社会则注重族群内关系，关心大家庭，牢固的族群关系可以给人们持续的保护，而个人则必须对族群绝对忠诚。中国和日本都是崇尚集体主义的社会，员工对组织有一种感情依赖，应该容易构建员工和管理者之间和谐的关系。

（4）男性化与女性化（Masculinity versus Femininity）维度主要看某一社会是代表男性的品质如竞争性、独断性更多，还是代表女性的品质如谦虚、关爱他人更多，以及对男性和女性职能的界定。男性度指数（MDI：Masculinity Dimension Index）的数值越大，说明该社会的男性化倾向越明显，男性气质越突出；反之，则说明该社会的女性气质突出。

中国文化男性化特征较弱主要源于以下的原因：中国人自古以来强调谦卑礼让，似乎不太符合男性化维度中所谓的自信标准。另外，在新中国成立后，女性的社会地位得到了很大的提高，号称“女性能顶半边天”。女性走出家门，走进社会，在各行各业担当起重任，出现了大批的女性政治家、科学家及企业家。与中国不同，日本文化的男性气质突出。社会竞争意识强烈，认为成功的尺度就是财富功名，社会鼓励、赞赏工作狂，人们崇尚用一决雌雄的方式来解决组织中的冲突问题，强调公平竞争，注重工作绩效。信奉的是：人生是短暂的，应当快马加鞭，多出成果。对生活的看法则是：活着是为了工作。日本的女性地位也较男性低下，直至现在，仍有许多日本传统家庭坚持“男主外，女主内”的生活模式，女性一旦结婚后就会辞去工作，在家里做“全职太太”，专心照顾家庭，负责孩子的教育问题等。由此可见，日本的男性化倾向比中国更为明显。

（5）长期取向与短期取向（Long-term versus Short-term）维度指的是某一文化中的成员对延迟其物质、情感、社会需求的满足所能接受的程度。这一维度显示有道德的生活在多大程度上是值得追求的，而不需要任何宗教来证明其合理性。长期取向指数与各国经济增长有着很强的关系。20 世纪后期东亚经济突飞猛进，学者们认为长期取向是促进其发展的主要原因之一。

（6）自身放纵与约束（Indulgence versus Restraint）维度指的是某一社会对人基本需求与享受生活享乐欲望的允许程度。自身放纵（Indulgence）的数值越大，说明该社会整体对自身约束力不大，社会对自身放纵的允许度越大，人们越不约束自身。此为最新添加的维度。总体来看，日本的自我放纵指数要高于中国，在其工作之余的生活中可以发现，大部分日本人在下班后会前往酒吧酗酒，依靠酒精在对自我进行放松。

（二）讨论问题 2：日本企业的独特文化对我国人力资源管理有何借鉴之处

日本长期受中国儒家思想的影响，注重“和”“信”“诚”等伦理观念，高度重视内部人际关系的和谐，这些因素决定了日本企业文化以亲和一致的团队精神为特点。“和”被日本企业视为管理中最高的哲学观念，是企业行动的指南。以团队精神为特点的日本企业文化，使企业上下一致地维护和谐，互相谦让，强调合作，反对个人主义和内部竞争。企业是利益共同体，共同的价值观念使企业目标和个人目标具有一致性。企业像一个家庭一样，成员和睦相处，上级关心下级，权利和责任划分并不那么明确，集体进行决策，取得一致意见后才做出决定，一旦出了问题不归咎个人责任，而是各自多做自我批评。企业对职工实行终身雇佣和年功序列工资制。

日本是一个自然灾害频发、固有资源贫乏的国家，国民的生存危机意识强烈，工作勤奋努力，做事刻板而认真，大量吸收西方先进文化，重视科学技术和理性管理，善于与本国传统文化相结合。日本的“拿来主义”文化，转化成巨大的生产力，促进日本经济的快速发展。日本经济的成功，尽管有很多原因，但主要还是归功于它的人力资源开发体制。反过来，经济增长又进一步增加社会投资，使得这个体制更加完善。这个体制可归纳为：

（1）日本社会各阶层对教育的普遍关注。

（2）日本企业重视人力资源开发，所有员工在内部得到不同程度的培训。

（3）人力资源开发与工业供给有效结合。

（4）特殊培训学校培养出相当于西方国家等级水平技能的技术工人。

（5）基础教育的学生及格率高。

（6）授予称号的各级教师比率高；征税体制保证政府投入培训计划以及赞助提供培训的公司。

（三）讨论问题3：如何做一名跨文化管理者

斯蒂芬·P. 罗宾斯在《组织行为学》一书中，提出了跨文化沟通的四条原则：

（1）没有证实相似性之前，先假设有差异。大多数国人常常自认为别人与自己是非常相似的，但实际情况并非如此。来自不同国家的人常常是不同的。因此，在未得到证实之前，应先假定你们之间存在差异，这样做会减小犯错误的可能性。

（2）重视描述而不是解释或评价。相对描述来说，对某人言行的解释和评价更多是在观察者的文化背景下进行的。因此，你要留给自己充分的时间，根据文化因素调整自己的角度，再进行观察和解释，在此之前不要急于做出判断。

（3）移情。传递信息之前，先把自己置身于接收者的立场上，试着根据别人的原本面貌认识他。

（4）把你的解释作为工作假说。当你对新情境提出一种见解，或站在对方一国文化的角度上思考问题时，把你的解释作为一种工作假说对待，它还有待更进一步的检测。仔细评价接收者提供的反馈，看看他们能否证实你的假设。对于重要决策，你还可以与文化背景相同的同事一起分析检查，以保证你的解释是准确的。

后　记

习近平总书记指出："在党的坚强领导下，全面贯彻党的教育方针，坚持马克思主义指导地位，坚持中国特色社会主义教育发展道路，坚持社会主义办学方向，立足基本国情，遵循教育规律，坚持改革创新，以凝聚人心、完善人格、开发人力、培育人才、造福人民为工作目标，培养德智体美劳全面发展的社会主义建设者和接班人。"教育部印发的《高等学校课程思政建设指导纲要》指出："培养什么人、怎样培养人、为谁培养人是教育的根本问题，立德树人成效是检验高校一切工作的根本标准。"作为教育重要组成部分的民族高等教育更应在教育过程中体现出立德树人、培养德智体美劳全面发展的社会主义建设者和接班人的重任。民族院校商科专业招生人数众多，深受学生欢迎，适应了民族地区经济社会发展的需要。因此，就需要在教育过程中通过思政课程、专业课程、实践课程等多个环节加强培养，成为培养德才兼备的人力资源管理高层次人才的重要力量。

在新时代大背景下，互联网、大数据以及生物技术等不断发展，催生着大量依托新技术、新知识形成的商业模式，新金融、新电商、新物流的产生形成了技术、知识与商业模式的深度融合，不断推动着商科专业教育的发展。变动不居的社会环境、快速发展的科学技术增加了教育变革的难度。传统的基于知识驱动的商科教育模式不断被多学科深度融合的教育模式所取代，来自政府、企业和社会的需求对高等院校商科人才培养提出了更高的要求。如何在传统教育经验基础上融合现代新技术和企业变革实践成为商科专业人才培养的重要突破方向。人力资源管理指根据企业发展战略的要求，对企业需要的人力资源进行合理配置的学问。如何不断适应企业的变化，适应变革中员工的心理和行动的变迁，适应新技术的需要，适应新时代社会和经济的大发展，就成为新时代人力资源专业人才培养的核心问题。为实现以上目标，作者及其团队在长期的专业教学和学科建设过程中积极联系实际，深入企业人力资源实践工作，加强校企合作，推动产教融合，逐步探索出了人力资源管理案例教学的特点，适应民族院校人力资源管理专业和其他商科专业的需要，由此就有了这本《人力资源管理本土案例》的选编。本书中的案例一部分来自编写团队的企业调研和指导学生调研形成的资料，一部分来自校企合作企业浙江精创教育科技有限公司的贡献，在书中都有相应的标注。本书的完成是精诚合作的结果，希望通过这些来自中国本土的企业案例能够为教师开展案例教学提供指导和协助。

本书是宁夏回族自治区产教融合示范专业——工商管理专业群的建设项目的部分成果。本教材由杨保军教授设计全书的框架结构与写作思路，北方民族大学商学院人力资源管理教研室全体教师积极参与，完成最终的撰写工作。在案例编写过程中得到了浙江精创教育科技有限公司的大力协助，在此向所有提供帮助的同行和朋友们表示衷心的感谢！由于写作水平、能力有限，本书还存在许多不足，敬请各位前辈、同行及读者批评指正！